R & L

Peter Stanford

Die wahre Geschichte der Päpstin Johanna

Aus dem Englischen von Hans Freundl

Rütten & Loening
Berlin

Die Originalausgabe *The She-Pope* erschien 1998
bei Heinemann: London.

ISBN 3-352-00622-9

1. Auflage 1999

Einbandgestaltung PEIX Berlin, F. Cobet
Druck und Binden Clausen & Bosse, Leck
Printed in Germany

ERSTER TEIL

Die Heilige

1. Kapitel

Rom hat gesprochen, die Sache ist zu Ende.
nach Augustinus[1]

In dichtbevölkerten Städten wie London gewöhnt man sich daran, ohne Ausblick zu leben. Abgesehen von den wenigen Glücklichen, die an großen Parks, alten Kirchen oder Flußufern wohnen, gibt es für einen Städter durch die Fenster selten etwas Interessantes zu sehen, es sei denn, man ist ein unverbesserlicher Vorhangspäher oder ein angehendes Mitglied der Bürgerwehr. Im Urlaub jedoch ist es anders. Man findet sich an fremden und faszinierenden Orten wieder. Man ist ein Außenseiter, der das Bestreben und die Zeit hat, sich ein Plätzchen zu suchen, an dem er sich zurücklehnen und die Welt um sich herum beobachten kann.

Im späten Frühling hatte ich mich kurzfristig zu einem Urlaub in Rom entschlossen. Ein Freund hatte mir seine Wohnung angeboten, und ich wollte gerade gern wegfahren. Alles schien vollkommen, fast wie vorbestimmt, sofern man an Schicksal glaubt. Aber die Sommerhitze stellte sich in diesem Jahr sehr früh ein, und als ich nach einigen schweißtreibenden Touren über die Straßen und Plätze dieser Geburtsstätte der Renaissance die Hitze nicht mehr verkraften konnte, begann ich lethargisch zu werden.

Das Appartement, in dem ich wohnte, hätte ein Immobilienmakler wahrscheinlich als gut geschnitten bezeichnet – es war winzig und dazu angetan, Platzangst auszulösen. Doch es hatte einen großen Vorteil – hohe, vom Boden bis zur Decke reichende Fenster, die das Wohnzimmer beherrschten. An den Nachmittagen ließ ich mich meist in den tiefen, pinkfarbenen Lehnstuhl vor dieser Fensterfront sinken, genoß jeden Lufthauch, der hereinwehte, und tat, als läse ich in einem der Schmöker, die ich mitgebracht hatte – dicke und spannende Klassiker, die mich in meinem ermatteten Zustand jedoch nicht allzusehr zu fesseln vermochten. Oft begnügte ich mich damit, einfach nur auf den Platz hinunterzustarren.

Man konnte ihn eigentlich nicht als schön bezeichnen, so wie etwa die Piazza Navona mit ihren vollendeten Proportionen eine majestätische Schönheit besitzt. In seiner Mitte stand nichts, was Berninis Vier-Ströme-Brunnen vergleichbar gewesen wäre. Und es war eigentlich auch kein richtiger Platz, eher ein Zusammenfluß mehrerer Verkehrswege, an der Stelle, wo sich die Via dei Querceti verbreitert und in andere Straßen übergeht.

Die Menschen erst machten ihn zu einem Platz. Die Italiener haben die bewundernswerte Angewohnheit, ihr Leben mit großer Dramatik auf den Straßen zu inszenieren. Ihnen genügte diese kleine Fläche als Bühne. Die Welt vor meinem Fenster war eine tägliche Seifenoper, mit der Blumenverkäuferin, dem Gemüsehändler und dem Kioskbetreiber, die sich untereinander austauschten. Gelegentlich wurden sie unterbrochen durch vorbeikommende Pilger, Schmiede oder Steinmetze, die sich in dieser Gegend, am Fuße des Coelian-Hügels, niedergelassen haben. Es war ein Stück, das aus Tausenden winzigen Akten bestand, aus persönlichen Dingen, die man sich mitteilte, aus bedeutungsvollen Blicken, kalten Schultern und hitzigen Wortgefechten – und all dies vollzog sich arglos und unbefangen, ohne daß jemand ahnte, daß ich die Szene von meiner Himmelswarte aus beobachtete.

Der Hintergrund dieser Szene war wenig spektakulär. Mehrere Tage bemerkte ich ihn nicht einmal. Die Architektur dieses abgeschiedenen Viertels von Rom, das eingezwängt ist zwischen dem Kolosseum und dem großen Lateranpalast – einst die Zentrale des Christentums, bis sich die Päpste im 14. Jahrhundert nach ihrer Rückkehr aus Avignon entschlossen, den Vatikan zu ihrem Hauptquartier zu machen – war nichts, worüber man viele Worte verlieren würde, jedenfalls nach römischen Begriffen. Wie alle anderen Winkel Roms besitzt auch diese Gegend mindestens ein halbes Dutzend Plätze, auf die jede andere Stadt der Welt mit Schildern hinweisen würde, aber in Rom gelten sie nur als zweit- und drittklassige Sehenswürdigkeiten – die Basilika San Clemente, die auf der Ruine eines früheren heidnischen Tempels erbaut wurde und Roms wechselvolle Geschichte widerspiegelt, die aus dem 11. Jahrhundert stammende Kirche der Santi Quattro Coronati und das Irische Kolleg, ein Seminarhaus mit wunderschönen Figuren.

Die wichtigsten Besucherströme verliefen abseits von all dem, was ich von meinem luftigen Aussichtspunkt aus sehen konnte. Die Gegend zeichnete sich durch eine Insellage aus, abgeschnitten von der alltäglichen Geschäftigkeit Roms, die sich zwei Straßen weiter auf die Lateranbasilika konzentrierte, auf den Bezirk zwischen dem *centro storico* und den Wohnhäusern hinter der Basilika. Dies dagegen war eine Enklave, ein abgeschiedener Garten mit Bäumen, Glyzinien und Büschen, welche die verfallenen Gemäuer an den Straßen überwucherten, die vom Hauptplatz wegführten. Selbst der Verkehr, ein ständiger Begleiter des Lebens in Rom, war hier nur schwach. Ab und zu erstickte ein alter Fiat die Unterhaltung, wenn er scheppernd über die Straße rumpelte, meist aber nahm man die Autos, Taxen und Fahrräder, die hier vorbeifuhren oder geparkt waren, kaum wahr.

Es gab natürlich auch Pausen in der Inszenierung, vor allem durch das regelmäßige – und in den frühen Morgenstunden erbarmungslose – Läuten der Glocken von San Clemente. Während dieser Unterbrechungen wanderten meine Blicke über das Bühnenbild. Die zugeklappten Fensterläden, die anonymen Türen, die fest verriegelten Tore, der Hintereingang zum Lagerraum der Pizzeria – all dies bot der Phantasie nur wenig Anregung. Daher konzentrierte sich meine Aufmerksamkeit auf die kleine Gedenkstätte – oder *edicola*, wie eine italienische Freundin mich korrigierte, als ich ihr eine Führung durch mein Panorama anbot –, die gegenüber meinem Fenster lag. Sie sah eher wie ein Wachhäuschen aus, war dicht an die Mauer gedrückt und überblickte die Stelle, wo die Via dei Santi Quattro Coronati ihren steilen Aufstieg vom Platz zu der gleichnamigen Kirche beginnt. Gelegentlich schmückten Grabkränze aus Nelken die Gedenkstätte. Ich hegte den Verdacht, daß die Blumenverkäuferin sich hier verblühter und nicht mehr verkäuflicher Ware entledigte und dies als Spende für die Kirche deklarierte. Doch wie sehr ich mich auch bemühte, ich konnte sie kein einziges Mal dabei beobachten, wie sie die Blumen hinter die verschlossene Tür legte.

Einmal saß ich draußen auf dem Platz, mitten zwischen den geparkten Autos, und beobachtete die *edicola*, weil ich hoffte, die Dekorateurin zu Gesicht zu bekommen. Um mir die Zeit zu vertreiben, sammelte ich unzusammenhängende Ideen in meinem Notizbuch. Dies erregte die Aufmerksamkeit der Autofahrer – überwiegend elegante Frauen, die ihre Wagen in zweiter und dritter Reihe parkten. Zwei oder drei von ihnen blieben stehen, starrten mich nervös an, stiegen wieder ein und fuhren weiter. Waren sie vielleicht die geheimen Blumenspender der *edicola*? Die italienischen Frauen sind für ihre Frömmigkeit bekannt, und häufig besteht ein direkter Zusammenhang zwischen der Stärke ihres Glaubens und dem Preis ihrer Kleider. Oder hielten sie mich etwa für einen potentiellen Autodieb? Vielleicht hätte ich mich rasieren sollen, aber ich war schließlich im Urlaub.

Aber dann lüftete eine der Frauen, deren rotgefärbte schulterlange Haare in der Morgensonne befremdlich glitzerten, das Geheimnis. Sie fragte mich, ob ich ein Polizist in Zivil sei, der die Autokennzeichen notiere, um Strafzettel auszustellen. Ich vermutete, daß ihre Hand, die in ihrer Handtasche verschwand, nach etwas suchte, womit sie mich bestechen konnte, aber als ich ihre Frage verneinte, zuckte sie die Schultern und sagte: »Naja, mit sowas muß man heutzutage immer rechnen.« Dann ging sie weg. Verwirrt und leicht errötet verließ ich kurz darauf meinen Wachposten.

Die *edicola* ging mir nicht mehr aus dem Kopf, und als ich einige Tage später nach dem Essen nach Hause ging, entdeckte ich eine Karte, die an einem grauenhaften rosaroten Nelkengebinde befestigt war. »Meine Inspiration«, stand darauf. Ich spähte in die *edicola*. Trotz der ockerfarbenen Wände war es darin dunkel. Ein verblichenes Fresko der Jungfrau Maria mit dem Jesuskind war hinter dem grünlichen Gitter auszumachen. Als sich meine Augen an das Halbdunkel gewöhnt hatten, sah ich, daß das Gemälde recht schön war, wenngleich es nichts Neues beitrug zu diesem bereits zur Genüge dargestellten Thema. Einen deutlichen Gegensatz hierzu bildete eine scheußliche, überladene Statuette des heiligen Antonius von Padua. Irgend etwas an der Geringschätzung und der Nachlässigkeit, mit der diese kleine, am Wegesrand liegende *edicola* behandelt wurde – an ihren Seitenmauern waren gerade Aufkleber angebracht worden, auf denen für *30 Giorni* geworben wurde, ironischerweise eine von der Kirche herausgegebene Zeitschrift –, machte mich melancholisch. Die fast fluoreszierende Farbe der Blumen hob sich schroff ab von dem bleichen, sandfarbenen und schmutzverkrusteten Hintergrund. Die *edicola* erinnerte mich an die überwucherten Engel und Kreuze, die man oft auf ungepflegten Friedhöfen auf dem Lande findet, einst geliebt und gehegt, heute aber weitgehend vergessen.

Später saß ich wieder in meinem Lehnstuhl, starrte hin und wieder aus dem Fenster, machte mir Notizen und kam dabei auf die Idee, hier einer längst vergessenen Geschichte nachzugehen. Um sie aus den Niederungen der Gemeinplätze zu heben, entschloß ich mich, sie durch Details anzureichern, und suchte daher in den zahlreichen Reiseführern, die in meiner Wohnung herumlagen, nach Hinweisen auf diese Gedenkstätte oder die Gegend.

War der unbekannte Blumenspender der einzige Mensch, der sich für diese unscheinbare Gedenkstätte interessierte? Offensichtlich ja. In den meisten Reiseführern wurde sie nicht einmal erwähnt. Sie führten den Leser von den Wundern von San Clemente sogleich zur Quattro Coronati – mit der Legende von den christlichen Steinmetzen, die sich weigerten, die Statue eines heidnischen Gottes zu errichten, und dafür den Märtyrertod starben – und schließlich zur Lateranbasilika. In einem Buch jedoch stieß ich auf eine interessante Bemerkung. In ihrem Werk *Companion Guide to Rome* verweilt die englische Historikerin Georgina Masson auf dem Platz unter meinem Fenster und blickt den Hügel hinauf zur Santi Quattro Coronati.

> Als wir hinaufgingen, schlugen wir eine ganz andere Route ein als früher die päpstliche Kavalkade oder der »possesso« auf ihrem Weg zum Lateran; und hier begegnet uns eine der berühmtesten Episoden der römischen Volksgeschichte. Die päpstliche Kavalkade zog über die Via dei Santi Quattro Coronati herauf und wechselte dann auf die Via dei San Giovanni in Laterano über, weil im unteren Teil der Straße ein Haus lag, das von der Bevölkerung als jenes der »Papessa Giovanna« bezeichnet wurde. Ein Bruchstück eines klassischen Reliefs, das eine Frau mit entblößter Brust und einem Kleinkind auf den Armen zeigt, markierte früher die Stelle. Auf Anordnung von Papst Pius IV. wurde es 1550 beseitigt und das ganze Haus abgerissen. Wie sich das Gebäude mit dieser phantastischen Legende verband oder ihr sogar Auftrieb gab, ist nicht bekannt. Doch es ist eine Tatsache, daß sich in Rom jahrhundertelang die Geschichte von einer Engländerin namens Joan hielt, der es gelang, als Johannes VIII. zum Papst gewählt zu werden.[2]

An dieser Stelle, so Masson, soll Joan, die sich bis dahin als Mann verkleidet hatte, enttarnt worden sein, als sie auf der Straße ein Kind gebar. »Sie und das Kind«, schließt Masson, »wurden von der aufgebrachten Menge getötet und am Straßenrand verscharrt.«

Wahrlich eine phantastische Legende. Sie hatte zweifellos nicht zum Lehrplan meiner Schule der Christlichen Brüder gehört. Ich hatte gelernt, daß Nikolaus Break-Spear als Hadrian IV. der einzige englische Papst gewesen sei.[3] Ein weiblicher Papst in einer Organisation, die sich, zumindest auf der klerikalen Ebene, rühmt, ein reiner Männerclub zu sein, wäre eine Sensation mit weitreichenden Auswirkungen auf die gegenwärtige Debatte über die Zulassung von Frauen zum Priesteramt. Die Ablehnung der Frauenordination durch die katholische Kirche wurzelt nicht in der Heiligen Schrift, sondern in der Tradition. Es hat noch nie Priesterinnen gegeben, daher kann es auch niemals welche geben. Dieses Argument würde sich nur noch schwer aufrechterhalten lassen, sollte sich erweisen, daß eine Frau sogar schon auf den Stuhl Petri gelangt ist.

Außerdem müßte eine der kühnsten Behauptungen des Katholizismus, daß die Päpste in der apostolischen Nachfolge Jesu Christi stehen und daher allesamt von Gott berufen seien, einer Revision unterzogen werden, sollte eine Frau ein Glied in dieser ungebrochenen Kette gewesen sein. Auch wenn Joan (oder Johanna) die Menschen in ihrer Umgebung zum Narren hielt, Gott konnte sie nicht getäuscht haben. Er hätte ihre wahre Identität und ihr Geschlecht gekannt. Wollte Gott eine Päpstin? Und wenn ja, was bedeutet das für die anhaltende Weigerung der katholischen Kirche, Frauen an den Altar zu lassen?

Meine Gedanken begannen zu kreisen, und ich schüttelte meine Urlaubslethargie ab. Georgina Masson hatte eine Legende wiedergegeben, die etwas beschrieb, was sich hier unter meinem Fenster ereignet haben könnte. Legenden sind in der Regel eine Mischung aus einem Körnchen Wahrheit und einer großen Portion Fiktion. Was war hier Wirklichkeit und was Phantasie?

Eine abermalige Suche in den Bücherregalen meiner Wohnung und in mehreren englischen Buchläden förderte weitere widersprüchliche Hinweise zutage. In *Reclams Lexikon der Päpste*[4] findet sich im Hauptteil kein Anhaltspunkt. Johanna gehörte zweifellos nicht zu jenen Persönlichkeiten, die in einem Standardwerk über die Päpste Erwähnung finden mußten, obwohl viele kurzfristige Amtsinhaber wie die »Gegenpäpste«, die sich den Stuhl Petri gewaltsam und gegen den Willen der Kirche aneigneten, dort aufgeführt waren. Johanna verbannte man in den Anhang, wo dieselben Einzelheiten genannt wurden wie in Massons Buch – obwohl es nun hieß, sie stamme aus Mainz, also aus Deutschland, nicht aus England. Der Tenor war insgesamt skeptisch. Weiterhin wurden einige mittelalterliche Chroniken erwähnt, in denen ihr Fall geschildert wird, sowie eine kuriose Geschichte, wonach Johanna Anlaß dafür gewesen sei, sich einen besonderen Test einfallen zu lassen, um sicherzugehen, daß ein neu gewählter Papst ein Mann war.

Das erinnerte mich an etwas. Als ich noch Redakteur einer katholischen Zeitschrift in London war, hatte einer unserer regelmäßigen Kolumnisten, ein walisischer Priester namens Pater John Owen, der die Angewohnheit hatte, immer die Wahrheit zu sagen, auch wenn sie unbequem war, genau diese Legende als Tatsache dargestellt.[5] In seinem Artikel hieß es, nach der Wahl eines neuen Papstes habe einer der Kardinäle dessen Geschlechtsteile befühlen müssen, um sich zu überzeugen, daß es sich um einen Mann handelte. Für diese Prozedur sei sogar ein spezieller Stuhl entwickelt worden. Der Artikel hatte eine Flut empörter Leserbriefe von Priestern ausgelöst, üblicherweise ein Hinweis darauf, daß der Verfasser des Artikels nicht ganz falschlag, aber da ich mich ständig mit derartigen Anwürfen herumschlagen mußte, hatte ich die Angelegenheit nicht weiter verfolgt.

Jetzt jedoch, hier in meinem Lehnstuhl, war ich fasziniert. Ich war auf etwas wirklich Interessantes gestoßen, das keine Langeweile in meinem Urlaub aufkommen lassen würde. In welchen Zusammenhang gehörte nun die kleine *edicola*? Die Jungfrau Maria mit dem Jesuskind spielte zweifellos keine Rolle in dieser Geschichte um Täuschung und Irreführung. Dann kam mir eine andere Erklärung in den Sinn, die zunächst schockierend erschien, aber immerhin möglich war. Konnte es sich hier um eine andere Frau mit Kind handeln, um eine Frau, die das Gegenbild zur Mutter Jesu darstellte, eine Betrügerin, die sich ihren Bastard an die Brust drückte, wenige Minuten, bevor sie wegen ihres Verrats umgebracht wurde, um jene

Frau, die in Georgina Massons Bericht erwähnt wurde? War Antonius von Padua später damit beauftragt worden, dieser Stätte ein etwas orthodoxeres Aussehen zu geben? Huldigte der unbekannte Blumenspender der Muttergottes oder einer Frau, die die Kirche bis in die Grundfesten erschüttert hatte? War das Relief, von dem Georgina Masson geschrieben hatte, vielleicht erhalten geblieben oder so kopiert worden, daß sowohl Johanna als auch die Jungfrau Maria in einem einzigen Bild verehrt werden konnten? Diese unbeachtete *edicola* hatte auf jeden Fall eine Geschichte zu erzählen.

Das internationale Zentrum des Katholizismus ist ein Ort, an dem sich nicht selten ein Widerspruch auftut zwischen den äußeren Zeichen der Demut und des Glaubens und dem, was sich hinter verschlossenen Türen abspielt. In gewisser Hinsicht frönt man in Rom – etwa in vielen Ritualen, die mit besonderen Orten verbunden sind – noch beinahe heidnischen Glaubensvorstellungen. In der schönen Kirche Santa Maria in Cosmedin, die aus dem 6. Jahrhundert stammt, steht in der Vorhalle eine seltsame runde Skulptur, die ein maskenhaftes Gesicht darstellt, das als »Bocca della verità« bekannt ist. In ihren geöffneten Mund sollen die Besucher ihre Hand stecken. Jene, die vom Pfad der Wahrheit abgewichen sind, müssen damit rechnen, daß ihnen die Hand abgebissen wird. Die kirchlichen Behörden sehen nichts Verwerfliches in diesem alten Aberglauben.

Auf einer anderen, mehr alltäglichen Ebene weht ein kräftiger Hauch von Heuchelei durch die irdische Niederlassung Gottes. Während meines Aufenthalts in Rom bereitete ein Priester eine Klage dagegen vor, daß eine Klinik sich geweigert hatte, ihn und seine Partnerin auf die Warteliste für eine *in-vitro*-Befruchtung zu setzen. Wie viele andere Paare wünschten auch sie sich ein Kind, aber dieser Priester hatte sich durch sein Gelübde zum Zölibat verpflichtet. Sein Vorgehen rief unter den Menschen vor meinem Fenster Schulterzucken und Gelächter hervor, aber kein ungläubiges Staunen und erst recht keine Forderungen nach Amtsverzicht.

Nur in Rom ist so etwas möglich. Im nördlichen Europa besteht Heuchelei darin, daß man bestimmte Dinge nicht zur Sprache bringt, Doppelmoral und Unaufrichtigkeit vertuscht, weil jene, die sie sich zuschulden kommen lassen, oftmals gute Gründe dafür haben. In Rom, und in Italien im allgemeinen, nimmt die Heuchelei eine andere, schlimmere Form an, eine »Hol's-der-Teufel«-Haltung. Die Römer haben sogar einen eigenen Ausdruck dafür erfunden: *menefregismo*. Diese Einstellung durchdringt die kommunale, regionale und nationale Politik und beeinflußt die Art, wie die Gesellschaft funktioniert. Der Priester, der Vater werden will, ruft nur den Gedanken hervor: »Schön für ihn, wenn er damit durchkommt.«

Hier in Rom, und nur in Rom, war eine Päpstin Johanna möglich. Nur hier konnte eine Frau in Männerkleidern ein solches Täuschungsmanöver inszenieren.

Hinter ihren befestigten Mauern beherbergen die Vatikanischen Museen eine atemberaubende Vielfalt an Kostbarkeiten. Michelangelos *Jüngstes Gericht* in der Sixtinischen Kapelle, die Stanzen des Raphael vom Meister der italienischen Renaissance, unermeßlich teure Wandteppiche, alte Landkarten, sogar Pferdefuhrwerke ziehen einen endlosen Strom ehrfürchtiger Besucher an. Die katholische Kirche ist die Hüterin einer der weltweit größten, berühmtesten und vielfältigsten Sammlungen von Kunstwerken, Kunstgewerbe und Gegenständen.

Mit ihrem Talent zur Organisation und zur Ordnung aller Aspekte der menschlichen Existenz haben die Vatikanbehörden den Besuchern vier gut ausgeschilderte Routen durch dieses riesige, überwältigende Museum ausgearbeitet. Selbst jene, die sich für die anstrengendste Tour entscheiden, bekommen nur einen Bruchteil der Exponate zu Gesicht. Verstaut in Vorzimmern oder verstaubten Ecken, finden sich Stücke, die nicht für die Präsentation vorgesehen sind. Sie werden nicht erklärt, sind nicht beleuchtet und werden nur von Besuchern wahrgenommen, die sich verirren oder eine außergewöhnliche Neugier an den Tag legen und sich weigern, den vorbereiteten Wegen zu folgen.

Genau einen dieser düsteren Winkel steuerte ich mit meiner neugewonnenen Entschlossenheit an. Ein wenig Recherche hatte genügt, um das Gabinetto delle Maschere (»Maskenkabinett«) als jenen Raum zu ermitteln, in dem sich der berüchtigte »Eier-Betast-Stuhl« befindet. Am Eingang des Museums wurde auf verschiedene gesperrte Abteilungen verwiesen, vom Gabinetto war dabei jedoch nicht die Rede und auch nicht von der großen Galleria delle Statue, die zu ihm führt. Also holte ich tief Luft und stieg die lange, sanft ansteigende Rampe hoch, die von der Straße zu den Kassenschaltern führt. Ich bezahlte, folgte den Schildern und ging durch den Hof, vorüber an einer Gruppe schnatternder Nonnen, die mich nicht beachteten. Nonnen waren die einzigen Frauen, denen man in der katholischen Kirche eine offizielle Rolle zubilligte, aber auch nur als eine Art gehobene Laien. Nonnen hatten noch nie einen Anspruch auf einen klerikalen Status. Was würden sie wohl von der Vorstellung einer Päpstin halten, überlegte ich, als ich eine Treppe hinaufeilte, einen weiteren Hof durchquerte und über die von Skulpturen gesäumte Galerie zum Gabinetto ging.

Dann stieß ich auf das Schild »Kein Zutritt« und auf eine Kette. In der Nähe stand ein junger Mann, der einen teuren Anzug und ein Abzeichen trug, das ihn als Mitarbeiter der Vatikanischen Museen auswies. Ich erklärte ihm – mit einem ersten Anflug von Verzweiflung –, daß ich eigens aus London gekommen sei, um einen bestimmten Gegenstand im Gabinetto zu besichtigen, und fragte ihn, ob es möglich sei, mich hineinzulassen, wenigstens für ein paar Minuten. Es war zweifellos möglich, er hätte dazu nur die Kette aufschließen müssen.

Der Mann schien zwar Verständnis für meine Lage zu haben, erklärte mir aber geduldig, daß es viel schwieriger sei, als ich es mir vorstelle. Er führte mich zu einem höhergestellten Kollegen – in den Vatikanischen Museen wird ein höherer Rang durch die Uniform und eine verdrossene Miene ausgedrückt. Der Raum sei wegen Personalmangel geschlossen, erklärte dieser Mann mir. Er verwies mich an den Informationsschalter am Eingang des Museums, wo ich Näheres erfahren könne.

Als ich zurückging und die Gruppen lächelnder, entspannter Urlauber passierte, erblickte ich mich selbst in einem der Überwachungsspiegel, ein Mann mit vor Ungeduld zerfurchter Stirn, ein Besessener. Ich fragte mich – und in den Monaten, die vor mir lagen, sollte ich dies noch öfter tun –, weshalb ich mich eigentlich mit dem Rätsel um die Päpstin Johanna befaßte und mich wie ein kirchlicher Detektiv aufführte. Der pinkfarbene Lehnstuhl in meiner Ferienwohnung bekam plötzlich wieder etwas Verlockendes.

Der Mann am Informationsschalter zeigte sich völlig unbeeindruckt davon, daß ich in London als Redakteur einer katholischen Zeitschrift gearbeitet hatte. Ob es die Tätigkeit des Redakteurs, die Zeitschrift oder der weichliche, liberal gesinnte und quasi-protestantische englische Katholizismus war, der seine Ablehnung hervorrief, konnte ich nicht herausfinden. »Sind Sie Kunststudent?« Der Mann stellte die Frage in einem neutralen Ton und nahm ein Formular aus einer Schreibtischschublade. Ich würde zu einer Notlüge greifen müssen.

Ein zweiter, jüngerer Mann wurde telefonisch herbeigerufen, um mich zu begleiten. Ich nahm an, wir würden zum Maskenkabinett gehen. Aber nein, nach zwei Aufzugsfahrten gelangten wir in die Verwaltungsabteilung. Immerhin konnte ich auf diese Weise die Treppen vermeiden. Ich wurde einem schnurrbärtigen Mann in Uniform übergeben, der hinter einem Schreibtisch saß. Er fragte mich, wie lange ich brauchen würde. »Fünf Minuten.« Ich versuchte bescheiden zu sein. Er verschwand. Die Minuten vergingen. Ich fürchtete schon, ich sollte die mir zugestandene Zeit hier in diesem Büro verbringen.

Genau als die fünf Minuten vorbei waren, kam er mit einer Frau in mittleren Jahren zurück. Sie reichte mir ein weiteres Formular zum Ausfüllen. »Kunststudent«, trug ich sorgfältig in Großbuchstaben ein. Abermals diente dies als Absolution. Die Frau verschwand wieder. Schließlich erschien ein weiterer junger Mann in einem kurzärmeligen Hemd. Er solle mich begleiten, erklärte er, aber zuerst müsse er seine Jacke holen. Altmodische Anstandsregeln spielen hier eine wichtige Rolle. Nacktheit, und sei es auch nur der Arme, wird allenfalls bei den Ausstellungsstücken toleriert.

Schließlich machten wir uns auf den Weg, gingen zurück durch die Eingangshalle und über die Galerien. Auf halbem Weg wurde ich einem weiteren Wächter übergeben. »Kein Personal«, erklärte er entschuldigend, als er die Kette vor dem Maskenkabinett aufschloß. »Ist nie geöffnet.« Ich verkniff mir die Bemerkung, daß man selbst bei flüchtiger Betrachtung mindestens ein halbes Dutzend Wächter ausmachen könne, die anscheinend nicht mehr zu tun hatten, als Formulare auszufüllen, und Zeit hatten, zwischendurch immer wieder für fünf Minuten zu verschwinden.

Das Gabinetto delle Maschere wurde als behelfsmäßiger Lagerraum genutzt. Lampen, Staffeleien und Rollen von Packpapier bedeckten seine Hauptattraktion, den Mosaikboden, der aus der Hadriansvilla im benachbarten Tivoli stammte. Auf dem Boden waren Masken zu sehen, was dem Raum seinen Namen verlieh. Wenn man nach unten schaut, um dieses antike Wunder zu betrachten, kann man leicht den großen, kommodenähnlichen Stuhl aus rotbraunem Marmor übersehen, der in einer Fensternische steht. Er trägt kein Informationsschild, sondern nur eine dicke Staubschicht.

Ein seltsamer Gegenstand. Auf den ersten Blick fallen seine komischen Proportionen auf. Der Sitz liegt sehr hoch und hat eine Öffnung in Form eines Schlüssellochs. Bei näherer Betrachtung könnte man ihn für eine alte, riesige Kommode halten, die früher von den Päpsten benutzt wurde, heute jedoch erinnert er uns an einen peinlichen Aspekt ihres Menschseins. Die Rückenlehne ist übermäßig weit nach hinten geneigt, viel zu weit, wie es scheint, um bequem darauf sitzen zu können. Auch die Stuhlbeine sind ungewöhnlich – zwei Marmorplatten, die an den Seiten nach unten führen und in Löwenklauen enden. Die Mitte, der Bereich unter dem Schlüsselloch, ist offen und unverdeckt.

Dieses Möbelstück, das auch als *sedia stercoraria* (»Kot-Stuhl«) oder »durchbohrter Stuhl« bezeichnet wurde, soll dazu gedient haben, das Geschlecht eines frisch gewählten Papstes festzustellen, bevor man ihm die Schlüssel von Sankt Peter aushändigte. Ein Kandidat, der von den Würdenträgern zum neuen Oberhaupt der Kirche gekürt worden war, mußte, bevor seine Wahl gültig wurde, auf diesem Stuhl Platz nehmen, während ein junger Kardinal durch die Öffnung von unten seine Geschlechtsteile abtastete.

Es gab nur eine Möglichkeit, diese Theorie anhand des Gegenstandes, der hier vor mir stand, zu überprüfen. Mein Schutzengel hatte sich entfernt und mich allein im Maskenkabinett zurückgelassen. Der Stuhl war nicht durch ein Geländer abgeschirmt und hatte, diese Deutung ließ das Staubmuster darauf zu, in letzter Zeit als provisorische Ablage gedient. Ich warf einen Blick nach hinten und ließ mich dann darauf nieder. Ich kam mir vor, als würde ich eine Entweihung begehen. Die Vatikanischen Museen besitzen die Aura einer Kirche, und von früher Jugend war mir eingebleut worden, in einem Gotteshaus nichts zu berühren. Mit rasendem Puls und kreidebleich lehnte ich mich zurück, immer weiter und weiter. Wie vermutet, war das alles andere als bequem. Die Rückenlehne war fast so weit nach hinten gesetzt wie bei einem Liegestuhl. Aber das Schlüsselloch, so stellte ich fest, lag genau an der richtigen Stelle, um besagten Test durchzuführen.

Ich kam wieder nach vorn, stand auf und versuchte mit meinem Notizbuch den Staub auf dem Stuhl wieder gleichmäßig zu verteilen, damit mein Sakrileg nicht entdeckt würde, wenn der Wächter zurückkam. Als er erschien, war ich eifrig mit meinen Notizen beschäftigt. Ich lächelte, verließ den Raum, stieg über die Kette und strebte dem Ausgang zu, während ich hinter mir eine Tür ins Schloß fallen hörte.

Die Geschichte von der Überprüfung der Männlichkeit des Papstes mag eine phantastische und belächelte Legende sein, dachte ich, aber sie hielt meiner vorläufigen Nachforschung stand. In Gedanken war ich schon beim nächsten Schritt –

einen Augenzeugen für diesen bizarren Test zu finden. Dazu mußte ich in eine Bibliothek.

Hier waren noch mehr Kontrollen zu passieren, bis ich schließlich meine Verabredung mit Pater Leonard Boyle, dem irischen Dominikaner, der die Vatikanische Bibliothek leitet, wahrnehmen konnte. Da der Vatikan – ebenso wie Monaco, San Marino oder Andorra – ein winziger, aber souveräner Staat ist, muß man seinen Paß zeigen, bevor man über die Porta Sant' Anna das Herz der katholischen Kirche betreten darf. Niemand hatte mir das gesagt, und als ich mich einige Tage später dort einfand, bewahrte mich nur der Benutzerausweis des British Museum davor, gleich wieder abgewiesen zu werden.

Viele Büros in Rom haben hohe Räume, in denen es auch in der Sommerhitze relativ kühl bleibt. Auch das Büro von Pater Boyle bildete in dieser Hinsicht keine Ausnahme und vermittelte dem Besucher den Eindruck, ein Zwerg zu sein. Boyle war ein schlanker Mann von Ende fünfzig, in einem eleganten, gut sitzenden Priestergewand. Als er mich am Empfang abholte, erschien er mir wie ein Arzt, der eine Liste von Patienten abarbeitet. Ich erzählte ihm, daß ich mich für Material zu den seltsamen Überprüfungspraktiken neu gewählter Päpste und zur Geschichte der Päpstin Johanna interessiere. Ich hatte damit gerechnet, schon bei der bloßen Erwähnung dieses Namens die Tür gewiesen zu bekommen, aber Pater Boyle lehnte sich nur mit einem Anflug von Lächeln in seinem Stuhl zurück.

Noch während er über seine Antwort nachdachte, läutete das Telefon, und er verschwand hinter seinem monumentalen Schreibtisch, um Verabredungen mit einer Pilgergruppe zu treffen, die die Bibliothek besichtigen wollte. Er behandelte den Anrufer ausgesprochen freundlich und entgegenkommend. Das ließ mich hoffen. Im katholischen Klerus gibt es viele verwirrte, gequälte und schwierige Menschen, die sich hinter den Machtstrukturen verschanzen, hin und wieder jedoch trifft man auf warmherzige, freundliche Männer, die mit sich im reinen sind und ihre Arbeit mit Energie, Humor und einer außergewöhnlichen Gelehrsamkeit ausfüllen. Pater Boyle gehört zweifellos zu dieser vom Aussterben bedrohten Gattung.

Als er sein Telefonat beendet hatte, schlenderte er durch den Raum, bis er eine Bombe platzen ließ: Zufällig war ich auf den inoffiziellen Experten des Vatikan in Sachen Päpstin Johanna gestoßen. Vor ungefähr dreißig Jahren, als er mit seinen irischen Dominikanerbrüdern in der alten Basilika San Clemente in der Nähe meiner Ferienwohnung beschäftigt gewesen sei, habe ihn seine Begeisterung für Geschichte dazu gebracht, sich eingehend mit jener Frau zu beschäftigen, die er scherzhaft als »Lokalheldin« bezeichnete.

Nachdem er aus einem angrenzenden Raum sein Büchlein über San Clemente[6] geholt hatte, erläuterte er mir, daß diese Kirche auf der Route des *possesso* liegt, die auch von Georgina Masson erwähnt wurde. »Ich habe sogar den damaligen Rektor gegen mich aufgebracht«, sagte er und lachte verschwörerisch, »weil ich ihm – nur um ihn auf den Arm zu nehmen – vorschlug, für sie an der Straße eine Tafel anzubringen.«

Pater Boyle, der aus Donegal stammt, hat fast vier Jahrzehnte in Rom verbracht, die letzten elf als Verantwortlicher für die Vatikan-Bibliothek und ihre immens wertvolle Sammlung von 150 000 Manuskripten. Diese Arbeit, sagte er, erlaube es ihm in den ruhigeren Momenten, seinen Jugendinteressen nachzugehen. Zum Beispiel der Päpstin Johanna.

Als er begann, mittelalterliche Handschriften aufzuzählen, in denen Johanna erwähnt wurde, waren einige darunter, von denen ich schon bei meiner anfänglichen Recherche gelesen hatte. Pater Boyle ließ erkennen, daß er diesen Quellen eine ganz entscheidende Bedeutung beimesse. Die Päpstin Johanna erschien mir plötzlich nicht mehr als Fiktion eines Märchenautors, sondern als Standardthema der mittelalterlichen Literatur über das Papsttum.

Als könne er meine Gedanken lesen, sah sich Pater Boyle genötigt, seinen Standpunkt klarzustellen. »Das Interessanteste an dieser Legende«, meinte er und lehnte sich zurück, »ist nicht, ob sie stimmt oder nicht. Natürlich stimmt sie nicht.« Er spürte, daß ich enttäuscht war. »Aber woher hatten die Chronisten des Mittelalters diese Geschichte? Hier muß die eigentliche Detektivarbeit ansetzen. Sie haben alle voneinander abgeschrieben, aber woher hatte der erste Autor sie?«

Er war mir mehrere Schritte voraus, aber seine Begeisterung wirkte ansteckend. Ich sah die nächsten Tage, vielleicht auch Wochen, vor mir. In einer Bibliothek. Für Pater Boyle war es ein Geheimnis der Manuskripte, eine Frage der Quellen. Die Aufgabe – wahrlich keine einfache, wie er zugab – bestehe darin, die Quelle eines alten Gerüchts ausfindig zu machen.

Zuerst mußte ich herausbekommen, ob er wirklich davon überzeugt war, daß die Geschichte jeder Grundlage entbehrte. »Einige Details sind zweifellos wahr«, gab er zu. »Zum Beispiel stimmt es, daß die Päpste auf dem Weg vom Vatikan zum Lateran bei San Clemente haltmachten. Sie benutzten also diesen Weg. Am Tage legten sie einen Zwischenstop ein, um etwas zu essen, wenn es Abend war, verbrachten sie dort manchmal die Nacht. Daß dies auch im frühen Mittelalter so gehalten wurde, läßt sich beweisen. Aber die Geschichte von der Päpstin Johanna – die nicht!«

»Hat es Sie denn nicht gereizt, dieser Sache einmal auf den Grund zu gehen?« fragte ich, obwohl ich die Antwort schon kannte. Pater Boyle deutete auf die Papierberge, die darauf warteten, daß er sich ihrer annahm, als wolle er sagen: »Ja, eines Tages vielleicht.« Aber dann unterbrach das Telefon unsere Unterhaltung abermals.

»Worauf Sie auch noch achten sollten«, sagte er, nachdem er den Hörer wieder aufgelegt hatte, »ist die Rolle, die Bernard Gui gespielt hat, der Großinquisitor.« Pater Boyle hatte mir anscheinend die Aufgabe übertragen, dem Rätsel um Päpstin Johanna nachzuspüren. Ich notierte mir den Namen. »Er diente als Vorbild für Umberto Ecos Helden im *Namen der Rose*.«[7] Gui, fuhr Pater Boyle fort, sei ein fleißiger Historiker gewesen, der es sich zur Aufgabe gemacht hatte, bei den kursierenden Legenden die Spreu vom Weizen zu trennen, dennoch habe er die Geschichte der Päpstin »ein bißchen in der Luft hängenlassen«. »Er gibt ihre Legende wieder und fügt die Bemerkung an ›wie man sagte‹. Er behauptet nicht, daß sie stimmt, verwirft sie aber auch nicht völlig.«

Es gebe noch weitere Elemente in diesem Rätsel, die untersucht werden müßten, meinte Pater Boyle. Etwa die Rolle, die sein eigener Orden, die Dominikaner, bei der Verbreitung der Geschichte von der Päpstin Johanna spielte. »Zum großen Teil waren Dominikaner daran beteiligt. Martin von Polen war Dominikaner, aber auch ein ausgezeichneter Jurist. Wenn sie also eine Erfindung war, warum schrieb er dann über sie?« Ein weiterer Name, den ich mir notieren mußte. Ich brannte darauf, loslegen zu können.

Pater Boyle begleitete mich auf einem kurzen Rundgang durch die Bibliothek. Er erzählte mir, daß sich aus der Kartei eine Fülle von Hinweisen auf Johanna ergeben. Der Bestand sei inzwischen etwa zur Hälfte über Computer zugänglich. Auf mein unrömisches Verlangen, mich sofort hinzusetzen und mit der Arbeit zu beginnen, nahm er keine Rücksicht, sondern führte mich in eine Cafeteria.

Als ich meinen Cappuccino mit ungebührlicher Hast hinuntergeschüttet hatte und mich schon verabschieden wollte, brachte ich es doch noch über mich, einen Punkt anzusprechen, der mich schon seit geraumer Zeit beschäftigte. Würde diese Geschichte dem Vatikan denn nicht peinlich sein? Durfte Pater Boyle mir überhaupt dabei helfen, und durfte ich mich mit der Untersuchung einer solchen Geschichte befassen?

»Nur ein bißchen peinlich.« Boyle grinste. »Niemand kann viel dadurch gewinnen, daß sie aufgearbeitet wird.« Er dachte einen Augenblick nach. »Nein, nicht peinlich. Solche Geschichten sind Teil des Ganzen.«

2. Kapitel

Wer sagte jemals, wenn er sprach von Rom,
Es faß sein weiter Kreis nur einen Mann?
Nun ist in Rom fürwahr des Raums genug,
Findt man darin nur einen einz'gen Mann.
William Shakespeare, *Julius Cäsar*

Trotz der Schönfärberei von Pater Boyle fand ich schnell heraus, daß die katholische Kirche die Geschichte der Päpstin Johanna traditionell als protestantische Fälschung abtat. Das Szenario ist einfach. Nach der Reformation hätten Anhänger von Luther, Calvin und Heinrich VIII. alte Manuskripte verfälscht und mit erfundenen Hinweisen auf eine Päpstin angereichert, um das Papsttum zu diskreditieren und dadurch seinen Anspruch auf eine universelle, gottgegebene Autorität zu untergraben. Diese Hinweise seien oft derart geschickt getarnt worden, daß spätere Leser das Original nicht mehr von der Fälschung unterscheiden konnten und zu der Auffassung gelangen mußten, im Mittelalter sei Johannas Existenz allgemein anerkannt worden.

Die Geschichte der Päpstin wurde zwischen dem frühen Mittelalter und dem Ende des 17. Jahrhunderts von mehr als 500 Chronisten[1] aufgegriffen, die sich mit dem Papsttum und der katholischen Kirche befaßten. Zu den Heerscharen von Autoren, die Johannas Existenz bezeugen, gehörten auch päpstliche Bedienstete, mehrere Bischöfe sowie einige der berühmtesten und angesehensten mittelalterlichen Chronisten, deren Schriften das Fundament der heutigen historischen und kirchlichen Forschung über die jeweilige Zeit bilden. Doch in bezug auf Johanna versucht die Kirche den Anschein zu erwecken, als seien diese Schriften, die vor der Reformation entstanden, nachträglich verändert worden.

Auf den ersten Blick erscheint diese offizelle Version glaubhaft. Die Johanna-Literatur blühte vor allem in der Zeit zwischen 1200 und 1600, in einer Epoche, in der es noch keine Massenproduktion von Büchern gab. Viele Schriften, die aus dieser Zeit existieren, sind in späteren Fassungen überliefert, so daß die Originale möglicherweise verfälscht worden sein könnten, um Hinweise auf Johanna unterzubringen. Wenn meine Nachforschungen keine Totgeburt werden sollten, mußte ich bei der Arbeit in der Bibliothek beweisen, daß diese Erklärung einer genauen Überprüfung nicht standhielt.

Die ersten gedruckten Schriften tauchten Ende des 15. Jahrhunderts auf, nachdem Johannes Gutenberg den Buchdruck mit beweglichen Lettern erfunden hatte. Vor dieser Zeit – und mit Ausnahme einiger besonders populärer Bücher auch noch in den folgenden zwei Jahrhunderten – wurden Texte von Hand vervielfältigt. Jede neue Kopie mußte Wort für Wort auf Pergament übertragen werden. Im frühen Mittelalter – etwa bis 1200 – waren die Schreiber meistens Mönche oder Nonnen, in der Regel aber häufiger Männer als Frauen. Sie waren die einzige soziale Gruppe, die genügend Zeit hatte, die aufwendige Arbeit des Produzierens und Illustrierens von Manuskripten zu übernehmen, und auch die nötige Bildung besaß, um die komplexen Anforderungen dieser Tätigkeit zu bewältigen.

Die großen Klöster besaßen Bibliotheken, die zu wahren Schatzkammern für Manuskripte wurden. Mönche von kleineren Abteien suchten sie auf, erstellten eine neue Abschrift irgendeines Buches aus der Bibliothek und reisten mit dem Ergebnis ihrer Arbeit wieder nach Hause. Dann suchten andere sie aus demselben Grund auf, und so wurden Texte ständig weitergereicht. Dies war ein quälend langsamer Prozeß, der nur unwesentlich dadurch vereinfacht wurde, daß man eine eigene Abkürzungssprache entwickelte. »PP« zum Beispiel stand für Papst.

Unweigerlich schlichen sich bei der Transkription jedoch Fehler ein. Häufig waren die Schreiber versucht, das Original durch Einfügungen anzureichern, um ihr überlegenes Wissen zu dokumentieren, oder die jeweilige Schrift den örtlichen

Umständen anzupassen. Auf diese Weise konnte ein Text im Laufe der Jahre wesentlich verändert werden, weil die Abschriften häufig von bereits veränderten Kopien eines Originals erstellt wurden, das der Schreiber nie zu Gesicht bekam und das nicht selten im Trubel der Ereignisse bereits verlorengegangen war.

Es ist nicht sonderlich überraschend, daß in der Zeit vor 1200 noch nicht viele Texte im Umlauf waren. Die meisten Schriften befaßten sich mit religiösen und kirchlichen Themen: Es waren Versionen der Bibel, Berichte über das Leben der Päpste und Kaiser, über päpstliche oder kirchliche Ereignisse sowie Schriften über Heilige, die den Teufel in seine Schranken gewiesen hatten.

Nach 1200 jedoch wurde das Buchmonopol der Klöster gebrochen, was Experimente mit neuer Gestaltung, neuen Themen und Stilen erlaubte. In den Städten wuchs eine neue Generation berufsmäßiger Schreiber und Künstler heran. Die meisten waren von Mönchen erzogen worden, einige hatten die frisch gegründeten kirchlichen Universitäten in Paris, Bologna und Oxford absolviert. Diese Schreiber ermöglichten das erste Aufblühen des Buchhandels. Ihre Kunden waren die Universitätsbibliotheken, deren Bedarf an illustrierten Büchern von den Klöstern nicht mehr gedeckt werden konnte. Zunehmend verlangten auch die Reichen und Mächtigen nach Manuskripten, um ihre Familien und ihre Leistungen rühmen zu lassen. Die sogenannten »Stundenbücher«, aufwendig illustrierte Sammlungen von Gebeten und Liedern, die im Auftrag eines bestimmten Adeligen oder seiner Gemahlin handschriftlich angefertigt wurden, erfreuten sich wachsender Beliebtheit.

Der größte Teil dieser frühen Bücher jedoch bestand aus kirchlichen Chroniken, die von Mönchen und Klerikern verfaßt, vervielfältigt und weitergegeben wurden. Die meisten kleineren und mittleren Klöster, in denen Abschriften angefertigt wurden, führten eine Chronik der lokalen Ereignisse, die großen Abteien jedoch konzentrierten sich auf Darstellungen der Kirchengeschichte.

Für die Zeit, in der Johanna auf dem Stuhl Petri gesessen haben soll, und für die folgenden vier Jahrhunderte bilden diese umfangreichen, allumfassenden Berichte die wichtigste Erkenntnisquelle der Historiker. Es war das »Dunkle Zeitalter«, das so genannt wurde, weil es kaum Informationen gab über das, was sich ereignete. Verschwommen, aber nicht unkenntlich in dieser düsteren Landschaft bewegt sich die Gestalt der Päpstin Johanna.

Wenn die Päpstin Johanna einen frühen Verehrer oder, wie man heute sagen würde, einen Biographen hatte, dann war dies der Dominikaner Martinus Polonus oder Martin von Polen, wie Pater Boyle ihn genannt hatte. Jeder Versuch, aus den verschiedenen Darstellungen ihres Lebens eine Art Stammbaum zu entwickeln, endet unweigerlich bei ihm. Viele spätere Autoren wiederholen seine Details und seine Sätze im Wortlaut.

Martin und Johanna waren keine Zeitgenossen. Martins Chronik erschien 1265, fast 400 Jahre später, als Johanna seiner Darstellung zufolge die Kirche regiert haben soll. Das ist etwa so, als würde ein heutiger Biograph über die Zeit Elisabeths I. oder über die Leistungen von Sir Walter Raleigh schreiben.

Martin war ein hoher Geistlicher in einer Zeit, in der sich das Papsttum auf dem Höhepunkt seiner Macht befand und die Wirren und die Unsicherheit, die das Dunkle Zeitalter geprägt hatten, schon weitgehend der Vergangenheit angehörten. In seinen Schriften wurde die Vormachtstellung der Kirche gepriesen. Er zählte zu den am meisten geschätzten Chronisten dieser Epoche, die viele außergewöhnliche Schreiber hervorbrachte, und war berühmt für seine Gewissenhaftigkeit und Gelehrsamkeit. Seine Schriften blieben erhalten, weil er im Gegensatz zu seinen Konkurrenten nur selten der Versuchung erlag, die Fakten, über die er schrieb, phantasievoll auszuschmücken.

Geboren im polnischen Troppau zu Beginn des 13. Jahrhunderts, trat Martin als junger Mann dem Dominikanerorden bei und wurde nach Rom entsandt, wo er rasch Karriere machte und schließlich unter Klemens IV. (1265–1268) zum päpstlichen Kaplan ernannt wurde. Seine rechtlichen Kenntnisse waren ihm in der zunehmenden kirchlichen Bürokratie sehr von Nutzen, doch seine Leidenschaft galt der Geschichte und dem Verfassen von Chroniken.

Da er sich der Gunst mehrerer Päpste erfreute und unbeschränkten Zugang zu allen päpstlichen Dokumenten besaß, betrachteten spätere Historiker seine Schriften als die gewissermaßen offizielle Linie des Vatikans. Schon zu seinen Lebzeiten fanden sie zahlreiche Bewunderer. In den meisten Klosterbibliotheken wurden Abschriften seiner Chroniken aufbewahrt. Das erste *Chronicon Pontificum et Imperatum* endete 1265. Diese sehr nüchterne und leidenschaftslose Darstellung der Päpste und Kaiser schrieb er bis 1277 fort.

Kurz darauf wurde Martin von Papst Nikolaus III. (1277 bis 1280) zum Erzbischof von Gnesen in Polen berufen. Dies war sehr seltsam, denn Martinus Polonus hatte bereits das nach damaligen Maßstäben sehr hohe Alter von siebzig Jahren erreicht. Vielleicht akzeptierte er die Berufung aus Heimweh oder einfach aus Gehorsam gegenüber dem Papst. Während der langen Reise in seine neue Diözese aber wurde er krank und starb in Bologna.

Sein *Chronicon Pontificum et Imperatum* jedoch überdauerte ihn. In allen Fassungen werden auf der linken Seite die Päpste, auf der rechten die Kaiser aufgeführt. Die Originale der beiden Ausgaben der Chronik sind verschollen, doch eine Abschrift aus dem 14. Jahrhundert, die in der Berliner Staatsbibliothek aufbewahrt wird, gilt als die älteste erhaltene Fassung[2]. Sie enthält folgende Geschichte, die auf einem Bericht über den Tod von Papst Leo IV. im Jahr 855 beruht:

> Nach dem vorher erwähnten Leo hatte Johannes, ein gebürtiger Engländer, der aus Mainz kam, den Stuhl Petri zwei Jahre, fünf Monate und vier Tage inne, wonach das Pontifikat einen Monat lang vakant blieb. Er starb in Rom. Er soll, so wurde behauptet, eine Frau gewesen sein. Da sie bereits in

jungen Jahren von ihrem Geliebten in Männergewändern nach Athen gebracht worden war, machte sie rasch Fortschritte in den verschiedenen Künsten, so daß ihr bald niemand mehr gewachsen war. Als sie anschließend das Trivium in Rom lehrte, zählten auch große Meister zu ihren Schülern und Hörern. Und da sie sich in der Stadt großer Wertschätzung erfreute, sowohl wegen ihres Lebenswandels als auch wegen ihres Wissens, wurde sie einmütig zum Papst gekürt. Doch in diesem Amte wurde sie schwanger von einer Person, mit der sie Umgang hatte. Sie kannte den Zeitpunkt ihrer Niederkunft nicht, und als sie auf dem Wege von Sankt Peter zum Lateran die Wehen überkamen, gebar sie zwischen dem Kolosseum und der Kirche San Clemente ein Kind. Dabei starb sie und wurde, so hieß es, am selben Orte beerdigt. Und da der Heilige Vater stets diesen Weg meidet, vermuten manche, dies geschehe aus Abscheu gegenüber dieser Tatsache. Sie wurde auch nicht in die Aufstellung der Heiligen Päpste aufgenommen, sowohl ihres weiblichen Geschlechts als auch der Niedertracht ihrer Handlungen wegen.

Diesem Bericht ist im Berliner Manuskript eine zusätzliche Seite angefügt. Sie ist späteren Datums als der Rest des Textes und erweckt nicht den Anschein, als habe man versucht, sie nahtlos zu integrieren. Der Anhang erzählt dieselbe Geschichte, reichert sie jedoch mit neuen schockierenden Einzelheiten an: daß Johannas Geliebter ein Diakon gewesen sei, daß die Straße, auf der sie entband, fortan »Vicus Papissa« genannt worden sei – das entsprach Georgina Massons Beschreibung der Straße vor meinem Fenster – und daß sie nach ihrer Enttarnung nicht getötet, sondern abgesetzt und in ein Frauenkloster verbannt worden sei, wo sie Buße tat und erlebte, wie ihr Sohn zum Bischof von Ostia ernannt wurde, einer Küstenstadt an der Mündung des Tiber in der Nähe von Rom.

Dies war der erste einer Vielzahl von Versuchen, die »Fakten«, die Martinus Polonus dargestellt hatte, auszuschmücken und das dürre Gerüst der Geschichte mit Details, Namen,

Plätzen, Gefühlen und Motivationen anzureichern. Martinus Polonus' Basistext jedoch wurde in der Folge zum Maßstab, ob die Geschichte um die Päpstin Johanna der Wahrheit entsprach oder nicht. Anhänger der Päpstin versuchten ihre Authentizität zu belegen und erklärten die Lücken in einigen Versionen als das Werk katholischer Bibliothekare, die bestrebt waren, eine für die Kirche peinliche Episode zu vertuschen, während die Kritiker darauf verwiesen, daß für das Gerede von einer Päpstin in Männertracht Protestanten verantwortlich seien, die Originale aus verschiedenen Bibliotheken Europas manipuliert hätten, um das Papsttum in Mißkredit zu bringen. Die Bibliotheken erscheinen vor diesem Hintergrund als Kriegsschauplatz der Reformation.

Diese »offizielle« Version, in der Johannas Pontifikat als protestantische Verschwörung abgetan wird, beruht auf der Annahme, daß Martinus Polonus der erste Chronist war, der sie niederschrieb. Diese »Schule« hat all ihre Kraft darauf verwendet, zu beweisen, daß alle überlieferten frühen Abschriften des Manuskripts manipuliert worden seien. Doch wie meine Sichtung der zahlreichen Erwähnungen Johannas in der Kartei ergab, war Martinus Polonus nicht der erste, der von einer Päpstin sprach. Er kann zweifellos für sich in Anspruch nehmen, die meisten Einzelheiten geliefert zu haben, doch der Stammbaum hat tiefere Wurzeln.

Der deutsche Historiker Friedrich Spanheim, ein protestantischer Philosophieprofessor, der Ende des 17. Jahrhunderts an der Universität Leiden lehrte, ging rund 500 Hinweisen auf Johanna in unterschiedlichsten Manuskripten nach, von denen viele mittlerweile verschollen sind. In Anbetracht seines konfessionellen Hintergrunds und des damaligen gesellschaftlichen Klimas darf man davon ausgehen, daß es ihm durchaus gelegen kam, wenn seine Forschung dem Vatikan Unbehagen bereitete. Sein Werk *De Papa Foemina*, das 1691 auf Lateinisch veröffentlicht wurde, erfuhr in der französischen Übersetzung eine so starke Nachfrage, daß die *Histoire de la Papesse Jeanne* bis 1736 dreimal nachgedruckt wurde.

Doch wie populär seine Schriften auch waren und wie sehr sie antipäpstliche Stimmungen schürten, man darf sie keineswegs als oberflächlich abtun. Er arbeitete sorgfältig und präzise und veröffentlichte Listen, die belegen, daß er alle Hinweise doppelt überprüft hatte. Spanheim schrieb den ersten überlieferten Hinweis auf Johanna Anastasius zu, dem päpstlichen Bibliothekar zu ihrer Zeit, und einem Mönch namens Rudulphus, der fünf Jahre später von ihr sprach. Von keinem existiert mehr eine Originalquelle, und mangels Beweismaterials müssen beide als ungesichert gelten. Skeptiker haben darauf hingewiesen, daß Rudulphus erst im 11. Jahrhundert lebte,[3] aber es könnte auch sein, daß Spanheim sich auf ein inzwischen verlorenes Dokument des Rudolf von Fulda bezog.

Spanheims Verweise auf Anastasius sind ebenfalls zweifelhaft, denn sie können nicht mehr anhand der Originalquellen überprüft werden. Anastasius war im 9. Jahrhundert päpstlicher Bibliothekar und hatte damals etwa dieselben Zuständigkeiten wie heute Pater Boyle. Er ist eine Schlüsselfigur im Rätsel um die Päpstin Johanna, weil es zu seinen Aufgaben gehörte, im offiziellen *Liber Pontificalis*, dem *Buch der Päpste*, die relevanten Informationen über den jeweiligen Amtsinhaber nachzutragen. Die verschiedenen Versionen dieses Buches bilden die wichtigste und häufig die einzige Informationsquelle für Historiker, die sich der Erforschung des Papsttums im Dunklen Zeitalter widmen.

Die älteste Ausgabe von Anastasius' Chronik, die erhalten geblieben ist, stammt aus dem Jahr 1602 und wurde nach der Reformation in Mainz veröffentlicht. Sie enthält Hinweise auf Johannas Geschichte, die damals aber auch aus anderen Quellen gut bekannt war, so daß in diesem Fall Fälschungen oder Einfügungen in das Original aus dem 9. Jahrhundert unwahrscheinlich sind.

Obwohl Anastasius nach Spanheims Auffassung wesentlich zur Verbreitung der Geschichte der Päpstin beigetragen haben soll, könnte er aber auch jener Historiker gewesen sein, der für die vierhundertjährige Lücke zwischen Johannas Leben und dem Bericht von Martinus Polonus verantwortlich war. Denn wenn er sich entschlossen hatte – oder man ihm aufgetragen hatte –, alle Hinweise auf Johannas Täuschung aus dem *Liber Pontificalis* zu tilgen, erscheint das jahrhundertelange offizielle Schweigen der Kirche verständlicher. Die Einzelheiten von Johannas Pontifikat könnten aus der autorisierten Version getilgt worden sein und sich nur noch in der mündlichen Überlieferung und in inoffiziellen Texten gehalten haben.

Diese Theorie paßt besser zu jenem Anastasius, den spätere Historiker beschreiben.[4] Er war eine zwielichtige Gestalt und versuchte 855 – im selben Jahr, in dem Johanna Martinus Polonus zufolge starb –, selbst auf den Stuhl Petri zu gelangen. Obwohl er die Unterstützung von Kaiser Ludwig II., einem Großenkel Karls des Großen, besaß, mußte er nach einem Volksaufstand in Rom seinen Plan aufgeben und Benedikt III. den Vortritt lassen. Er war weder besonders beliebt noch sonderlich respektiert. Ihm folgte der Ruf eines Intriganten und Lebemannes, der wenig übrig hatte für die Frömmigkeit und noch weniger für die moralischen Ansprüche des Christentums.

Nachdem Benedikt zum Papst gewählt worden war, wurde Anastasius exkommuniziert, aber von Benedikts Nachfolger Nikolaus I. (858–867) wieder rehabilitiert und von Hadrian II. (867–872) erneut mit der Leitung der päpstlichen Bibliothek betraut. Dort soll er sich besonders durch das Umschreiben der Geschichte zu seinem eigenen Vorteil und dem seines Vorgesetzten hervorgetan haben. J.N.D. Kelly schreibt in *Reclams Lexikon der Päpste*[5], Anastasius habe nicht gezögert, sich aller Dokumente zu entledigen, die ihn belasteten.

Tilgte er auch jeden Hinweis auf Johanna aus der Päpste-Chronik? Aus Loyalität gegenüber den Päpsten, die ihn rehabilitiert hatten, glaubte er vielleicht keine Wahl zu haben. Auch unter tugendhafteren Leuten, als Anastasius es war, gibt es genügend Beispiele für eine derartige Skrupellosigkeit. Sein Zeitgenosse Hinkmar, der Erzbischof von Reims (845–882), ebenfalls ein ausgebildeter Chronist, verschwieg in seinen

Briefen und sonstigen Schriften immer wieder Informationen, die der Kirche hätten schaden können. Selbst der Theologe und Mönch Alkuin von York, die rechte Hand Karls des Großen, hatte einen eigenwilligen Umgang mit der Wahrheit. In einem Brief gibt er zu, einen Bericht über Papst Leo III. (795–816), aus dem seine sexuellen Eskapaden und seine korrupte Verwaltung von Kirchämtern hervorgehen, vernichtet zu haben[6].

Wenn Anastasius auf höhere Weisung die Hinweise auf Johanna löschte, berichtete er darüber vielleicht in einer Tagebuchaufzeichnung oder einem Brief, und darauf bezog sich Spanheim möglicherweise. Doch bei Anastasius spielte sicherlich noch ein weiterer Aspekt eine Rolle: seine tiefe Enttäuschung und Mißgunst. Als Neffe von Arsenius, einem der reichsten Männer Roms, der sich einen Bischofstitel kaufte, glaubte Anastasius, eine Art Geburtsrecht auf den Stuhl Petri zu besitzen, wo seine unbestreitbare Intelligenz und seine guten Verbindungen am besten zur Geltung gekommen wären. Sein Scheitern, das dazu führte, daß er den Papstsessel bereits nach drei Tagen wieder räumen mußte und anschließend als »Gegenpapst« gebrandmarkt wurde, dürfte ihn sehr geschmerzt haben, insbesondere in Anbetracht des Erfolges, den ein Emporkömmling aus Mainz feiern konnte, der sich hinterher als Frau entpuppte. Es gibt keine Beweise für diese Annahme, aber die Möglichkeit, daß eine solch wichtige und böswillige Person in den Jahrhunderten nach Johannas Tod die Papstchroniken verfälschte, um Johanna verschwinden zu lassen, läßt sich nicht völlig von der Hand weisen.

Nachdem Anastasius als eine zentrale Figur in dem Rätsel um Päpstin Johanna erkannt war, haben einige Autoren ihn später als Johannas Erzfeind, andere als den Vater ihres totgeborenen Kindes darzustellen versucht. Unter Verweis darauf, daß Johanna und Anastasius beide Griechisch beherrschten, spekulierte die englische Historikerin Joan Morris wenig überzeugend darüber, daß er ihr Geliebter hätte sein können: »Anastasius paßt ideal in dieses Bild. Er war ein paar Jahre älter als Johanna, entstammte einer deutschen Familie und könnte daher durchaus eine Weile in Fulda studiert haben.«[7]

Morris' Hinweis auf Fulda wirft die wichtige Frage nach der Herkunft der Päpstin Johanna auf. Martinus Polonus hatte für mich bereits alle Unklarheiten beseitigt. Sie sei, schrieb er, »englischer Abstammung« gewesen, aber aus der deutschen Stadt Mainz gekommen. Neben Ingelheim und Fulda bildete Mainz im frühen Mittelalter eines der wichtigsten Zentren des Christentums in Deutschland und wurde zu einem Stützpunkt der englischen Missionare, die im 8. und 9. Jahrhundert erschienen, um den Heiden in Deutschland das Wort Gottes zu bringen. In der Verbindung mit den englischen Missionaren lag, davon war ich überzeugt, eine mögliche Erklärung für die Aussage, Johanna sei »englischer Abstammung« gewesen. Die Frage mußte noch eingehender untersucht werden.

Aber nun sorgte etwas anderes für Verwirrung: Während Martinus Polonus Mainz als Johannas Geburtsort bezeichnet hatte, sahen die Historiker, die später ihre Sache verfochten, sie in Fulda. Die beiden Städte sind kaum 150 Kilometer voneinander entfernt – was im 9. Jahrhundert jedoch eine durchaus beträchtliche Entfernung darstellte –, waren eng miteinander sowie mit Ingelheim verbunden und galten als die kulturellen Zentren im Reich Karls des Großen.

Jede der drei Städte hatte eine eigene, aber auf die der anderen abgestimmte Rolle, was sich deutlich am Leben des heiligen Bonifatius, des »Apostels der Deutschen« zeigte, der im 8. Jahrhundert die englischen Missionierungsbestrebungen in Deutschland leitete. In Ingelheim suchte er die Kaiserpfalz Karls des Großen auf, während Mainz sein eigenes Verwaltungszentrum bildete, wo er auch seine Kathedrale errichten ließ. Später ernannte ihn der Papst zum Erzbischof von Mainz. In Fulda dagegen gründete er ein Kloster, in das er sich immer wieder für einige Zeit zum Beten, Meditieren und Studieren zurückzog. Die Bibliothek des Klosters von Fulda zählte damals zu den renommiertesten in ganz Europa, und die Stadt stand in dem Ruf, ein Zentrum der Gelehrsamkeit und der Bildung zu sein.

Die junge Johanna war, wie Martinus Polonus und viele der von Spanheim zitierten Chronisten ausführen, ein außergewöhnlich kluges Mädchen. Fulda mit seiner Atmosphäre der Gelehrsamkeit muß wie ein Magnet auf sie gewirkt haben, und auch auf ihre Eltern, die sie, wie es in den Berichten heißt, ermutigt haben sollen, ihren Geist zu bilden. Obwohl Johanna wahrscheinlich in Mainz geboren wurde, dürfte sie sich häufig längere Zeit in Fulda aufgehalten haben. Als sie ihr zwölftes Lebensjahr vollendete, galt sie als Frau, und die Tore des Klosters verschlossen sich für immer vor ihr.

Auch wenn der *Liber Pontificalis* Johanna unerwähnt ließ, so gab es zwischen 855 und Martinus Polonus' Werk, das 410 Jahre später erschien, doch einige andere Autoren, die das Schweigen brachen. An erster Stelle ist der Theologe Marianus Scotus zu nennen, der enge Verbindungen zu Fulda und Mainz unterhielt. Dieser irische Mönch, der wohlvertraut war mit den für die damalige Zeit typischen Nöten und Entbehrungen, lebte von 1028 bis 1082. Mit 24 Jahren trat er in ein Kloster in Irland ein. Dieses Land zeichnete sich damals durch ein asketisches, auf Wissenschaft und Bildung bedachtes Christentum aus und wurde nicht, wie heute, mit einer gedankenlosen und aufgesetzten Frömmigkeit in Verbindung gebracht. Wie viele andere irische Mönche dieser Zeit begab er sich später als Missionar nach Deutschland, um dort das Christentum zu verbreiten. Seine Methode der Evangelisierung bestand darin, sich in eine Klosterzelle zurückzuziehen, zuerst in Fulda, später in Mainz, und ein Leben als Einsiedler zu führen. Sein Vorbild und die Kraft seiner Gebete bekehrten die Menschen zum Glauben.

Marianus erweckt in seinen Schriften den Anschein, daß man sich in Fulda und Mainz noch gut an Johanna erinnerte. In seiner Chronik *Historiographi*, die gegenüber den zahlreichen weltlichen Kritikern entschieden Partei für das Papsttum ergreift, heißt es über das Jahr 854: »Papst Leo starb an den Kalenden des August. Ihm folgte Johanna, das Weib, das zwei Jahre, fünf Monate und vier Tage auf dem Stuhle Petri saß.«[8]

Die Zeitspanne, die er angibt, ist identisch mit jener, die Martinus Polonus nennt. Wenn die Kirche also die Glaubwürdigkeit von Martinus Polonus in Zweifel zieht, muß das gleiche auch für Marianus Scotus gelten. Die älteste Fassung seines Werkes, die noch vorhanden ist und in der Johanna erwähnt wird, stammt aus dem Jahr 1559. Für Fälschungen oder Umschreibungen im Lichte der damals kursierenden Versionen der Chronik von Martinus Polonus wäre also genügend Zeit gewesen. In einer anderen Ausgabe von Marianus Scotus, die im British Museum aufbewahrt wird, findet sich jedoch kein Hinweis auf Johanna. Seine Bedeutung als Zeuge für die Existenz einer Päpstin ist damit wieder in Frage gestellt.

Daß sich Marianus Scotus in der ältesten Version nur sehr kurz zu Johanna äußert, läßt viele Zweifler an einen Trick oder eine Fälschung denken, doch man sollte nicht vergessen, daß diese Chronisten die Geschichte der Päpstin zweifellos nicht mit großer Begeisterung wiedergegeben haben. Sie bildete einen schwarzen Fleck in der Geschichte des Papsttums, eine Episode, die man zwar nicht vertuschen durfte, aber auch nicht besonders ausführlich darstellen mußte.

Bei Marianus Scotus ist nicht davon die Rede, daß Johanna ein Kind hatte. Der erste Hinweis darauf findet sich in der Chronik von Sigebert, einem Benediktinermönch aus der Abtei Gembloux in Belgien. Sigebert war ein Zeitgenosse von Marianus, überlebte ihn jedoch um viele Jahre und führte seine Chronik bis zu seinem Tod 1112 fort. Geht man davon aus, daß Sigebert einen Teil seines Lebens in Metz verbrachte, nicht allzu weit von Mainz entfernt, so darf man annehmen, daß er Marianus begegnet ist.

Sigebert, der von dem Mediävisten Joseph Strayer als einer der »produktivsten, vielschichtigsten und wichtigsten Autoren des 11. Jahrhunderts«[9] bezeichnet wurde, stand einer Abtei vor, die einen hervorragenden wissenschaftlichen Ruf besaß, und leitete eine Bibliothek von internationaler Bedeutung. Vielleicht zog er Texte heran, die damals in seiner Bibliothek verfügbar waren, inzwischen jedoch verschollen sind, als er in seiner *Chronographia* über Päpstin Johanna schrieb: »Es geht das Gerücht, dieser Johannes sei eine Frau gewesen und nur eine einzige Person habe davon Kenntnis gehabt und sei ihr Geliebter gewesen und habe sie geschwängert, so daß sie ein Kind gebar, als sie noch im Amte war. Aus diesem Grunde wird sie nicht in die Reihe der Päpste aufgenommen und hat keine Zahl erhalten.« Dieser Bericht jedoch ist nicht in allen frühen Ausgaben von Sigeberts Schriften enthalten,[10] und wo er enthalten ist, findet er sich häufig in den Marginalien. Er kann daher nicht als sichere Quelle betrachtet werden.

In einer Ausgabe aus dem 16. Jahrhundert berichtet Sigebert von einer Prophetin aus Moguntia (eine andere Bezeichnung für Mainz), der es gelungen sei, ihren Erzbischof dafür zu gewinnen, sie zur Priesterin zu weihen. Dies kann, muß aber nicht ein alternativer Hinweis auf Johanna sein, obwohl der Verzicht darauf, ihre Geschlechtszugehörigkeit zu verschleiern, eher dagegen spricht. Bedenkt man, wie sehr sich mündliche Überlieferungen durch die ständige Weitergabe veränderten, bis sie schließlich schriftlich festgehalten wurden, erscheint es auch möglich, daß sich aus dem Hinweis auf diese »Prophetin« im Lauf der Zeit die Geschichte von der Päpstin Johanna entwickelte.

Mit der Erwähnung des Bischofs von Ostia wirft Sigebert ein weiteres Licht auf die Päpstin. Martinus Polonus sollte später behaupten, Johannas Sohn sei Bischof von Ostia geworden. Sigebert berichtet, ab dem 3. Jahrhundert habe die Papstkrönung eine Zeitlang zu den besonderen Privilegien der Bischöfe von Ostia gehört. Die Geschichte eines Papstes zu erzählen, den viele seiner Zeitgenossen am liebsten schnell wieder vergessen hätten, hat eine besondere Bedeutung. Es ist wie den Namen eines Freundes zu nennen, der es einem ermöglicht, mächtigen, einflußreichen Menschen vorgestellt zu werden. Der Name des Freundes wirkt wie ein Signal, das besagt, daß man vertrauenswürdig ist. Die Erwähnung Ostias verleiht den Berichten über die Päpstin Johanna daher zusätzliches Gewicht.

Sigebert war der erste in einer Reihe von verläßlichen Chronisten, die von der Päpstin Johanna sprachen. Sie traten alle kurz hintereinander auf und schrieben vor Martinus Polonus. Wie sie miteinander verbunden waren und wie stark sie sich gegenseitig beeinflußten, kann man nach dieser langen Zeit und ohne entsprechendes Material nicht mehr beurteilen. Auch wenn sich darüber streiten läßt, wann die verschiedenen Texte veröffentlicht wurden, ihr Wert besteht zweifellos darin, die Zeitspanne zwischen dem Leben der Päpstin Johanna und ihrer ersten Erwähnung durch Martinus Polonus zu überbrücken.

Otto von Freising war einer der wichtigsten Vertreter dieser Gruppe, ein Mann, der sich sowohl für weltliche als auch für kirchliche Angelegenheiten interessierte. Er wurde als der »größte historische Denker des Mittelalters«[11] bezeichnet. Der Zisterziensermönch Otto war ein Enkel des römischen Kaisers Heinrich IV. (1050–1106) und nahm 1147 im Heer seines Halbbruders Konrad am Kreuzzug teil. Er war als Gelehrter tätig und amtierte bis zu seinem Tod 1158 in Deutschland als Bischof von Freising. In seiner Abhandlung *Historia de duabus civitatibus* erwähnt er »Papst Johannes VII., ein Weib«, versetzt sie aber zurück an den Anfang des 8. Jahrhunderts. Das Original seines Werkes, das wahrscheinlich zwischen 1143 und 1146 abgeschlossen wurde, ist verlorengegangen, und die vorhandenen Abschriften, in denen Johanna erwähnt wird, entstanden nach der Zeit von Martinus Polonus.[12]

Der italienische Chronist Gottfried von Viterbo hält sich in seinem *Pantheon* von 1191 an die üblichen Zeitangaben – zwischen Leo IV. und Benedikt III. –, vermerkt aber, daß die Päpstin Johanna aufgrund ihres Betrugs »nicht mitgezählt« werde. Sein Werk ist Papst Urban III. (1185–1187) gewidmet, dem er als Kaplan und Sekretär diente. Es mag tabu gewesen sein, Johanna in dieser Gesellschaft zu preisen, Gottfrieds Beispiel jedoch zeigt, daß es nicht verboten war, sie zu erwähnen. Aber auch jene Chronik liegt nicht im Original vor.[13]

Gervasius von Tilbury, ein englischer Autor, der den größten Teil seines Lebens in Frankreich verbrachte, fügte ein weiteres Mosaikteilchen in das Bild ein, das schließlich zu der Geschichte führte, die Martinus Polonus wiedergab. In seinem Werk *Otia imperialia* von 1211 – von dem noch eine Originalausgabe existiert – schreibt er in seinem Eintrag zum Jahr 849: »Johannes, der Englische, Papst, war eine Frau und gebar zwischen dem Kolosseum und San Clemente ein Kind.«[14]

Sigeberts Hinweis auf das Kind wird nun weiter ausgeführt, wenngleich manche Kritiker den Wahrheitsgehalt von Gervases Darstellung in Zweifel ziehen. Dem nächsten Glied dieser Informationskette konnte man allerdings keine historische Ungenauigkeit unterstellen: dem französischen Dominikanermönch Jean de Mailly, der 1225 seine *Chronica universalis* schrieb. Die existierenden Originalausgaben enthalten folgenden Eintrag für 1099:

> Man weiß von einem gewissen Papst, genauer gesagt, einer Päpstin, die ein Weib war. Sie gab sich als Mann aus. Dank ihres scharfen Verstandes wurde sie Sekretär der Kurie, dann Kardinal und schließlich Papst. Eines Tages, als sie vom Pferde stieg, gebar sie ein Kind. Sogleich banden die römischen Richter ihre Füße an den Schweif des Pferdes, doch indessen steinigten die Leute sie über mehr als eine halbe Wegstunde. An der Stelle, wo sie starb und verscharrt wurde, steht geschrieben: *Petre, Pater Patrum, Papisse Prodito Partum* (O Petrus, Vater der Väter, enthülle die Niederkunft des weiblichen Papstes).[15]

Der römische Historiker Cesare d'Onofrio glaubt, de Mailly habe die Geschichte von der Päpstin erfunden, die später von Martinus Polonus – allerdings mit veränderten Zeitangaben – übernommen worden sei.[16] De Mailly lebte in Metz nahe der Grenze zwischen Deutschland und Frankreich und hat sich in erster Linie durch Hagiographien hervorgetan. Er war zum großen Teil verantwortlich für die *Chronica universalis Met-*

tensis von 1250, in der wortwörtlich sein früherer Bericht über Johanna wiedergegeben wird.[17]

In der zweiten Chronik wird Johannas Wahl zum Papst wieder in das Jahr 1099 verlegt, aber anders als in den herkömmlichen Berichten damit erklärt, daß Paschalis II., der dem offiziellen Papstkatalog zufolge in diesem Jahr den Stuhl Petri bestieg, sein Amt erst 1106 angetreten habe, wodurch Johanna sieben Jahre blieben.

Der französische Dominikaner Etienne de Bourbon nannte de Mailly als Quelle für seine Schrift *De diversis materiis praedicabilibus*, die er kurz vor seinem Tod 1261 verfaßte.

> Doch um das Jahr 1100, so wird in den Chroniken berichtet, ereignete sich ein Vorfall von unglaublicher Dreistigkeit oder schierer Verrücktheit. Ein gewisses Weibsstück kam nach Rom, das sehr gebildet und in der Rechtskunst versiert war, sich in Männertracht gewandete und vorgab, ein Mann zu sein. Aufgrund ihres Fleißes und ihrer Gelehrsamkeit wurde sie zum Sekretär der Kurie ernannt. Später gelang es ihr, unter Anleitung des Teufels, Kardinal und schließlich sogar Papst zu werden. Nachdem sie in die Hoffnung gekommen war, gebar sie ein Kind, als sie ein Pferd besteigen wollte. Doch als die römischen Behörden davon Kenntnis erhielten, wurde sie aus der Stadt gezerrt, mit den Füßen an die Hufe eines Pferdes gebunden und über eine halbe Wegstunde von den Leuten gesteinigt. Und dort, wo sie starb, wurde sie begraben, und über sie legte man einen Stein, auf dem geschrieben stand: *Parce, Pater Patrum, Papisse Prodere Partum* (Verhüte, Vater der Väter, daß bekannt werde die Niederkunft des weiblichen Papstes). Sehet, zu welch schändlichem Ende solch unverfrorene Anmaßung führet.[18]

Obwohl er de Mailly als seine Quelle anführte, hatte de Bourbon einige Einzelheiten verändert – am offensichtlichsten die Grabinschrift –, was entweder auf Fehler beim Abschreiben oder auf einen Plan zurückzuführen war, von dem wir heute nichts mehr wissen. Sein Bericht ist bemerkenswert, weil er Johanna zum ersten Mal mit dem Teufel in Verbindung bringt. In der angsterfüllten, introspektiven und bilderüberfrachteten Welt des Mittelalters war der Teufel eine stets gegenwärtige Gestalt, die sogar eine größere Rolle als Gott spielte. All jene, die die Kirche in irgendeiner Weise gegen sich aufbrachten, wurden als Hilfstruppen des Teufels gebrandmarkt, dämonisiert und in die ewige Verdammnis gestoßen. Heiden, die sich der Bekehrung widersetzten, Juden, die die Ausdehnung des Christentums finanzierten und anschließend ihr Geld zurückverlangten, Moslems, die nach Spanien vordrangen, Tempelritter, die zu große Unabhängigkeit gewonnen hatten, oder Katharer und Waldenser, die den weltlichen Reichtum Roms geißelten.[19]

Der Teufel taucht auch in dem 1261 verfaßten Bericht eines anonymen Dominikaners aus Erfurt auf. Der Autor dieser *Chronica Minor*, der die Geschichte der Päpstin wieder im Dunklen Zeitalter ansiedelt, liefert eine weitere Interpretation der Inschrift, die von de Mailly und de Bourbon erwähnt wurde.

> Es gab einen weiteren falschen Papst, dessen Name und Jahr unbekannt sind. Denn es handelte sich um ein Weib, wie Rom eingestand, von einnehmender Erscheinung, hoher Bildung und gespieltem feinem Benehmen. Sie verkleidete sich als Mann und wurde am Ende auf den Stuhl Petri gewählt. Während sie Papst war, empfing sie ein Kind, und als sie noch mit ihm schwanger ging, verkündete ein Dämon dieses allen Menschen auf dem öffentlichen Platze, indem er dem Papst zurief: *Papa, Pater Patrum, Papisse Pandito Partum* (O Papst, Vater der Väter, enthülle die Niederkunft des weiblichen Papstes).[20]

Eine seltsame Wendung erhält die Geschichte dadurch, denn der Teufel stand bisher nicht im Bunde mit Johanna. Dieser Bericht zeigt, daß die Formulierung, die mit *Papa, Pater Patrum* beginnt, nur ein kleines Fragezeichen in dem großen Rätsel um Johannas Existenz ist. Für weitere Verwirrung sorgte eine andere deutsche Chronik, *Flores Temporum*, die etwa um 1290 von einem anonymen Autor verfaßt wurde. Sie entstand nach Martinus Polonus' erster Chronik von 1265, gab dessen Geschichte in den Grundzügen wieder, fügte jedoch eine Episode über eine Frau ein, die vom Teufel besessen ist.

> Sie (Päpstin Johanna) wurde geschwängert ... Zu dieser Zeit wurde ein Dämon unter Eid befragt, wann der Teufel sie wieder verlassen werde. Er antwortete mit dem Vers: *Papa, Pater Patrum, Pandito Partum. Et tibi tunc edam, de corpore quando recedam.* (O Papst, Vater der Väter, enthülle die Niederkunft dieses weiblichen Papstes. Und dann werde ich dir die Zeit nennen, zu der ich aus dem Leibe ausfahren werde.)[21]

Wiederum hatte die Geschichte eine andere Gestalt angenommen. Sie paßte nun besser zu den Ängsten und Vorstellungen von Teufelsbesessenheit, die im Mittelalter die Menschen beherrschten. Doch hinter all diesen Manipulationen bewahrte das Rätsel um Johanna seine Faszination.

Problematisch bleiben der Ursprung der Überlieferung und die Tatsache, daß kaum Originale, sondern spätere Abschriften die Grundlage der Forschung bilden. Weiterhin ist die von mehreren Generationen katholischer Kirchengelehrter vertretene Behauptung, es handele sich dabei um protestantische Fälschungen, bisher nicht eindeutig widerlegt worden. Dennoch gibt es genügend schriftliches Material und andere Quellen, die in Johanna mehr als einen Scherz des Dominikanerpaters Martinus Polonus sehen.

Eine Handvoll Bibliotheken auf der Welt überragen alle anderen. Dazu gehören die Vatikan-Bibliothek, die des British Museum und die Pariser Bibliothèque Nationale. Auf der Stufe darunter stehen große Sammlungen wie die Bodleian Library in Oxford. Sie verfügt über Zehntausende mittelalterlicher

Manuskripte, nicht Hunderttausende wie Pater Boyles Bibliothek, aber zu ihrem Bestand gehört auch ein seltenes Exemplar der Chronik von Martinus Polonus.

Die Bibliothek liegt im zweiten Stock der Old Bodleian und wurde 1488 zu Ehren von Herzog Humphrey von Gloucester eingerichtet, des jüngeren Bruders von Heinrich V. Eine knarrende Holztreppe führte zum Empfang, wo zwei alte Manuskripte für mich bereitlagen. Mein Interesse galt eigentlich Martinus Polonus' *Chronicon Summorum Pontificum et Imperatorum Romanorum*, das in der Bodleian-Bibliothek schlicht als Manuskript 452 bezeichnet wird. Doch ein hilfsbereiter Bibliothekar machte mich auf ein weiteres Dokument zur Päpstin Johanna aufmerksam, ein französisches Werk aus dem 17. Jahrhundert.

Man reichte mir eine Leseunterlage aus Schaumstoff, damit die Buchrücken dieser kostbaren alten Schriften nicht beschädigt würden, und führte mich in den Lesesaal. Wissenschaftler saßen hier mit der feierlichen Stille mittelalterlicher Mönche über ihren Manuskripten. Ich fand einen Platz unter einem außergewöhnlichen Porträt des Bischofs von Lincoln. Mit seinen geschürzten Lippen wirkte er auf mich durch und durch wie eine Frau. Aber vielleicht brachte mich die Suche nach der Päpstin Johanna allmählich dazu, jeden argwöhnisch zu beäugen, der geistliche Kleidung trug.

Da mein Französisch etwas besser ist als mein lückenhaftes Latein, griff ich zuerst nach dem jüngeren der beiden Werke.[22] Es war Mitte des 17. Jahrhunderts handschriftlich angefertigt worden und lieferte zunächst den üblichen Bericht über die Päpstin Johanna, zusätzlich jedoch eine kritische Abwägung aller Argumente, die dafür und dagegen sprachen. Auf dem Umschlag der Bibliothek hieß es, das Manuskript sei »sehr ordentlich« geschrieben. Ich hoffte, es leicht entziffern zu können, aber das traf nicht zu. Die braune Tinte war durch das dünne Pergament gedrungen und auf der nächsten Seite noch zu sehen, so daß die Worte miteinander verschwammen.

Der anonyme Autor resümierte in drei Vierteln seines Textes die Werke der verschiedenen Autoren, die sich mit Johanna beschäftigten, und wiederholte seine Ablehnung, die bereits in der Einleitung deutlich geworden war, wo er die Geschichte als »alberne und böswillige Fabel« verworfen hatte. Mit welchem Recht er so viele dokumentarische Quellen mit einer kurzen Bemerkung wegwischen konnte, begründete er nicht. Das letzte Viertel des Buches bestand aus einem Register von Autoren, die sich mit Johanna beschäftigt hatten und die ich bereits kannte, führte aber seltsamerweise auch einige, scheinbar willkürlich herausgegriffene, Schreiber auf, die kein Wort über Johanna verloren. Wenn die Geschichte der Wahrheit entspräche, so lautete das Argument, hätten diese Autoren auf sie eingehen müssen. Da sie es nicht getan haben, kann Johanna nicht existiert haben. Eine ausgefeilte Rhetorik war das auffälligste Merkmal dieser Abhandlung. Offensichtlich war Johanna im 17. Jahrhundert Gegenstand hitziger Debatten zwischen Kirchenmännern und den Kritikern der Kirche gewesen. Da der Text wie eine Moralpredigt klang, vermutete ich in seinem Verfasser ein Mitglied des Klerus.

Die Bodleian-Bibliothek konnte keine genauen Angaben zum Ursprung ihrer Kopie von Martinus Polonus[23] machen. Sie soll englischer Herkunft sein und wurde der Bibliothek 1612 vom Dekan und von Kanonikern aus Windsor übergeben. Die Datierung ist jedoch gesichert – sie entstand im 14. Jahrhundert, vor der Reformation. Meine Frage, ob man bei der Ermittlung des Alters von Handschriften ähnlich wie bei der Untersuchung des Turiner Grabtuchs Radiokarbon-Methoden einsetze, quittierten die Bibliothekare in der Duke Humphrey mit mildem Lächeln. Weshalb sollten sie sich technischer Hilfsmittel bedienen, wenn ihr eigenes Fachwissen genügte? Sie waren in der Lage, anhand des Stils, der Schrift und der Illustrationen auf einige Jahrzehnte genau zu datieren. Schließlich würde man, meinten sie, einen Degas auch nicht mit einem Hockney verwechseln oder einen Brief von unseren Großeltern, der zu Beginn des Jahrhunderts verfaßt ist, mit einem heutigen.

Beim Manuskript von Martinus Polonus war ihr Ausgangspunkt das Datum des letzten Eintrags zum Pontifex Johannes XXII., der 1316 der zweite Avignon-Papst wurde. Der Stil der Schrift – hochgotisch, mit Bögen und Schnörkeln – sagte ihrem geschulten Auge so viel wie die gotische Fassade der Kathedrale von Chartres einem Architekturhistoriker. Die verzierten Buchstaben am Anfang jedes Kapitels liefern weitere Anhaltspunkte. Ihre Farbe und Form besitzen eine eigene Chronologie wie in der verwandten Welt der Kunstgeschichte.

Wenn die Hinweise auf Johanna im Manuskript von Martinus Polonus aus dem 14. Jahrhundert stammen und keine späteren Einfügungen in den Marginalien oder auf einem losen Blatt sind, läßt sich der Vorwurf, protestantische Fälscher hätten die Geschichte der Päpstin Johanna in die Welt gesetzt, eindeutig widerlegen.

Zwischen einem wurmzerfressenen Ledereinband mit einem hölzernen Rücken lagen die Pergamentblätter. Die ersten Seiten begannen mit farbigen Großbuchstaben, die von einer geübten Hand ausgeführt worden waren. Weiter hinten folgte in kleineren Buchstaben auf einer linken Seite die Liste der Päpste und in einer ähnlich kleinen und kritzeligen Schrift jene der Kaiser auf der rechten Seite. Die Tinte war nach all den Jahren dunkelbraun geworden.

Auf Folio 31 war Johannes VIII. auf dem üblichen Platz zwischen Leo IV. und Benedikt III. aufgeführt. Ich brauchte ein paar Minuten, um mich an die Handschrift zu gewöhnen. Wie beim Notenlesen findet sich das Auge plötzlich ein, und dann geht es zügig voran. *Joannes 8. Cognomento Anglicis natione Maguntinus* (Johannes VIII., bekannt als der Engländer, geboren in Moguntia). Diese Ausgabe des Werkes von Polonus begann mit der Bemerkung, Johannes VIII. sei nach dem heiligen Ambrosius der erste gewesen, der so viele Eröffnungen zu Messen verfaßt habe. Ambrosius, ein Bischof von Mailand im 4. Jahrhundert, gilt als großer Prediger und Verfasser von Hymnen. Dies war ein bedeutendes Kompliment für Johannes/Johanna, ihm folgte jedoch die Einschränkung, daß diese

Eröffnungen nicht mehr benutzt würden, weil Johannes eine Frau gewesen sei. So stand es im Text, lange vor der Reformation und deren angeblichen Fälschungsmanövern.

Am befremdlichsten war ein Kommentar in den Marginalien, in schwarzer Farbe, von einer anderen Handschrift und mit einem großen Federkiel später hingekritzelt, offensichtlich von einem verblüfften Leser: *ffemina fuit pp.* In der Abkürzungssprache mittelalterlicher Manuskripte stand das doppelte »f« für einen Großbuchstaben, und »pp« bedeutete »Papa«. »Der Papst war eine Frau.« Vielleicht stammte die Bemerkung von einem Protestanten, der den Text verändern wollte und überrascht war, bereits einen Hinweis auf Johannas Geschlecht zu finden. Um sicherzugehen, daß kein Leser diesen verdammenswerten Vorfall in der Geschichte des Papsttums übersah, machte er seine Notiz am Rand. Oder es war ein Seminarist, der das Manuskript mit der gebotenen Ernsthaftigkeit studierte und mit diesem bemerkenswerten Hinweis konfrontiert wurde. Seine Verblüffung könnte genauso groß gewesen sein wie meine eigene, als ich in Rom erstmals darauf stieß. Da er sich nicht beherrschen konnte, aber in der Bibliothek auch nicht sprechen durfte, hatte er die Marginalie angebracht und das Manuskript vielleicht seinem Freund zugeschoben, der neben ihm saß.

Im Haupttext hieß es, dieser Papst könne wegen seines Geschlechts nicht in das Verzeichnis der Päpste aufgenommen werden. Daher wurde der nächste Johannes, der in der Liste erscheint, ebenfalls als Johannes VIII. bezeichnet. Diese Numerierung war aber mit derselben Handschrift in schwarz durchgestrichen und die VIII. durch eine IX. ersetzt. Jeder folgende Johannes war auf diese Weise korrigiert worden.

Vielleicht bin ich zu pessimistisch oder zu mißtrauisch, aber mir fiel es schwer zu glauben, daß die so lange Zeit aufrechterhaltene Behauptung von einer protestantischen Fälschung derart einfach zu widerlegen war. Wäre es nicht denkbar, fragte ich die Bibliothekare, daß ein Fälscher im 17. Jahrhundert den Schreib- und Illustrationsstil des 14. Jahrhunderts imitierte, um eine neue Fassung von Martinus Polonus mit der Geschichte von Johanna im Haupttext zu erstellen? Die Antwort war einfach. Er hätte die nötigen Kenntnisse nicht besessen. Ein solch detailliertes Wissen über Stile und Datierung ist eine relativ moderne Errungenschaft. Bis ins 19. Jahrhundert habe die Bodleian-Bibliothek Manuskripte gekauft, die von den Experten dem 14. Jahrhundert zugerechnet wurden; später stellten Forscher fest, daß sie aus der Zeit der Angelsachsen stammten. Jeder Versuch, den gotischen Schreibstil des 14. Jahrhunderts zu imitieren, wäre aufgedeckt worden.

Hier war der schlagende Beweis, der jedes Gerede, Johanna sei eine Schöpfung postreformatorischer Fälscher gewesen, Lügen strafte. Die zentrale Aussage, daß es eine Päpstin Johanna gegeben hatte, die zwei Jahre, fünf Monate und vier Tage regierte, bis sie schließlich ein Kind gebar und umgebracht wurde, war in dem Manuskript aus dem 14. Jahrhundert nicht manipuliert worden. Schon lange vor der Reformation hatte man Johanna als Tatsache akzeptiert.

Ich war gefesselt, aber es gab noch eine weitere Frage, die sich durch meine Reise nach Rom ergeben hatte und die ich klären mußte. Gab es irgendwelche Beweise, daß der seltsame Stuhl, den ich in Rom gesehen und von dem ich in den knappen Reiseführern gelesen hatte, das war, wofür man ihn hielt?

Bernardino Coreo, ein Autor und Historiker aus Mailand, berichtet in seiner *Patria Historia* von 1503 als Augenzeuge der Amtseinführung von Papst Alexander VI. im Jahr 1492. »Als die üblichen Feierlichkeiten des ›sancta sanctorum‹ zu Ende waren und die Betastung der Geschlechtsteile vorüber war, kehrte ich in den Palast zurück.«[24] Alexander VI. war der berüchtigtste Borgia-Papst, und Corneos Bericht erhält eine gewisse Ironie durch die Tatsache, daß die vier erwachsenen Söhne des Papstes der rüden Behandlung ihres Vaters beiwohnten.

Ein weiterer Augenzeuge war der walisische Chronist Adam von Usk aus dem späten Mittelalter, ein in Oxford ausgebildeter Kleriker, der nach Rom reiste und 1404 die Wahl von Innozenz VII. miterlebte. Er berichtete von Innozenz' Triumphzug durch die Straßen Roms, vom Vatikan zum Lateran:

> Dann, nachdem er sich voller Abscheu von der Päpstin Johanna abgewandt hat, deren Bild zusammen mit dem ihres Sohnes in der Nähe von San Clemente steht, steigt der Papst von seinem Pferd ab und betritt den Lateran zu seiner Amtseinführung. Dort nimmt er auf einem Porphyrstuhl Platz, der unten eine Öffnung besitzt, damit einer der jüngeren Kardinäle sich von seinem Geschlecht überzeugen kann; und während anschließend ein *Te Deum* erklingt, wird er zum Hochaltar getragen.[25]

Im September 1644 berichtete der schwedische Autor Lorenz Banck von einem ähnlichen Schauspiel bei der Amtseinführung von Innozenz X.[26] Bartolomeo Platina, Leiter der Vatikan-Bibliothek unter Papst Sixtus IV. (1471–1484), ein hochangesehener und einflußreicher Gelehrter schildert ebenfalls die Zeremonie in seiner Papstchronik, und bringt sie in Verbindung mit der Päpstin Johanna. Am Ende des Eintrags über Papst Johannes VIII., den er in die Mitte des 9. Jahrhunderts plaziert, heißt es, Johannes sei eine Frau gewesen, die sich als Mann gewandet habe und durch Geschicklichkeit und List auf den Stuhl Petri gelangt sei. Nachdem sie enttarnt worden sei, habe man das Betasten der Geschlechtsteile als festen Bestandteil der Einführungszeremonie etabliert, um sicherzustellen, daß sich ein derartiger Betrug nicht wiederholen könne.[27]

3. Kapitel

Die Männer hatten uns gegenüber stets den Vorteil, ihre Geschichte zu erzählen. Bildung wurde ihnen in viel höherem Ausmaß zuteil, und der Federkiel lag in ihren Händen.
Jane Austen, *Überredungskunst* (1818)

Die Schlüsselfrage für die Päpstin Johanna war ihre zeitliche Zuordnung. Solange keine exakten Daten für die Ereignisse in ihrem Leben vorlagen, blieb alles ein Knäuel von Hinweisen und Interpretationen. Wenn wir die Zeitangabe, die am häufigsten für Johannas Pontifikat genannt wird – 853 bis 855 –, akzeptieren, dann herrschte bis zum ersten schriftlichen Bericht, jenem des Marianus Scotus im 11. Jahrhundert, zwei Jahrhunderte lang Schweigen. Wenn wir gar auf Martinus Polonus und die Bodleian-Version seines Buchs der Päpste und Kaiser warten, dem zweifellos die größte Anerkennung gebührt, dann klafft eine zeitliche Lücke von 400 Jahren. Auch Jean de Mailly verkleinert sie nur um 50 Jahre.

Über all die Jahrhunderte bildete dieser zeitliche Abstand das wichtigste Beweismittel jener, die in der Päpstin Johanna nur eine historische Phantasie sahen. Vergeßt die Geschichten über protestantische Fälscher, sagten sie, und erklärt uns dieses jahrhundertelange Schweigen.[1] Johanna blieb im Gedächtnis, argumentierten sie, aber ihre Geschichte war nicht realer als die des heiligen Georg, des Schutzpatrons von England, oder des heiligen Christophorus, des Beschützers der Autofahrer, die beide im Volksglauben weiterleben, jüngsten Forschungen zufolge jedoch jeder historischen Substanz entbehren.[2]

Mit diesen wohlbegründeten Zweifeln konfrontiert, haben die Verteidiger Johannas häufig Erfindungen als harte Tatsachen ausgegeben. Eine solche Vorgehensweise mag unterhaltsam sein, kann aber nicht überzeugen. 1844 zum Beispiel behauptete der holländische Historiker N.C. Kist in seinem Bestseller *De Pausin Joanna*, nach Johannas Enttarnung und Tötung 855 habe die Kirche verfügt, daß jeder gottesfürchtige Mann und jede gottesfürchtige Frau künftig Johannas Namen nicht mehr aussprechen dürften.[3] Erst im 13. Jahrhundert, so Kist weiter, sei diese Verfügung aufgehoben worden, und eine neue Generation von Chronisten, die bis dahin strikt unter Kontrolle gehalten worden sei, habe freie Bahn erhalten. Kists Theorie bot eine bequeme Lösung für das Problem der zeitlichen Lücke, hielt jedoch einer genaueren Überprüfung nicht stand.

Seine Erklärung setzt eine quasi-inquisitorische Diktatur in Rom voraus – Jahrhunderte vor der Einrichtung dieser staatlich organisierten Verfolgung. Genau das Gegenteil traf aber damals zu. Im 9. Jahrhundert war die Macht des Papsttums begrenzt; die Institution war durch eine Häufung von Skandalen geschwächt und verfügte nicht über die moralische Autorität, den Gläubigen ihren Willen aufzuzwingen. Ein Schweigegebot hätte wenig geholfen oder gerade das Gegenteil bewirkt. Erst im 13. Jahrhundert, nachdem Innozenz III. (1198–1216) sein Streben nach umfassender Autorität und Kontrolle in die Praxis umgesetzt hatte, konnte ein derartiges Vertuschungsmanöver mit einiger Aussicht auf Erfolg betrieben werden. Aber selbst dann standen die Chancen nicht allzu gut. Der Vatikan, so stellte John Cornwell in seiner Untersuchung über den rätselhaften Tod von Papst Johannes Paul I. fest, ist abwechselnd »ein Palast voller geschwätziger Eunuchen« und ein »Dorf von Waschweibern«.[4]

Kists Glaubwürdigkeit sinkt darüber hinaus durch seine ebenso spekulative wie frivole Unterstellung, Johanna sei die Witwe Leos IV. gewesen und aus Respekt gegenüber ihrem verstorbenen Mann zur Päpstin gekürt worden.

Es war durchaus möglich, daß ein Papst eine Witwe hinterließ. Hatte nicht auch Petrus, dem Evangelium zufolge, eine Gemahlin gehabt?[5] Im 9. Jahrhundert galt die Ehe noch als ehrbarer Stand für einen Priester. Erst das Konzil von Trient verfügte 1545, daß Ehe und Priesterberuf sich gegenseitig ausschließen. Aber Kist war wie viele Johanniter ein unverbesserlicher Romantiker. Wenn ich mit meiner Untersuchung vorankommen wollte, durfte ich nicht seinem Beispiel folgen und Vermutungen als Wahrheiten ausgeben.

Eines der Probleme, das die Erforschung der Geschichte der Päpstin Johanna behindert, besteht darin, daß sie viele Historiker mit allzu blühender Phantasie angezogen hat. Eine Spezies von Autoren, die heute unter dem Etikett »Seltsam, aber wahr« neue Theorien über UFOs oder die Konstruktionsprinzipien der Pyramiden hervorbringen.

Den ernsthafteren, weniger phantasiebegabten Verteidigern der Päpstin Johanna blieb dagegen die Aufgabe, sich mit dem Mittelalter zu beschäftigen, in dem politische Unruhen, Seuchen, Hungersnöte und marodierende Banden Europa heimsuchten. In einer Zeit, in der für viele Menschen das Leben an einem seidenen Faden hing, hatten gelehrte Debatten oder das Verfassen von Berichten für die Nachwelt wenig Raum. Das Fehlen von zeitgenössischen schriftlichen Überlieferungen sollte aber nicht dazu verleiten, eine historische Gestalt in Frage zu stellen, dann käme sogar Jesus in Schwierigkeiten. Die Evangelien wurden ungefähr siebzig Jahre nach der Kreuzigung von Jesus Christus verfaßt. In der Zwischenzeit waren sie Teil der mündlichen Überlieferungen, und sogar jene Geschichten, die man schriftlich festhielt, wurden später vielfach umformuliert oder neu geschrieben, um sie dem aktuellen Geschmack und anderen Erfordernissen anzupassen. Legt man diesen Maßstab an, existierte Johannas Geschichte viel länger nur in der mündlichen Tradition und könnte daher so stark verändert worden sein, daß sie am Ende nicht mehr viel mit dem zu tun hatte, was sie ursprünglich beschrieb. Sie würde glaubwürdiger erscheinen, ließe sich die Lücke am Anfang, die mindestens 200 Jahre ausmacht, verkleinern. Dies war das Ziel einer bemerkenswerten feministischen Historikerin namens Joan Morris, die 1987 verstarb.

Joan Morris arbeitete in ihrer Jugend als Künstlerin und Kirchenausstatterin. Den größten Teil ihres Lebens widmete sie der Erforschung der Rolle der Frau in der frühen Kirche. 1973 veröffentlichte sie das Buch *The Lady was a Bishop*, in dem sie akribisch die quasi-episkopale Stellung untersuchte, die manche Äbtissinnen bis ins Hochmittelalter genossen.[6]

Die kühle akademische Herangehensweise, die dieses Werk auszeichnete, wich in den letzten 15 Jahren ihres Lebens einem etwas weltfremderen Anliegen – der Suche nach der Päpstin Johanna. Mittlerweile Hilfsnonne des in Mailand beheimateten Ordens von Sankt Paul, war sie entschlossen, die Lücke zwischen 855 und dem Werk von Martinus Polonus zu schließen. Ihre vorläufigen Forschungsergebnisse erschienen 1985 in einem privat veröffentlichten Pamphlet, das einen bedeutenden, wenngleich umstrittenen und unvollständigen Beitrag zur laufenden Debatte lieferte.[7] Bis zu ihrem Tod zwei Jahre später machte sie keine weiteren Fortschritte. Aus der Sicht ihres Neffen und literarischen Nachlaßverwalters Ivan May verließ sie diese Welt als »eine enttäuschte Dissidentin, aber noch immer als Katholikin.«[8] Ihr Werk blieb weithin unbeachtet.

May erlaubte mir die Einsichtnahme in jene Schriften, die sich in seinem Besitz befanden. Weitere fand ich in der unterirdischen Fawcett Library in der Londoner Guildhall University, eine unbekannte, aber faszinierende Sammlung feministischer Literatur des 20. Jahrhunderts.

Joan Morris hatte sich auf die wichtigste Informationsquelle über das Papsttum im Dunklen Zeitalter konzentriert – auf die mittelalterlichen Pontifikale oder »Papstbücher«, von denen einige offiziell autorisiert waren. Es gibt mehrere Versionen von Papst-Listen, die im 8. Jahrhundert auftauchten und für die ursprünglich der Bibliothekar Anastasius verantwortlich war. Als sie die verschiedenen Ausgaben durchsuchte, stieß Morris in der Bibliothèque Nationale in Paris auf ein besonderes Exemplar, das *Parisinus Lat. 5140* aus dem 11. Jahrhundert.

Die Päpstin Johanna wird dort nicht erwähnt. Unklar ist die

Auflistung jedoch bei Leo IV. und seinem »offiziellen« übernächsten Nachfolger Nikolaus I. Zu Benedikt III., der in der Zwischenzeit das Amt besetzte, gibt es keinen Eintrag. Statt dessen findet sich ein Bericht über einen namenlosen Papst, den die meisten Historiker für Benedikt halten, in dem Morris jedoch Johanna vermutete. Sie war überzeugt, einer raffinierten Verschwörung auf die Spur gekommen zu sein, deren Aufdeckung dazu führen müsse, daß Johanna im Papstkatalog eine neue Position erhalten und nach Benedikt III., aber vor Nikolaus I. eingeordnet werden müsse statt zwischen Leo IV. und Benedikt, wie man bisher allgemein annahm.

Das Pontifikal aus dem 11. Jahrhundert sei, so behauptete Morris, durch einen Fälscher manipuliert worden. In dem Manuskript endet die Darstellung des Lebens von Leo IV. plötzlich nach einem Viertel des Folios (der Seite) 131. So plötzlich, daß die letzte Zeile einer Auflistung von Gold- und Silbergegenständen, die Leo Kirchen geschenkt hatte, mitten im Wort – *cum orbiecles et in cir…* – abbricht. Auf Folio 132, der gegenüberliegenden Seite, wird der Text im unteren Drittel mit der Darstellung des Lebens eines offensichtlich anderen Papstes fortgesetzt. Aber welcher Papst war das? Das Wort »Benedictus« erscheint in den Marginalien, in roter Tinte und von anderer Hand geschrieben als der Hauptbericht über diesen namenlosen Pontifex. Aber später wurde es durchgestrichen. Über den Text hatte derselbe Korrektor »Nikolaus« geschrieben, ebenfalls in roter Tinte, doch das »l« ist seltsamerweise schwarz.

Die wahrscheinlichste Erklärung dafür wäre, daß der unbekannte Kritzler beim Lesen des Manuskripts auf die zeitliche Lücke stieß und sich entschloß, ein paar erklärende Worte einzufügen. Anscheinend nahm er oder sie an, daß es sich um Benedikt handeln müsse, da der Bericht jenem über Leo folgte, und schrieb deshalb dessen Namen an den Rand. Doch beim Weiterlesen stellte er fest, daß der unbekannte Verfasser dieses Eintrags auch von Benedikts Begräbnis berichtete. Logischerweise mußte also Nikolaus sein offizieller Nachfolger gewesen sein. Deshalb fügte er den Namen ein, wenngleich falsch geschrieben.

Die Verwirrung nahm zu, als sich bei näherer Betrachtung herausstellte, daß die Geschichte, die hier erzählt wurde, einigen der über Nikolaus bekannten Daten widersprach. Es gab sogar einige versteckte Hinweise auf Teile von Johannas Geschichte, wie sie später von Autoren wie Martinus Polonus berichtet wurde. Darüber hinaus scheint die Darstellung emotional befrachtet, was vermuten läßt, daß hinter der Geschichte des namenlosen Papstes mehr steckt, als auf den ersten Blick zu erkennen ist, vielleicht eine verborgene sexuelle Neigung zu Männern. Konnte der weibliche Papst also der Nachfolger von Benedikt und der Vorgänger von Nikolaus gewesen sein? Dies war Morris' gewagteste Folgerung aus ihrer Beschäftigung mit dem Pariser Manuskript.

Der namenlose Papst in dem Dokument wird als ernstes Kind beschrieben, das nicht viel spielte und von seinem Vater früh mit den sieben freien Künsten vertraut gemacht wurde. Nachdem er sich gegen seine Eltern durchsetzen konnte, wird er später von Papst Sergius II. (844–847) zum Subdiakon geweiht und erfreut sich der besonderen Gunst von dessen Nachfolger Leo IV., der es ihm ermöglicht, die vollen Diakonatswürden zu erlangen. Der Klerus, die Adeligen und das Volk erkennen in ihm rasch »herausragende Eigenschaften«, und nach Leos Tod und der Wahl Benedikts zum Papst beginnt er bald eine zentrale Rolle in der Kirchenverwaltung zu spielen. Benedikt kann es nicht ertragen, ohne ihn zu sein, so steht es geschrieben, und zieht ihn bei allen Fragen, von Proklamationen bis zur Regelung von Streitfällen, zu Rate. Bei der Beerdigung Benedikts trägt er zusammen mit den übrigen Diakonen den Leichnam nach Sankt Peter, und er allein bettet den toten Papst in sein Grab.

Könnte man diese Beschreibung des namenlosen Papstes auf die Päpstin Johanna beziehen, wie sie später von Martinus Polonus porträtiert wurde? Johanna, so schrieben die Chronisten, habe sich durch herausragende Kenntnisse in den sieben freien

Künsten ausgezeichnet und sei ein besonderer Günstling von Papst Leo gewesen, dem sie als zuverlässiger Assistent gedient habe. Aufgrund der unterschiedlichen Zeitangaben, die von den Chronisten geliefert werden, läßt sich Joan Morris' These nicht völlig von der Hand weisen, obwohl die meisten mittelalterlichen Autoren Johanna eindeutig nach Leo einordnen.

Morris stellte besonders einen Abschnitt aus dem *Parisinus lat. 5140* heraus, in dem ein Treffen zwischen Kaiser Ludwig II., dem Erben Karls des Großen, und dem namenlosen Papst ausführlich geschildert wird. Nachdem er von Benedikts Tod erfahren habe, so der Bericht, sei Ludwig nach Rom geeilt, um sein Beileid zu bekunden. Die Bevölkerung der Stadt und die Geistlichkeit hätten sich in der Kirche von Sankt Dionysios versammelt, wo sie nach längerer Debatte durch eine »plötzliche Erleuchtung« einmütig den namenlosen Diakon zum Papst gewählt hätten. Derartige Hinweise auf göttliche Eingriffe sind nicht selten in diesen »Papstbüchern«, und man sollte diesem Hinweis daher keine allzu große Bedeutung beimessen.

Der Erwählte habe jedoch Angst bekommen, in Sankt Peter Zuflucht gesucht und sich als des Amtes unwürdig bezeichnet, ohne einen Grund dafür zu nennen. Auch diese Einzelheiten, betonte Morris, paßten genau zu der Geschichte Johannas, wie sie später erzählt wurde. Ihre Weigerung, den Stuhl Petri zu akzeptieren, sei verständlich gewesen, weil sie befürchtet habe, sie könne enttarnt werden.

Die Menge jedoch habe, so heißt es im Manuskript weiter, auf der Wahl bestanden und den neuen Papst zum Lateranpalast geleitet, wo sie ihn auf den apostolischen Stuhl gesetzt und als Oberhirten anerkannt habe. Anschließend habe in Sankt Peter im Beisein des Kaisers eine formelle Krönung stattgefunden. Besonders die hervorragende Kommunikationsfähigkeit des neuen Papstes habe Ludwig II. fasziniert. Nach einem Festmahl sei der Kaiser in sein Lager außerhalb der Stadt an einem Ort namens Quintus gezogen. Dort habe ihn der neue Papst später zusammen mit hohen Würdenträgern und Ratgebern aufgesucht. Als Ludwig II. den Papst habe näherkommen sehen, sei er ihm entgegengegangen, habe ihn herzlich begrüßt, die Zügel seines Pferdes ergriffen und ihn in sein Lager geführt, wo ein üppiges Bankett vorbereitet worden sei. Danach habe der Kaiser den Papst – den er als »schön im Aussehen« und »schicklich im Verhalten« beschrieb – reichlich beschenkt.

Morris stellte diesen Bericht den herkömmlichen Aussagen der Historiker zu Nikolaus I. gegenüber. Er war in der Tat ein Vertrauter seiner drei Papstvorgänger gewesen, sein Verhältnis zu Ludwig II. habe sich jedoch sehr schwierig und turbulent gestaltet. Einmal sei der Kaiser sogar in Italien eingefallen und habe Rom plündern lassen, um Nikolaus zu bestrafen. Nikolaus jedoch, in tiefer Überzeugung von der Würde und der Autorität des Papsttums, verurteilte die Erzbischöfe von Ravenna und Reims, die ihm in dieser Frage widersprachen. Deswegen sei es schwer vorstellbar, daß er seine Befähigung zur Ausübung dieses Amtes in Zweifel zog oder seine Residenz verließ, um einen weltlichen Herrscher aufzusuchen. Noch weniger passe es ins Bild, daß Nikolaus dem Kaiser erlaubt haben solle, die Zügel seines Pferdes in die Hand zu nehmen. Dies galt in der damaligen Zeit als Geste eines Herrn gegenüber einer Dame zu Pferde.

Außerdem wird der namenlose Papst als eine Art frommer Mystiker dargestellt – »sehr bedacht auf Fasten und die Bedeutung des Gebets, großzügig gegenüber den Armen, Beschützer der Waisen und Helfer der Witwen«. Selbst wenn man die Übertreibungen der kirchlichen Chronisten in Betracht zieht, muß man bezweifeln, daß dies der stolze, selbstbewußte und kämpferische Nikolaus war.[9]

Morris' Detektivarbeit eröffnet eine bestechende Interpretation. Der Ton ihrer Zitate, die sich mit der Beziehung zwischen dem namenlosen Papst und dem Kaiser befassen, scheinen jeden Bezug auf Nikolaus auszuschließen. Einen eindeutigen Beweis, daß es sich um Johanna handelte, gibt es allerdings nicht.

Sie zeigte, daß man nicht mit Bestimmtheit behaupten kann, Johanna werde in den offiziellen Berichten ausgeklammert. Sie fand eine Lücke, in die Päpstin Johanna hineinpassen könnte und gab der Geschichte eine ironische Wendung. Während die katholische Kirche von protestantischen Fälschern spricht, entlarvt sie den Vatikan als Fälscherwerkstatt.

Für ihre These, Johanna in der Abfolge nach Benedikt einzuordnen, fand Morris bis zu ihrem Tode keine hinreichenden Beweise. Um dem bedeutsamen Schweigen im Kern des *Parisinus Lat. 5140* auf den Grund zu gehen, befaßte sie sich mit späteren Versionen dieses Berichts, um herauszufinden, wie die nachfolgenden Historiker mit dieser seltsamen Unterbrechung umgegangen waren. Die Chronik *Vatican Lat. 3764* gibt den Text identisch wieder, führt jedoch weiter in das 11. Jahrhundert. Sie befand sich ursprünglich im Besitz des Höhlenklosters bei Salerno in Süditalien, gelangte 1593 nach Rom und wurde zur Grundlage der meisten gedruckten Versionen der frühen Papstbücher.

Während das Pariser Manuskript abrupt mitten in der Passage über die Großzügigkeit Leos IV. gegenüber den Kirchen endete, bietet die Vatikan-Version eine vollständige Liste. Doch statt wie üblich die Zahl der Ordinationen während Leos Regierungszeit anzugeben, folgt eine merkwürdige Geschichte über zwei politische Führer in Rom, Gratian und Daniel, die nur sehr wenig mit Leo zu tun hatten und in eine komplizierte Verschwörung um die Machtübernahme verstrickt waren. Daniel wurde der Verleumdung für schuldig befunden, berichtete die Vatikan-Chronik, und dann starb Leo IV. Das *non sequitur* deutet auf einen Notbehelf hin, aber auch hier gibt es keine Möglichkeit, dies zu beweisen.

Anschließend folgt eine sehr kurze Lebensbeschreibung Benedikts, bevor unter der Überschrift »Nikolaus« der Bericht über den namenlosen Papst aus dem Pariser Manuskript übernommen ist. Der französische Gelehrte Louis Duchesne wies in seiner dreibändigen Studie über die »Papstbücher«, die 1886 veröffentlicht wurde, auf einen markanten Stilwechsel in diesem Teil des Vatikan-Manuskripts hin, blieb allerdings eine Erklärung dafür schuldig.[10]

Wenn ein späterer Autor versuchte, den Zwischenraum auszunutzen, weshalb fügte er dann die Geschichte von Gratian und Daniel ein, die wie ein Lückenbüßer wirkt, und kürzte andererseits Benedikt so sehr? Das ergibt keinen Sinn. Um eine Dreiviertelseite zu füllen, würde man wahrscheinlich versuchen, so schnell wie möglich das Leben Leos abzuschließen, und anschließend einen Bericht über Benedikt einfügen, bevor man die Einzelheiten über den namenlosen Papst in die Geschichte von Nikolaus übernimmt. Ein Vergleich der beiden Chroniken führt zu folgendem Ergebnis: Die Passage aus der Pariser Version ging entweder für immer verloren oder wurde als so kritisch eingestuft, daß man sie in den späteren Text nicht wieder einzufügen wagte. Die erste Möglichkeit ist unwahrscheinlich. Die Geschichten über Benedikt und Nikolaus hätte man aus anderen Quellen beziehen können, ein paar Absätze aus einer Hagiographie hätten genügt. Aber der Rückgriff auf die Geschichte von Gratian und Daniel nährt den Verdacht, daß Rom etwas Peinliches verschleiern wollte.

Die Bemühungen von Joan Morris verstärkten den Eindruck, daß hier eine historische Verschwörung am Werk war. Doch da sie keine weiteren Beweise finden konnte, unternahm sie einen großen Sprung und sprach sich für Johannas Existenz aus. So gern ich auch mit ihr gesprungen wäre, ich konnte ihre Gewißheit nicht teilen, daß sie den Schlüssel zur Lösung des Rätsel um die Päpstin Johanna gefunden habe.

Das Beispiel Morris zeigt, wie schwer es bei diesem Thema sein kann, eine Trennlinie zwischen Fakten und Fiktion zu ziehen. Frauen scheinen sich besonders dafür zu eignen, wie feministische Historikerinnen behaupten, mit Ideen und Stereotypen belegt zu werden (vor allem durch Männer), und haben daher aus historischer Perspektive unter Mythen-Erfindern gelitten, die ihre reale Bedeutung in einer von Männern dominierten Welt reduzieren und sie in ihre traditionell weiblichen Rollen zurückdrängen wollten.

Kleopatra, so schrieb der französische Essayist Théophile

Gautier 1845, »ist eine Person ..., die Träumer häufig am Ende ihrer Träume vorfinden.«[11] Die ägyptische Königin wurde zweimal neu erfunden – einmal in der Propaganda ihrer Feinde als eine stereotype Verführerin, die ihre weiblichen Reize einsetzte, um Männer um den Finger zu wickeln, das zweite Mal als Leinwandgöttin. Die Wahrheit war weniger schillernd, aber auch interessanter. Kleopatra war, das zeigen ihre Porträts auf Münzen aus der damaligen Zeit, keine umwerfende Schönheit und hatte auch kein Verhältnis mit Mark Anton. Eher war sie, wie ihre jüngste Biographin Lucy Hughes-Hallett schreibt, eine geschickte Politikerin und Strategin, die es mit jedem Mann aufnehmen konnte und darum kämpfte, ihr Land gegen Macht und Einfluß des Römischen Reiches zu schützen. Sie zu einem durchtriebenen Flittchen mit romantischen Obsessionen zu machen, die ihr Leben im Rausch der Leidenschaft verbrachte, wird ihr in keiner Weise gerecht.[12]

Auch Johanna von Orléans, die als siebzehnjähriges Bauernmädchen 1429 in den Kampf zwischen Lancaster-England und Valois-Frankreich eingriff, wurde von den Wogen von Patriotismus, katholischer Frömmigkeit und Feminismus überschwemmt.[13] In vergleichbarer Weise schlachtete man in der viktorianischen Ära Grace Darling aus, die Tochter eines Leuchtturmwärters, die 1838 vor der Küste von Lindisfarne Schiffbrüchige rettete. Sie entwickelte sich zur Nationalheldin, doch im Verlauf dieses Prozesses wurde ihre Biographie immer mehr verändert, ihre ärmliche Herkunft aufgebauscht, und als man ihr Gesicht auf Tee- und Speiseservice und Seifenschalen abbildete, wurden ihre wenig attraktiven Züge retuschiert. In der Porzellan-Version war sie jünger, hübscher und weiblicher, ein romantisches, rehäugiges Mädchen, das niemals die Ruder eines Bootes hätte bedienen können. Trotzdem mag an diesem Bild etwas Wahres gewesen sein, denn Augenzeugen berichteten, daß ihr Vater gerudert sei und Grace ihm nur geholfen habe. Später wurde er aus der Geschichte verdrängt, und Grace stand als die alleinige tapfere Heldin da.

Fakten und Fiktion, Wirklichkeit und Mythos. Der Begriff

Mythos, den man häufig im Zusammenhang mit der Päpstin Johanna bemüht, wird heute vielfach mißbraucht. Er meint etwas Unwahres – »nur ein Mythos«. Doch in der Antike, in zahlreichen Religionen und in der Volkskultur dienten Mythen jahrhundertelang einem positiven Zweck – sie sollten eine Wahrheit durch Ereignisse illustrieren, die zum Teil stimmten, aber auch wesentlich ausgeschmückt waren. Die Mythologie sollte nie historisch verifizierbare Ereignisse beschreiben. Sie hatte eine weitergehende Zielsetzung: auf Ereignissen oder menschlichen Erfahrungen aufzubauen, um daraus Wahrheiten abzuleiten, die möglicherweise zu flüchtig sind, um über sie zu diskutieren oder sie in einer logischen, zusammenhängenden Weise zu betrachten. In ihrer abstraktesten Spielart wurde die Mythologie als eine Vorform der Psychologie definiert.

Bei der Päpstin Johanna handelte es sich nicht um eine Schwarz-Weiß-Frage – wahr oder falsch, Wirklichkeit oder Mythos? Sie stand im Zentrum eines Mythos im hergebrachten Sinne – eine historische Gestalt, die in unterschiedlichen Zeiten unterschiedlichen Zwecken diente. Einen Forscher, der herausfinden möchte, ob Johanna jemals existiert hat, kann dies ablenken oder behindern. Dennoch birgt dieser Prozeß aus meiner Sicht nicht nur Negatives. Ohne ihn wäre Johanna vielleicht schon längst hinter dem Horizont der Geschichte verschwunden.

4. Kapitel

> Es ist schlimm, ein Mädchen zu sein, wenn man die Spiele, die Arbeit und das Verhalten der Jungen mag! Ich kann meine Enttäuschung darüber nicht verwinden, daß ich kein Junge bin; es ist jetzt schlimmer als je zuvor, denn ich brenne darauf, hinauszugehen und mit meinem Vater zu kämpfen, aber ich kann nur zu Hause sitzen und stricken wie ein kleines altes Weiblein.
>
> Louisa May Alcott, *Little Women*[1]

Die meisten Chronisten bezeichnen die Päpstin als Johannes oder Johanna »den Engländer«. Die Mehrheit folgt Martinus Polonus' Erklärung, daß dieser Beiname nicht von ihrem Geburtsort – Deutschland – hergeleitet sei, sondern von ihrer familiären Herkunft. Es gibt jedoch auch abweichende Stimmen. Felix Hämerlein vermutete Ende des 15. Jahrhunderts, sie sei in England erzogen worden.[2] Das anonyme *Flores Temporum*, das nur kurze Zeit nach Martinus Polonus' Chronik entstand, spricht von Margantius (Margam) statt Maguntinus (Mainz) und lenkt die Aufmerksamkeit des Lesers auf die Zisterzienserabtei von Margam, südlich von Port Talbot in Wales.[3] Dieser Ansatz ist aus zweierlei Hinsicht problematisch: Wales ist nicht England, wie jeder Bewohner dieser Region bestätigen wird, und die Abtei Margam wurde erst 1147 gegründet, zwei Jahrhunderte nach Johannas Pontifikat.

Die meisten Historiker nehmen an, daß Johannas Mutter und Vater zu den englischen Missionaren gehörten (oder Anhänger von ihnen waren), die im 8. Jahrhundert dem Aufruf von Bonifatius und Lioba zur Christianisierung der heidnischen germanischen Stämme folgten.

Rom ist so sehr das juwelenbekränzte Haupt im Zentrum des christlichen Universums – oder hat sich traditionell als solches dargestellt –, daß sich in meiner Vorstellung das Wort Gottes stets von der italienischen Halbinsel aus über Europa ausbreitete wie Wellen in einem Teich. Generationen von Christen wurde diese Sichtweise nahegebracht. Doch in Irland weiß man es besser. Und auch in England gibt es ein Bewußtsein dafür, daß es sich um starke Gegenströmungen handelte, nicht um konzentrische Kreise.

»Neben den irischen waren die englischen Mönche die bedeutendsten kulturellen Botschafter im 8. und 9. Jahrhundert«, schreibt Paul Johnson in seiner *History of Christianity*.[4] Die britischen Inseln waren zur damaligen Zeit das Herz des christlichen Europa, und von ihnen ging der größte Teil der Missionstätigkeit aus.

Die Iren sind noch heute stolz darauf, das Christentum und insbesondere die Bildung nach Kontinentaleuropa gebracht zu haben. Jene Mönche, die sich in die Tradition des heiligen Patrick stellten, verbreiteten ab dem 5. Jahrhundert ihr spezifisches, einfaches und gelehrtes keltisches Christentum in Britannien und auf dem europäischen Festland. Patrick griff Ideen des Mönchtums auf, wie sie im 3. Jahrhundert von den sogenannten Wüstenvätern entwickelt worden waren – Nomaden, die ein abgeschiedenes, asketisches Leben führten und oft schemenhafte Gestalten waren, die durch Fasten zu Heiligen wurden.

Patricks Gedanken fanden nicht nur bei den niederen Ständen Anklang, sondern auch bei Fürsten und dem ansässigen Adel. Männer und Frauen arbeiteten in diesem Modell zusammen und standen gleichberechtigt vor Gott. Die Väter vermachten ihren Söhnen und Töchtern Land, auf dem sie Klöster gründen sollten, einige für Männer, andere für Frauen und solche, die Männer und Frauen getrennt, aber unter einem Dach beherbergten. Diese schlichten Häuser aus Trockensteinen in der weiten offenen Landschaft Irlands wurden zu Schatzkammern des Wissens, der Bildung und einer einzigartigen Spiritualität.

Der heilige Columban der Jüngere, der um 540 geboren wurde, brachte diese strengen, aber aufgeklärten Praktiken von Irland nach Britannien und auf das europäische Festland. Er stach im Jahr 575 in See, wie seine Brüder in einem langen weißen Gewand und mit handgeschriebenen Liturgiebüchern in wasserdichten Ledereinbänden an Bord. Um den Hals, so wird berichtet, trugen sie Wasserflaschen und Beutel mit heiligen Reliquien und geweihten Hostien. Sie müssen einen ziemlich seltsamen Anblick geboten haben, als sie in der Bretagne landeten. Aber bis zu Columbans Tod im Jahr 615 hatten die keltischen Mönche in England, Schottland, Frankreich, Italien und den Alpen ungefähr vierzig Klöster gegründet. Jedes besaß eine Bibliothek und – im Unterschied zu anderen Einrichtungen auf dem Kontinent – ein Stück Land für die Ernährung der klösterlichen Gemeinschaft und ihrer Schutzbefohlenen.

Die Bereitschaft dieser Männer und Frauen, das harte Leben der Bauern zu teilen, und ihr toleranter Umgang mit heidnischen Glaubensvorstellungen bildeten die Grundlage ihres Lebens. In Rom wurde man zunehmend mißtrauisch. Die Abneigung der Kelten gegen jede Art von Hierarchie, ihre Geringschätzung kirchlicher Titel und ihre Betonung der direkten Beziehung des Menschen zu Gott waren eine Bedrohung für all jene, die in der Kirche eine mächtige und großartige Institution sahen, einen Vermittler zwischen der sündhaften Menschheit und einem entrückten fernen Gott. Die Praxis der keltischen Missionare, mit Frauen zu arbeiten, widersprach eindeutig den herrschenden Vorstellungen in Rom.

Nach der Ankunft von Augustinus in Kent im Jahre 597, der von Papst Gregor dem Großen entsandt worden war, um die Angeln und Sachsen im südlichen und östlichen Britannien für die »offizielle« Version des Christentums zu gewinnen, gerieten die römische und die keltische Ausprägung der Kirche in Konflikt. Die Verbindung der beiden Ansätze in der Synode von Whitby 664, zu der die berühmte Äbtissin Hilda, eine Vorkämpferin der Gleichberechtigung von Frauen, aufgerufen hatte, setzte die auf ihre Unabhängigkeit bedachten Kelten immer stärker römischen Einflüssen aus.

Trotz der schönen Worte, die man in Whitby gefunden hatte, zeigte sich, daß römische Praxis und keltische Tradition nicht nebeneinander existieren konnten. Daher entwickelte Benedikt von Nursia auf Anregung von Papst Gregor Anfang des 6. Jahrhunderts eine Klosterregel, die bis heute Bestand hat und das Ziel verfolgte, die besten Elemente der keltischen Schlichtheit und Gelehrsamkeit mit den Notwendigkeiten einer wachsenden und hierarchisch organisierten Kirche in Einklang zu bringen. Benedikts vernünftiger, pragmatischer Ansatz prägte die monastische Tradition, in der Johanna aufwuchs und von der sie im Alter von zwölf Jahren ausgeschlossen werden sollte.

Ende des 9. Jahrhunderts hatte sich die Benediktinerregel durchgesetzt und wurde in allen Klöstern befolgt. Sie bildete einen Mittelweg zwischen der Strenge des keltischen Christentums und römischem Denken. Mönche und Nonnen erhielten Betten, einfache, warme Kleidung, Schreibgerät, Schuhe und Decken. Alles andere war Gemeinschaftsbesitz. Regelmäßig wurde geprüft, ob die strengen, aber nicht unmenschlichen Vorschriften eingehalten wurden. Verstöße gegen die Regeln wurden mit dem Entzug der heiligen Kommunion geahndet, der Bestrafung mit der Peitsche, und zuletzt mit dem Ausschluß aus dem Orden.[5]

In bezug auf die Rolle der Frauen übernahm Benedikt die Einstellung Roms und verwarf die keltische Tradition, in der Männer und Frauen gleichberechtigt zusammengearbeitet hatten. Benedikts persönliche Haltung zeigte sich deutlich in der Art, wie er seine Schwester Scholastika behandelte. Ebenso wie er hatte sie bereits in früher Jugend ihr Leben Gott geweiht, durfte jedoch im Gegensatz zu ihm nicht in ein Kloster eintreten. Man vermutet, daß sie im Haus ihrer Eltern blieb und dort ein von Gebeten und Kontemplation bestimmtes Leben führte.

Ein solches Arrangement entsprach zweifellos den Vorstellungen Benedikts. Er war davon überzeugt, daß Männer und Frauen strikt getrennt bleiben mußten. Als Scholastika auf dem Sterbebett lag, weigerte sich Benedikt, ihr den letzten Wunsch zu erfüllen und sie ins Kloster aufzunehmen, damit sie wenigstens die letzten Stunden ihres Lebens zusammen verbringen könnten. Erst als ein heftiges Gewitter losbrach, deutete er dies als Wink Gottes, eine Ausnahme zu machen, und Scholastika erhielt Zutritt zum Kloster.

Innerhalb dieses Systems blieben den Frauen nur begrenzte Möglichkeiten, sich weiterzuentwickeln. Trotzdem konnten einige von ihnen einflußreiche Positionen erlangen. Unter diesen ist Lioba für die Geschichte der Päpstin besonders bedeutsam.

In den britischen Klöstern waren noch viele Jahrzehnte nach der Synode von Whitby starke keltische Einflüsse spürbar. Dieser Hintergrund prägte auch die starke missionarische Bewegung im 8. Jahrhundert, die sich unter der Führung des heiligen Bonifatius auf Nordeuropa erstreckte. Bonifatius, der um 675 in Devon geboren wurde, lebte als Mönch zunächst in Exeter, später in Nursling in der Nähe von Southampton.[6] Seine Neigung galt der Lehre und der Missionsarbeit, und er verfaßte die erste lateinische Grammatik, die in England erschien. Im Alter von vierzig Jahren beschloß er auf Geheiß Gottes, sein Leben von Grund auf zu ändern und die gefährliche Reise über den Kanal auf das unbekannte europäische Festland zu unternehmen, wo heidnische Völker, wie er glaubte, darauf warteten, zum Glauben bekehrt zu werden. Seine Mission führte ihn nach Hessen, Bayern und Westfalen.

Aufgrund des enormen Erfolgs seiner Unternehmung wurde er dreimal nach Rom vorgeladen und schließlich zum Bischof bestellt. Bonifatius, unermüdlich und effektiv in seiner Arbeit, konnte auf die Unterstützung durch Pippin den Kurzen, den Frankenkönig und Vater Karls des Großen, zählen.

Als sein Einfluß wuchs, rief Bonifatius die Mönche und Nonnen aus seiner Heimat Wessex auf, sich seinem Kreuzzug anzuschließen. Ihm folgte auch seine Cousine Lioba, die von der Äbtissin Tetta aus Wimborne an die Spitze einer Gruppe von dreißig Nonnen gestellt wurde. Doch während Bonifatius von den kirchlichen Autoritäten gerühmt und gefeiert wurde, blieb Lioba eine kaum bekannte Figur, die sehr gebildet war und hart arbeitete, aber nicht im Rampenlicht stand. Späteren Hagiographien zufolge »gab sie niemals die Heilige Schrift aus der Hand.«[7] Hildegard, die Gemahlin Karls des Großen, war eine ihrer engen Vertrauten, die großen Einfluß auf sie ausübte.

Fulda war nicht nur Bonifatius' Lieblingskloster und seine geistige Heimat, sondern hatte auch für Lioba eine besondere Bedeutung. Sie lebte mit ihren Nonnen auf einem Hügel außerhalb der Stadt. Fulda übertraf damals alle anderen Klöster; es war das Zentrum der Geschichtsschreibung östlich des Rheins und beherbergte eine der kostbarsten Sammlungen alter Texte und Chroniken. Darunter sind bedeutende Schriften von Tacitus, Sueton, Ammanianus und Servius, aber auch Originalwerke wie eine der frühesten Enzyklopädien des Wissens von Hrabanus Maurus, einem Fuldaer Mönch, der später Erzbischof von Mainz wurde.

Im Alter von siebzig Jahren wurden Bonifatius und seine Begleiter in Dokkum, im heutigen Holland, von den Friesen gefangengenommen und umgebracht.

In Fulda wurden Lioba und er Seite an Seite bestattet. In Deutschland galten sie als Heilige – lange bevor Papst Gregor IX. 1234 die Vergabe dieses Titel für den Vatikan reservierte –, und ihr Andenken wird noch heute gepflegt, während sie an ihrem Geburtsort weitgehend in Vergessenheit geraten sind. Bonifatius ist deswegen auch unter dem Namen »Apostel der Deutschen« bekannt.

Wenn sich in England irgendwelche Spuren von Johanna oder ihren Vorfahren finden lassen, müßte es Hinweise darauf in Wimborne Minster geben, dem Ausgangspunkt der meisten Expeditionen nach Deutschland. Von hier brach Lioba auf, wie es aus ihrer Biographie, die der Mönch Rudolf von Fulda zwischen 800 und 850 verfaßte[8], hervorgeht. Und in den Annalen von Fulda, Johannas erstem Wohnort, finden sich ebenfalls eindeutige Spuren, die nach Wimborne führen.

Die meisten Standardwerke über die katholische Kirchengeschichte verwerfen alle Versuche, die historische Gestalt der Päpstin Johanna zu rekonstruieren, als Häresie oder Teufelswerk. Dies Verdikt kam mir in den Sinn, als ich mich an einem Sommermorgen nach Dorset begab, um Wimborne in Augenschein zu nehmen.

Ich fuhr in strömendem Regen auf der Autobahn, und plötzlich erschien wie aus dem Nichts hinter mir ein großer Leichenwagen mit grellen Scheinwerfern, Begrenzungslichtern und Nebelleuchten. Er fuhr dicht auf, viel zu schnell, und ich sah im Rückspiegel nur ein einziges blendendes Licht. Ich versuchte zu beschleunigen, um ihn abzuhängen, er holte aber wieder auf. Als ich die gegenteilige Taktik einschlug und auf die langsame Spur wechselte, tat er dasselbe. In diesem Augenblick, ich starrte nach vorn in die Dunkelheit und auf die regenverhangene Straße, während ein Lichtschein mich zu verschlingen drohte, fielen mir die Worte der katholischen Gegner Johannas ein. War dies vielleicht der Teufel, der gekommen war, mich zu holen, Gottes Strafe dafür, daß ich Johannas Skelett und das beschämende Kapitel der Kirchengeschichte wieder ausgegraben hatte? Vielleicht hätte ich die schlafende Päpstin besser ruhen lassen sollen.

Plötzlich jedoch verschwand dieser moderne Reiter der Apokalypse so schnell, wie er gekommen war. Der Leichenwagen bog in die Ausfahrt nach Southampton ein, und die Sonne spähte aufmunternd durch die Wolken. Das Licht hatte die Dunkelheit verdrängt.

Wimborne, das auf meiner Straßenkarte als Wimborne Minster eingetragen war, liegt ein Stück weit landeinwärts in der Nähe der Küstenstadt Bournemouth. Das Kloster wurde in der Zeit der Angelsachsen von der heiligen Cuthburga an der Stelle einer früheren Römersiedlung gegründet. Cuthburga, die Schwester von König Ine von Wessex, wurde aus dynastischen Gründen mit König Aldfrith von Northumbria vermählt. Zahlreiche Anekdoten berichten über ihre ungewöhnliche Ehe. Cuthburga soll sich aus religiöser Überzeugung entschlossen haben, Jungfrau zu bleiben, der König habe nach kurzer Zeit diesem Wunsch nachgegeben, und sie habe sich in ein Nonnenkloster zurückgezogen. Anderen Geschichten zufolge soll sie ihm einen Sohn namens Osred geboren haben – der schließlich seinem Vater auf dem Thron nachfolgte –, bevor sie auf die ehelichen Rechte verzichtete und in das Kloster eintrat. In einer weiteren Version wird Cuthburga als Frau geschildert, die in einer unglücklichen Ehe gefangen war und ihren Frieden erst dadurch fand, daß sie den Schleier nahm.

Fest steht jedenfalls, daß die Königin der Abtei Barking in Essex angehörte, wo sie unter der heiligen Hildelith studierte und in Abgeschiedenheit lebte, bis ihr Gemahl starb. Auf einem Stück Land, das ihr der eigene Bruder übereignet hatte, gründete sie mit ihrer Schwester Cwenburga zwischen 702 und 705 in Wimborne ein Kloster, das dem Gebet und der Gelehrsamkeit gewidmet sein sollte. Es gilt als das erste Kloster in Dorset.

Wie viele andere angelsächsische Gründungen war auch Wimborne ein Doppelkloster, das aus Gemeinschaften von Männern und Frauen bestand. Beide Gruppen lebten getrennt, jede in einem eigenen Gebäude hinter befestigten Mauern, und begegneten sich nur bei der täglichen Messe. Cuthburga übernahm, ähnlich wie Hilda von Whitby vor ihr, die Leitung. Wie im keltischen Christentum gab es auch in der Kirche des frühen Mittelalters noch einige Frauen, denen – meist aufgrund ihres Wohlstands oder ihrer Verbindungen zum Königshaus – leitende Funktionen übertragen wurden, die ihnen quasi-episkopale Befugnisse über ihre Klostergründungen verliehen.[9] Doch diese Praxis wurde immer weiter zurückgedrängt, und Wimborne war eine der letzten Bastionen dieses aufgeklärten Ansatzes.

Cuthburga, eine asketische Frau, die sich dem Gebet und dem Fasten widmete, leitete die Gemeinschaft bis zu ihrem Tod im Jahr 727. Ihre Nachfolgerin wurde zunächst ihre Schwester Cwenburga und drei Jahre später – nach Cwenburgas Tod – die Äbtissin Tetta. Diese Frau war die Schwester von König Aetherlheard, der Ine als Herrscher der Westsachsen abgelöst hatte. Unter ihrer Leitung entwickelte sich Wimborne zu einem missionarischen Zentrum und damit zur Wiege Liobas. Mehrere Briefe, die Lioba nach Hause schrieb, sind heute im örtlichen Dorchester Museum ausgestellt.

Wenn man heute in Wimborne Minster umherwandert, fällt es schwer sich vorzustellen, wie die Abtei, die einst hier stand, ausgesehen haben mag. Denn das alte angelsächische Kloster ist von den vordringenden Dänen im 10. Jahrhundert weitgehend zerstört worden. Fast genauso unwahrscheinlich erscheint die Tatsache, daß es damals eine Gleichberechtigung der Geschlechter in der Kirche gab. Doch es gab sie, und Frauen besaßen tatsächlich Macht, bis Rom und Benedikt mit seiner Klosterregel die letzten Überbleibsel dieses Systems ausradierten. In den folgenden tausend Jahren blieben den Frauen jegliche mit Autorität verbundene Positionen in der Kirche verwehrt.

Plötzlich hatte ich zwei erhellende Gedankenblitze. Erstens stieß ich auf eine Erklärung, weshalb diese deutschstämmige Frau von den Chronisten »Johanna die Engländerin« genannt wurde: Entweder gehörten ihre Eltern zu den englischen Helfern aus Wimborne, die sich den Mönchen und Nonnen in Deutschland anschlossen, oder einer von ihnen war ein Geistlicher aus Wimborne, der sich verliebte und heiratete.

Zweitens galt Wimborne, wie Lina Eckenstein, die erste feministische Kirchenhistorikerin, 1896 schrieb, »als letzte verbürgte Klostergründung einer Frau in der angelsächsischen Epoche.«[10]

Dank ihrer gebildeten Eltern ist es wahrscheinlich, daß Johanna von Wimborne erfuhr. Das Beispiel dieser gelehrten Gemeinschaft zwischen Frauen und Männern führte ihr eine Alternative zu der vorherrschenden Benediktinerregel, die Frauen ausschloß, vor Augen. Wimborne zeigte, daß Frauen Machtpositionen in der Kirche einnehmen konnten, wenn sie zuvor weltliche Aufgaben gemeistert hatten.

Johanna ließ sich davon inspirieren und trug sich möglicherweise mit dem Plan, als sie mit zwölf Jahren als Mann verkleidet nach Athen reiste, jenes Wissen zu erwerben, das ihr eine Stellung, wie sie einst Cuthburga, Cwenburga und Tetta innehatten, ermöglichen würde.

Wie bei fast allen Details der Geschichte Johannas sind wir auch in diesem Zusammenhang auf Konjunktive und Vermutungen angewiesen, denn es gibt nur wenige Berichte über Wimborne zu ihrer Zeit und natürlich keine Auflistung jener guten Seelen, die die Missionare begleiteten, aus der Sicherheit und Behaglichkeit Wimbornes aufbrachen, den Kanal überquerten und in ein unbekanntes und von berüchtigten Barbaren bevölkertes Land reisten.

5. Kapitel

Männlich oder weiblich ist die erste Unterscheidung, die Sie machen, wenn Sie mit einem anderen menschlichen Wesen zusammentreffen, und Sie sind gewöhnt, diese Unterscheidung mit unbedenklicher Sicherheit zu machen.

Sigmund Freud, *Weiblichkeit*[1]

Es waren nicht nur die Geschichten von Cuthburga, Tetta und Hilda, die Johanna darin bestärkt haben dürften, daß ihr Geschlecht kein Hindernis war, eine einflußreiche Position in der Kirche anzustreben. Das heutige Christentum – vor allem das von Rom geführte – präsentiert gewöhnlich eine autorisierte Version seiner Geschichte, aus der Johanna ebenso wie viele andere Frauen ausgeschlossen sind, die in den Anfängen Seite an Seite mit den Männern das Wort Gottes verbreiteten und die gleichen Verfolgungen erlitten. »Die christliche Erinnerung«, meinte Elisabeth Schussler Fiorenza, eine Theologieprofessorin an der Harvard Divinity School, »hat die Frauen ausgeblendet, die das frühe Christentum mitgestaltet, die christliche Geschichte geprägt haben und schließlich in Vergessenheit geraten sind.«[2]

Den historischen Beitrag von Frauen zu verschweigen ist jedoch kein ausschließlich christliches Versäumnis. Plinius der Ältere berichtet in seiner *Naturalis historia*, daß die Geschichtsschreibung seiner Zeit Informationen über die Arbeit von Ärztinnen absichtlich unterdrückte, weil Frauen still und unscheinbar bleiben und nach ihrem Tode vergessen werden sollten.[3] Doch das Christentum hat zweifellos seine Rivalen in dem Bemühen übertroffen, die Anzahl und Leistungen seiner weiblichen Pioniere im Nebel der Zeit verschwimmen zu lassen. Wann ist in einer Predigt die Rede von Johanna, der Frau eines der Verwalter von König Herodes, die zu den Jüngerinnen Jesu zählte und »ihm diente mit ihrer Habe«?[4] Oder von Chloe, Lydia, der Mutter des Markus, von Nymopha, Prisca und Aquila, die der Apostelgeschichte und den Schriften des heiligen Paulus zufolge den jungen christlichen Gemeinden Hilfe und Unterschlupf gewährten?

Aus revolutionärer Gesinnung und aus Haß auf Hierarchie und Gepränge versammelten sich die Christen in den ersten beiden Jahrhunderten nicht in Kirchen und Kapellen, sondern in privaten Häusern. Viele Frauen aus besseren Verhältnissen förderten die neue Religion, indem sie die Christen in ihre Häuser einluden.

Im 3. Jahrhundert begann die Institutionalisierung dieser Hauskirchen. So entstanden straffere Organisationsformen und eine pyramidenähnliche Struktur aus Bischöfen und Priestern, Diözesen und Gemeinden. Als den Christen, die bis dahin einen verbotenen Kult betrieben hatten, 313 schließlich von Kaiser Konstantin der Status einer neuen Religion zuerkannt wurde, mußten sie sich den herrschenden kulturellen Erwartungen und den festgefügten Vorstellungen über die soziale Rolle der Frau beugen. In der griechisch-römischen Gesellschaft – und in gewissem Maß auch noch heute in den Ländern des Mittelmeerraums – herrschten die Frauen über Haus und Familie, öffentliche Führungsaufgaben blieben jedoch Männern vorbehalten.

Die ersten weiblichen Protagonisten des Christentums wurden daher allmählich durch eine neue Generation von männlichen Führern verdrängt. Aber nicht vollständig: Neuere Forschungen haben in Süditalien und Kalabrien Grabinschriften aus der Mitte des 5. Jahrhunderts zutage gefördert, aus denen hervorgeht, daß Frauen *presbiterae* oder Priesterinnen waren. Weitere Grabsteine aus Südfrankreich, der Türkei und dem ehemaligen Jugoslawien belegen die relativ weite Verbreitung von *presbiterae*. Ein Brief von Papst Gelasius I. (492–496) an seine Glaubensbrüder in Süditalien belegt dies: »Wir haben vernommen«, schrieb er, »daß die geistlichen Angelegenheiten so tief gesunken sind, daß sogar Frauen erlaubt wird, am heiligen Altar die Messe zu lesen und auch andere Aufgaben auszuführen, die Männern vorbehalten sind.«[5]

Priesterinnen entsprachen zwar nicht der Norm, wie dieser

Brief zeigt, aber es gab sie. Diese Beweise versucht Rom mit der beiläufigen Bemerkung zu entkräften, daß *presbitera* ein zweideutiger Begriff sei. Er bezeichnet nämlich auch die Frau eines Priesters.

Eine solche Erklärung berücksichtigt nicht den Brief von Papst Gelasius, dessen Inhalt Rom nur damit kommentiert, daß Gelasius diese Praxis verurteilte. Es hat den Anschein, als könne die römische Kirche Wissenschaftler nicht ertragen, die sich ernsthaft mit der Arbeit der Priesterinnen in der Frühzeit des Christentums befassen, weil sie befürchtet, dadurch in eine von vornherein verlorene Debatte verstrickt zu werden. Akademischer Eifer wird von der modernen kirchlichen Voreingenommenheit unterdrückt. Präzedenzfälle werden geleugnet, Hinweise auf die Päpstin Johanna werden überhört.

Für Mary Ann Rossi, die am Women's Research Center an der Universität von Wisconsin arbeitet und zu den führenden Köpfen auf diesem Gebiet historischer und archäologischer Forschung gehört, verweist das Fehlen von Frauendarstellungen – abgesehen von der Jungfrau Maria – in den meisten sakralen Gebäuden auf eine Vertuschungsstrategie, die noch immer virulent sei.[6] Dies war der Ausgangspunkt ihrer Überlegungen.

Sie ist eine der zahlreichen Autoren und Wissenschaftler, die ein berühmtes Mosaik in der Kirche Santa Prassede studiert haben, das unmittelbar unter den Augen des Vatikans der Öffentlichkeit zugänglich ist. Das Bauwerk liegt im Schatten der großen Basilika von Santa Maria Maggiore in Rom. Es wurde aus Säulen von heidnischen Tempeln errichtet, an einem Platz, wo sich ursprünglich wahrscheinlich die frühen Christen versammelt hatten. Die erste Kirche an dieser Stelle entstand den Aufzeichnungen zufolge Ende des 4. Jahrhunderts, das heutige Gebäude wurde im 9. Jahrhundert errichtet.

Die Mosaiken reichen bis ins 5. Jahrhundert zurück. Auf einem sind vier Frauengestalten vor einem goldenen Hintergrund abgebildet. Drei von ihnen sind mit dem traditionellen Heiligenschein versehen, der verstorbenen Heiligen vorbehalten war. Die vierte Frau wird von einem eckigen Schein bekrönt – ein Hinweis, daß sie noch lebte, als das Mosaik angefertigt wurde. Die ersten drei Gestalten lassen sich leicht identifizieren: die Jungfrau Maria mit der heiligen Prassede und deren Schwester Prudentiana, den Töchtern eines römischen Senators, der im 1. Jahrhundert lebte, früh zum Christentum übertrat und Petrus 64 n. Chr. bei seiner Ankunft in Rom Unterkunft gewährte. Der Kopf und die Schultern der vierten Gestalt sind von den Worten Theodora Episcopa (»Bischöfin Theodora«) umrahmt. Das »a« in Theodora ist durch Kratzer teilweise entfernt worden. Vielleicht ein weiteres Indiz für die Schlampigkeit der allgegenwärtigen Fälscher, aber die Bemühungen waren vergeblich, denn die anstößige Wendung findet sich auch in einer Inschrift an einer der Marmorsäulen vor der Kapelle, die das Mosaik beherbergt.

Anders als bei den *presbiterae* deutet in diesem Fall nichts darauf hin, daß Theodora gegen das Gesetz zur Bischöfin erhoben worden sei. Doch auch hier hat Rom eine nicht sonderlich überzeugende Erklärung. Theodora sei die Mutter von Papst Paschalis I. (817–824) gewesen, der sich für den Wiederaufbau der Kirche an diesem Platz eingesetzt habe. Aber warum wird sie als Bischöfin bezeichnet? Daß die Päpste ihren Müttern Ehrentitel verliehen, die offiziell Männern vorbehalten waren, scheint gänzlich unwahrscheinlich. Und weshalb hatte jemand versucht, die weibliche Endung des Namens zu tilgen? Das Mosaik ist nicht der einzige Hinweis auf eine Bischöfin. Weitere Beweisstücke in Rom erschüttern die offizielle katholische Linie, daß es niemals Priesterinnen gegeben habe und niemals geben werde.

Die Vatikan-Bibliothek verwahrt eine Abschrift von einem Epitaph auf dem Friedhof der Basilika Sankt Valentin in Rom, in der eine »femina episcopa« erwähnt wird[7].

Unter den Straßen der italienischen Hauptstadt dehnt sich eine rund 1800 Jahre alte Totenstadt aus, die sogenannten Katakomben. Als in den ersten Jahrhunderten nach Jesu Tod in Rom das Blut der christlichen Märtyrer floß, wurden die Männer und Frauen, die in Arenen wie dem Kolosseum starben, in den Katakomben beigesetzt. Das Labyrinth aus Gängen, unterirdischen Kapellen und Grabkammern bot aber auch Sicherheit und Schutz, als die Verfolgung ihren Höhepunkt erreichte, und wurde ein Zufluchtsort, an dem man die Eucharistie in privatem Rahmen feiern konnte. Einzelne Abschnitte wurden nach verschiedenen Heiligen benannt und künstlerisch ausgestaltet, um an biblische Themen zu erinnern und Zeugnis abzulegen von den heroischen Taten jener, die ihr Leben für den Glauben geopfert hatten.

Die Wandmalereien der Katakombe der heiligen Priscilla, die Ende des letzten Jahrhunderts freigelegt wurde, behandeln Standardthemen wie das Quellwunder des Moses, den Besuch der Heiligen Drei Könige an der Krippe und Abraham, der seinen Sohn Isaak zum Opfer vorbereitet. Ein Fresko aus dem Anfang des 3. Jahrhunderts verdient unsere besondere Aufmerksamkeit. Es zeigt sieben Gestalten, die mit erhobenen Händen um einen Tisch stehen und anscheinend eine schlichte Eucharistiefeier mit Brot und Wein begehen. Obwohl die Farben verblichen sind und der kräftige rote Hintergrund im Laufe der Jahrhunderte viele Details hat verschwinden lassen, ist klar zu erkennen, daß zumindest die letzte Gestalt eine Frau ist. Die Pontifikalkommission für Archäologie räumt ein, daß auf dem Bild eine verschleierte Frau dargestellt ist, betont aber zugleich, daß jene Gestalt, die das Brot bricht, ein Mann ist.[8] Genauere Untersuchungen dieser männlichen Gestalt haben jedoch ergeben, daß die Art der Kleidung, Stil und Gewandlänge, weiblich ist. Alle sieben Gestalten haben die Hände erhoben – eine Geste, die bis zum heutigen Tage Priestern bei der Eucharistie vorbehalten ist – und besaßen deswegen vermutlich denselben Status.

Derartige Schlußfolgerungen werden von Rom stets heftig in Zweifel gezogen werden. Da der Vatikan seine Ablehnung weiblicher Priester nicht auf die Bibel oder auf Worte von Jesus Christus stützen kann, sondern nur auf die Tradition, überrascht es wenig, daß manche Wissenschaftler nach einer verborgenen Geschichte suchen, die die Position der Kirche unterminiert. Diese Kirchendetektive brauchten 1500 Jahre oder länger, um belegen zu können, daß einst Frauen zu Geistlichen und zu Führern der Christenheit bestellt wurden. Zu Johannas Zeit – 400 Jahre, nachdem die Grabsteine von *presbiterae* berichteten, und nur wenige Jahrzehnte, nachdem Papst Paschalis I. sich um die Kirche Santa Prassede kümmerte – dürfte die Spur noch nicht verwischt gewesen sein.

In einer Epoche, in der nur wenige Menschen lesen und schreiben konnten und ein Mangel an Schreibmaterial herrschte, wurden Informationen mündlich weitergegeben, von der Mutter zur Tochter, von Nachbar zu Nachbar, von Reisenden an die Bewohner der Städte, die sie besuchten, und, im Fall der Kirche, von Missionaren und Wanderpredigern wie den Dominikanern. Offizielle Erklärungen des Papstes erreichten die abgelegenen Außenposten der Christenheit mit der Geschwindigkeit eines Maultiers, während die historischen Fakten, die in den Schatzkammern der Klöster gesammelt wurden, nur wenigen Privilegierten zugänglich waren.

Aufgrund dieser zufälligen und häufig örtlich begrenzten Informationsweitergabe entstanden rasch Mythen, Sagen und Gerüchte. Besonders beliebt im 5. Jahrhundert und zu Beginn des frühen Mittelalters waren die sogenannten »Kinderevangelien«, die sich mit der Kindheit von Jesus befaßten. Sie wurden durch Prediger und Mundpropaganda weit verbreitet, selten jedoch aufgeschrieben. Die wenigen Spuren, die bis heute erhalten blieben, sind seltsame mittelalterliche Darstellungen, die Jesus Christus zeigen, wie er auf Sonnenstrahlen auf die Erde herabgleitet. Im allgemeinen vermittelten diese Erzählungen ein wenig vorteilhaftes Bild von Jesus und zeichneten ihn als Tyrannen und Rohling. In einer Episode verwandelt Jesus seine Spielkameraden in Schweine und steckt sie in den Ofen, bis sie von seiner Mutter Maria gerettet werden. Antisemitische Anklänge mögen bei diesen Kinderevangelien eine Rolle gespielt haben, doch ihre genauen Ursprünge und ihre wirkliche Bedeutung lassen sich nicht mehr eruieren.[9]

Sie zeigen jedoch, daß die kirchlichen Behörden, obwohl sie über die Schlüssel der Bibliotheken und den Zugang zu den Archiven verfügten, nicht imstande waren, die Verbreitung von

Geschichten oder Legenden zu kontrollieren oder auch nur zu beeinflussen. Wären sie dazu in der Lage gewesen, hätten sie wohl kaum die Darstellung des Messias als boshaften kleinen Jungen zugelassen. Wenn daher eine immer stärker von Männern beherrschte Kirche die Erinnerung an Hilda, Cuthburga und ihresgleichen auszulöschen versuchte, so dürfte dies nicht einfach zu bewerkstelligen gewesen sein. Zu Johannas Lebzeiten war die Erinnerung noch zu frisch, um sie zu ignorieren, und obwohl die Praxis, daß Frauen gemischte Klöster leiteten, zunehmend im Schwinden begriffen war, gab es noch einige Äbtissinnen, die gewissermaßen episkopale Befugnisse besaßen. Im sächsischen Quedlinburg kannte man diese Praxis bis 1539.[10]

Die junge Johanna, die in Fulda unter der Obhut ihrer Eltern aufwuchs und sich Wissen aneignen wollte, könnte also mit dem Bild einer Kirche konfrontiert gewesen sein, in der Frauen noch bis vor kurzem leitende Funktionen innegehabt hatten und allmählich immer mehr an den Rand gedrängt wurden. Die Bibliothek in Fulda hat möglicherweise auch über Werke verfügt, die im Dreißigjährigen Krieg verlorengingen. So wie sie in allen Chroniken als außerordentlich intelligent beschrieben wurde, könnte Johanna die Situation nur als einen vorübergehenden Rückschritt gesehen und beschlossen haben, mit der herrschenden Strömung zurechtzukommen, bis sich wieder mehr Toleranz durchsetzen würde.

Hier bedarf es einer klaren Unterscheidung zwischen Johannas Epoche und dem Hochmittelalter, als die gegen die Frauen gerichtete Bewegung in den höheren Rängen der Kirche einen Höhepunkt der Hysterie erreichte. Thomas von Aquins Verdammung des weiblichen Geschlechts als »mißglückte Männer« und seine Behauptung, Frauen seien von Natur aus minderwertig und daher unfähig, Führungsaufgaben wahrzunehmen, ist dafür ein sprechendes Beispiel.[11]

Solche Ideen wurden natürlich auch zu Lebzeiten Johannas verbreitet. Bereits im 4. Jahrhundert hatten gelehrte Kirchenmänner wie Johannes Chrysostomos (347–407) über Frauen geschrieben: »All ihre körperliche Schönheit ist nichts weiter als

Schleim, Blut, Galle, Flüssigkeit und Substanzen aus verdauter Nahrung. Wenn man sich betrachtet, was hinter diesen schönen Augen, dem Winkel der Nase, dem Mund und den Wangen steckt, wird man erkennen, daß dieser gut geformte Körper lediglich ein gebleichtes Grab ist.«[12] Und einige Jahre später erklärte Augustinus (354–430), der einflußreichste christliche Kirchenlehrer, in seinen *Confessiones*: »Aufgrund ihres Geschlechts ist die Frau dem Manne untertan. Dies ist vergleichbar der Art, in der sich der Impuls zu einer Handlung der rationalen Überlegung des Geistes unterordnet, daß die Handlung richtig ist.«[13]

Augustinus' Lehre führte dazu, daß sich auch im Volk bestimmte Vorstellungen von Frauen und den grundlegenden Mängeln ihres Körpers verbreiteten. Man glaubte, Menstruationsblut würde Wein sauer werden, Getreide verdorren und Eisen rosten lassen und Hundebisse mit Gift infizieren. Wenn Frauen über solch finstere, zerstörerische Kräfte verfügten, stand es natürlich außer Frage, daß sie nicht dafür geeignet waren, als Priesterinnen mit dem Leib und dem Blute Christi umzugehen und die Eucharistie zu feiern.

Doch auch im 9. Jahrhundert hatten diese Ideen noch nicht jene beherrschende Kraft erlangt, die sie später gewinnen sollten. Die junge Johanna konnte daher die berechtigte Hoffnung hegen, daß die Kirche wieder zu ihrer ursprünglichen Praxis zurückkehren und auch Frauen wieder Wege und Möglichkeiten eröffnen würde.

Den stärksten Einfluß auf die junge Johanna übte das Beispiel tugendhafter, gottesfürchtiger und heiliger Frauen aus, die ihrer Berufung in der Kirche folgten, indem sie sich als Männer kleideten. Heiligengeschichten stellten damals eines der wichtigsten Mittel dar, die zum allergrößten Teil des Lesens unkundigen Gläubigen in frommen Tugenden zu unterweisen. Papst Gregor der Große (590–604) griff eine bereits existierende Richtung in der Hagiographie auf, um die Gläubigen und die neu zum Christentum Übergetretenen dazu anzuregen, ihr Leben am Beispiel der Heiligen auszurichten. Ungeachtet dessen, daß manche Geschichten übertrieben oder erfunden waren und daß Erzählungen über den Kampf mit dem Teufel jenseits der Alltagserfahrung des Publikums lagen, entwickelten sich die Heiligen zu Vorbildern der Christenheit. Ihre Beispiele waren allgemein bekannt und wurden auch von ungebildeten Geistern zitiert. Der Handel mit Reliquien, denen übernatürliche Kräfte zugeschrieben wurden, florierte an den Pilgerstätten ebenso wie auf den Jahrmärkten auf dem Land.

Pelagia war eine dieser Heiligen. Sie war Schauspielerin und lebte im 4. Jahrhundert in Antiochia, »berühmt wegen ihrer Schönheit, ihres Wohlstands und ihres ungeordneten Lebens«, wie Alban Butler scharfzüngig in seinem Werk *Lives of the Saints* schrieb.[14] Als in ihrer Stadt eine Synode abgehalten wurde, hörte sie Bischof Nonnus aus Edessa predigen. Seine Rede bewegte sie so sehr, daß sie ihn bat, sie zu taufen. Als sich die Nachricht, daß diese anrüchige Frau zum Christentum übergetreten war, auf den Straßen verbreitete, kam es zu einem Aufruhr. Als Mann verkleidet, entkam Pelagia und begab sich nach Jerusalem, wo sie als Eremitin in einer Höhle auf dem Ölberg lebte und von den Menschen der Umgebung als Pelagius, der »Mönch ohne Bart«, verehrt wurde. Erst als sie starb, wurde ihre Geschlechtszugehörigkeit bekannt. Trotz ihrer Täuschung wurde sie heiliggesprochen.

Heute ist die Heiligsprechung durch den Vatikan ein kompliziertes und langwieriges Verfahren, das Pelagia zweifellos nicht mehr bestünde. In der Frühzeit der Kirche verliehen Menschen, nicht Bürokraten diesen Ehrentitel – ein weiteres Beispiel für die demokratischere, ungezwungenere Atmosphäre, die damals in der christlichen Welt herrschte. Und da Pelagia eine außergewöhnliche Gestalt war, verbreitete sich ihre Legende so weit, daß sie auch ihren Tod überdauerte und sich bis in unsere Zeit halten konnte, vor allem in Griechenland, wo man sie noch immer verehrt.

Solche Legenden wurden im Lauf der Zeit stark ausgeschmückt. Ihren wahren Kern herauszufinden ist nicht einfach. Verläßlich sind nur einige historische Standardwerke wie

Eusebius' *Kirchengeschichte*.[15] Die darin erwähnten Heiligen rangieren im katholischen Kanon in der ersten Kategorie. Andere, die nicht auf eine solche Referenz verweisen können, werden gestrichen oder zurückgestuft.

Der belgische Kirchenhistoriker Pater Hippolyte Delehaye widmete sich im 19. Jahrhundert dem Studium dieser Heiligengeschichten und der Suche nach ihren Ursprüngen.[16] Er gelangte zu der Auffassung, daß Pelagias Legende in den Bereich der Romanze gehört und von späteren Generationen aufgrund einer mündlichen Überlieferung geschaffen wurde. »Der Autor wählt sein Thema sorgsam aus«, schrieb er in seinen Heiligenlegenden, »und verwendet all seine Fähigkeiten und sein Vorstellungsvermögen auf das Kunstwerk, das er entworfen hat. Wenn er sich dem Charakter und den Taten einer historischen Persönlichkeit oder den Ereignissen einer historischen Epoche widmet, ist das Ergebnis eine historische Romanze oder ein historischer Roman ... Besteht die Absicht des Autors darin, das Leben und den Geist eines Heiligen zu beschreiben, der durch eine Reihe von Ereignissen geehrt wird, die zum Teil wirklich, zum Teil eingebildet sind, bezeichnet man das Werk als eine hagiographische Romanze.«

Bei jener Pelagia, um die sich diese Legende rankte, könnte es sich um eine andere Frau aus Antiochia gehandelt haben, eine – im Gegensatz zu ihrer Namensvetterin – Jungfrau von fünfzehn Jahren, die zur Märtyrerin wurde. Sie wird in den Schriften von Johannes Chrysostomos und Ambrosius erwähnt, die beide als unangreifbare Quellen eingestuft werden. Die Kirche räumte ihr alle Ehrenbezeugungen ein, und ihr Namenstag wird am 8. Oktober gefeiert. Die heroische, aber durchschnittliche Geschichte der sittsamen Pelagia wurde, so behauptet Delehaye, überlagert von der Geschichte der ausschweifenden Pelagia, die sich als Mann verkleidete, um irdischen Frieden und ewige Glückseligkeit zu erlangen. Die Anregung zu dieser Synthese lieferte, wie Delehaye vermutet, eine ebenfalls von Johannes Chrysostomos stammende Geschichte aus seiner 67. Moralpredigt zum Matthäus-Evangelium. Dort spricht er von einer namenlosen Schauspielerin aus Antiochia, die ihren gottlosen Lebenswandel aufgab, sich in ein Hemd aus Haaren kleidete und fortan als Eremitin lebte. »Wir wissen aus herausragenden Beispielen«, schließt Delehaye, »daß historische Überlieferungen über lokale Heilige bald verschwinden, wenn sich eine Legende zu entwickeln beginnt, und daß Hagiographen nicht davor zurückschrecken, Änderungen anzubringen, die ihre Personen nahezu unkenntlich machen.«

Delehaye betrachtete die Legende von Pelagia als Ausgangspunkt für eine ganze Reihe von »Phantasiegeschichten« über weibliche Heilige, die sich als Männer gewandeten. Im 5. Jahrhundert gab es die beiden Heiligen Apollinaris und Euphrosyne, zwei hochgeborene Ägypterinnen. Apollinaris kleidete sich als Mann, nannte sich Dorotheus und lebte als Einsiedlermönch in der Wüste, wo sie durch die Heilung ihrer Schwester berühmt wurde. Ihre wahre Identität und ihre Geschlechtszugehörigkeit verheimlichte sie bis zu ihrem Tod, sogar vor ihrer Schwester.

Euphrosyne wollte sich gegen eine Zwangsehe wehren, verkleidete sich daher als junger Mönch, nahm den Namen Smaragdus an und trat in ein Kloster ein. Ihre Tugendhaftigkeit lockte Pilger an, darunter auch ihren Vater, der sie aber nicht erkannte. Erst auf dem Sterbebett ließ sie ihn zu sich rufen und erzählte ihm die Wahrheit.

In einer Variante dieses Themas vom Vertauschen der Kleidung, die sich auf die Heiligen Eugenia und Marina bezog, stand die Art und Weise, wie ihre Täuschung enthüllt wurde, im Mittelpunkt. Eugenia, die Tochter eines römischen Statthalters in Alexandria im 3. Jahrhundert, lief von zu Hause weg, zog sich wie ein Mann an und trat in ein Kloster ein. Doch sie wurde enttarnt und zum Tode verurteilt. Vom Kerker aus ließ sie ihren Vater zu sich bitten und gestand ihm, daß sie eine Frau sei und seine verschollene Tochter. Er begnadigte sie und ließ sich durch ihr Vorbild dazu bewegen, zum Christentum überzutreten.

Marina, die im 4. Jahrhundert lebte, war die Tochter eines Witwers, der sich entschlossen hatte, in ein Kloster einzutreten. Da er sie nicht allein zurücklassen wollte, gab er vor, sie sei ein Junge, und behielt sie bei sich, bis sie siebzehn Jahre alt war und er starb. Marinas Aufgabe bestand darin, mit dem Karren des Klosters in die nächstgelegene Stadt zu fahren und dort Vorräte zu besorgen. Eines Tages wurde sie, der junge Mönch, beschuldigt, die Tochter des Wirts in der Stadt geschwängert zu haben. Da sie sich gegen diesen Vorwurf nicht verteidigen konnte, ohne ihre Identität preiszugeben, wurde sie aus der Abtei ausgeschlossen und lebte fortan als Bettler vor der Pforte des Klosters, zusammen mit dem Kind, dessen angeblicher Vater sie war. Nachdem viele Jahre vergangen waren, erbarmte sich der Abt des Klosters und nahm beide wieder in die Gemeinschaft auf. Kurz darauf starb Marina, und die Mönche erfuhren von ihrem Geheimnis.

In einer zweiten Variante versuchen Heilige einer unerwünschten Eheschließung, die sie von ihrem geistigen Weg abbringen würde, zu entgehen. Ihnen wächst auf wundersame Weise plötzlich ein Bart, worauf sie vom Verlobten verstoßen oder vom Vater aus dem Haus geworfen werden. Die im 6. Jahrhundert lebende Brigitta – die heute in ihrer Heimat Irland fast ebenso verehrt wird wie der Nationalheilige Patrick –, Uncumber und Wilgefortis, auch Kümmernis genannt, waren solche »bärtigen Heiligen«. Letztere war die Tochter eines nicht-christlichen Herrschers von Portugal und dessen christlicher Gemahlin. Sie war ein frommes Mädchen, das sich entschlossen hatte, Jungfrau zu bleiben. Ihr Vater verfolgte jedoch andere Pläne mit ihr, er wollte sie mit dem König von Sizilien verheiraten. Verzweifelt bat sie um göttlichen Beistand und ließ sich einen Backen- und einen Schnurrbart wachsen. Die Hochzeit scheiterte, ihr Vater ließ sie zur Strafe kreuzigen. In Portugal wird ihr Namenstag noch heute am 20. Juli begangen wird.

Dieselbe Geschichte erzählt man sich von der Engländerin Uncumber, einer Schutzpatronin verheirateter Frauen, die sich ihrer Ehemänner entledigen wollen.

Das geheimnisvolle, aus der Frühzeit des Christentums stammende »Evangelium der Ägypter«, das sich heute in der Nag-Hammadi-Bibliothek befindet, enthält sogar eine Geschichte, derzufolge Jesus Maria versprochen habe, sie zu retten, indem er ihr Männergestalt gab. Ob hier seine Mutter Maria gemeint ist, Maria Magdalena oder Maria von Bethanien bleibt unklar.

Ob jene oder vielleicht sogar alle Legenden über weibliche Heilige, die sich als Männer anzogen, den Tatsachen entsprechen oder, wie Delehaye vermutet, Fiktion sind, läßt sich anhand besser dokumentierter Fälle aus späteren Jahrhunderten untersuchen, in denen es um Frauen geht, die sich entschlossen, Männerkleidung zu tragen und unverheiratet zu leben, um voranzukommen und berufliche Erfüllung zu finden. Die Parallelen, die man zwischen jenen Heiligen und diesen Frauen ziehen kann, legen die Vermutung nahe, daß Delehaye zu vorschnell urteilte.

Emma Edmonds kämpfte als Franklin Thompson im US-amerikanischen Bürgerkrieg. Sie lief von zu Hause fort, um den bedrückenden Verhältnissen und ihrem grausamen Vater zu entrinnen, wie sie später in ihrem Buch *Nurse and Spy in the Union Army* (1865) schrieb. Als sie einmal in ihrer Männertracht zurückkehrte, wurde sie nur von den Tieren erkannt. Christine Davies, die 1667 in Dublin geboren wurde, stand ganz allein auf der Welt, als ihr Ehemann und Vater ihrer drei Kinder verschwand. Als Mann verkleidet, trat sie in die Armee ein, um nach ihm zu suchen. Dreizehn Jahre später fanden sie wieder zueinander, als Ärzte ihre Identität aufdeckten, nachdem sie in der Schlacht von Ramilles verwundet worden war. Oder Dr. James Miranda Barry, eine Frau, die sich als Mann gewandete, um 1812 in die damals Männern vorbehaltene Edinburgh Medical School aufgenommen zu werden. Sie verbrachte ihr Leben als anerkannter Arzt und ihr wahres Geschlecht wurde erst nach ihrem Tod enttarnt.[17]

Julie Wheelwright befaßte sich mit solchen Fälle des Vertauschens von weiblicher mit männlicher Tracht in ihrem Buch

Amazons and Military Maids und verfolgte die Spur über die weiblichen Heiligen der frühen Kirche bis zu Johanna.

> Das Interessante an den Frauen, die ich untersuchte, gilt auch für diese Heiligen und für Johanna: Sie wurden immer als die besten Männer auf ihrem Gebiet betrachtet und konnten deswegen phantastische Taten vollbringen. Ihre überzeugenden Leistungen waren für sie ein Schutz vor Entdeckung. Gewiß galten sie als etwas exzentrisch und eigentümlich oder als Menschen mit komischen Angewohnheiten, aber das war schon alles. Niemand dachte daran, ihre Geschlechtszugehörigkeit in Frage zu stellen.[18]

Wheelwright ist der Auffassung, daß die sexuelle Enthaltsamkeit, die von den Mönchen verlangt wurde, religiöse Gemeinschaften für diese Frauen attraktiver erscheinen ließ als später die Armee oder die Marine. »Viele Frauen haben sich außerordentlich intensiv bemüht, wie Männer zu sein, und ihre Männlichkeit so sehr verinnerlicht, daß sie in eine schizophrene Situation geraten wären, hätten sie eine heterosexuelle Beziehung eingehen müssen. Als Mönch zu leben, für den Sexualität nicht in Frage kam, hatte eindeutige Vorzüge.«

Johanna dürfte während ihres Studiums in Fulda, wo sie mit Missionaren und Wanderpredigern in Kontakt kam, von den Geschichten über die heiligen Frauen, die sich als Männer gewandeten, gehört haben. Sie waren im Dunklen Zeitalter zweifellos weit verbreitet. Unabhängig davon, ob Johanna alle Einzelheiten glaubte – sie könnten ihr Anregungen geliefert haben, wie sie es anstellen mußte, um auf ihrem Weg weiterzukommen.

Der Einfluß dieser Legenden ist nicht zu unterschätzen. Katharina von Siena ist eine der wenigen weiblichen Heiligen, denen vom Vatikan posthum der Titel »Kirchenlehrer« verliehen wurde. Sie gehört zu den bedeutendsten »offiziell« verehrten Gestalten in der Kirche des 14. Jahrhunderts, und wurden durch ihre ambitionierten Versuche, zwischen Papst und

Kaiser zu vermitteln, durch ihre Visionen und ihre große Anhängerschar (die »Caterinati«) bekannt. Sie selbst bezeichnete Euphrosyne als eines ihrer Vorbilder. Die Parallelen sind eindeutig: Katharina sollte, ebenso wie Euphrosyne, zur Heirat gezwungen werden und entging der Eheschließung dadurch, daß sie 1367 in einen Nonnenorden eintrat. Wenn Euphrosyne durch ihre Flucht vor der Ehe Katharina inspieren konnte, weshalb hätte sie dann nicht auch Johanna anregen können, sich weiblichen Rollenerwartungen zu entziehen?[19]

Die Legenden von heiligen Frauen, die ihre weibliche mit der männlichen Tracht vertauschten, haben die Wissenschaftler unterschiedlich interpretiert. Einige meinten, der Kult um die heilige Pelagia sei ein Beweis, daß die Kirche weiterhin heidnische Gottheiten im Gewand von Heiligen verehrte. Ein ähnliches Phänomen zeigt sich heute in Lateinamerika, wo gläubige Katholiken an animistischen Kulten teilnehmen wie Candomblé in Brasilien, Voodoo auf Haiti oder Santería auf Kuba.

Die Römer übernahmen die griechischen Götter und gaben ihnen andere Namen; die Christen taten dasselbe. Sogar solch zentrale Gestalten des Neuen Testaments wie den Teufel borgten sie aus anderen Religionen. Pelagia sei, wie der klassische Philologe Hermann Usener im 19. Jahrhundert ausführte, identisch mit Aphrodite, der griechischen Göttin des Meeres, der Liebe und der Fruchtbarkeit.[20] Auf Zypern wurde Aphrodite durch Rituale verehrt, bei denen Frauen in Männerkleidern der Göttin Opfer darbrachten.

Der amerikanische Historiker und Psychoanalytiker John Anson hält all diese Geschichten für »Klostermärchen«.[21] Er weist darauf hin, daß alle Chronisten Männer waren, und vermutet, daß sie die Legenden erfanden und auf das Leben der sonst eher langweiligen Heiligen übertrugen. Die zölibatär lebenden Schreiber müssen davon geträumt haben, in ihrem Kloster eine Frau zu entdecken, die wie ein Mann gekleidet war, um anschließend mit ihr eine geheime Liebesbeziehung einzugehen. Anson schrieb:

> Was schließlich bei diesen Lebensgeschichten ins Blickfeld kommt, ist das schuldhafte Begehren, das der ganzen Traumarbeit zugrunde liegt; denn statt daß ein Ansinnen zurückgewiesen wird, wird ein sexueller Akt begangen und die Heilige dafür verantwortlich gemacht, die als eine Art Ersatz der Bestrafung verfällt. Somit wird das geheime Verlangen nach einer Frau im Kloster auf brillante Weise vertuscht, indem man die Frau als einen Mann verkleidet und sie als jener Versuchung schuldig erscheinen läßt, derer die Mönche ganz besonders ausgesetzt sind; am Schluß, nachdem sie für deren Begierden bestraft worden ist, wird deren Schuldigwerden dadurch kompensiert, daß sie zur Heiligen wird und ringsum Zerknirschung und frömmelnde Verehrung herrscht.

Marjorie Garber führte in ihrem Werk *Verhüllte Interessen*, in dem sie sich ausführlich mit dem Thema der vertauschten Tracht befaßt, Ansons Überlegungen noch einen Schritt weiter.[22]

> Diese Phantasie von der Frau in Männerkleidung, die ein Kind be-vater-t, hat aber ihre Implikationen sowohl für die religiöse Kultur wie für das Individuum. Die Psychoanalyse kreuzt sich hier mit gesellschaftlichen und politischen Spannungen in einer Zeit institutionellen Wandels. Der transvestische Effekt, das überdeterminierte Auftreten des Transvestiten, ist ein Reflex dessen, was in diesem Falle eine genealogische Angst genannt werden könnte – eine Angst hinsichtlich der Frage der *Vaterschaft*, die im Falle der katholischen Kirche in der Tat ein Gründungsmysterium ist. Für das Mönchswesen des 12. Jahrhunderts könnte die Geschichte vom transvestischen »Vater« sehr wohl, wie Anson meint, die Hauptlast der unterdrückten und konflikthaften Begierden einer zölibatären Klerisei getragen haben, aber diese Geschichte verweist auch auf andere, sowohl gesellschaftliche und theologische wie sexuelle Konflikte. Die Identität des Vaters war das Mysterium – und die Ge-

wißheit –, worauf der Glaube beruhte. Diese »lokalen« Geschichten von anderen mysteriösen Vaterschaften mit ihren transvestischen Neben- und Zwischentönen stellten eine Neubelebung des Rätsels der göttlichen Vaterschaft in einer Welt dar, die auf dem Kopf stand. Eine Glaubenskrise wird hier auf die Geschlechter-Achse verschoben.

Garbers Erklärung bietet einigen Aufschluß über die Verwirrung, die im 12. Jahrhundert, als die Geschichte der Päpstin Johanna wieder erzählt wurde, im Denken über die Geschlechter herrschte. Eine weitere, bemerkenswerte Theorie stammt von dem amerikanischen Historiker Vern Bullough. Seine ausgiebigen Forschungen verschafften ihm detaillierte Erkenntnisse sowohl über die Päpstin Johanna als auch über die hochrangigen Geistlichen, die später ihre Geschichte so eifrig verbreiteten.

Sein Werk *Sex, Society and History*[23] versammelt die Fälle von Pelagia und ihresgleichen mit dem Ergebnis, daß es in der gesamten Geschichte des Christentums, insbesondere im Mittelalter, üblich war, die Minderwertigkeit von Frauen zum Ausdruck zu bringen, indem man sie als »umgedrehte« Männer bezeichnete. »In der populären Literatur begegnet einem die Vorstellung, daß Frauen, die ihre Beine besonders weit spreizen, die Organe herausfallen und sie sich in Männer verwandeln.« In vielen mittelalterlichen Quellen werden die Eierstöcke als weibliche Hoden bezeichnet. Im Gegensatz zu den schwachen, Kinder gebärenden Frauen wurden ihre als Männer gewandeten Geschlechtsgenossinnen »toleriert und sogar ermutigt, weil sie sich bemühten, den Männern ähnlicher und dadurch bessere Menschen zu werden. Männliche Transvestiten dagegen wurden nicht sehr geschätzt, nicht nur, weil sie ihren Status verloren, sondern auch, weil die meisten Autoren nur eine mögliche Erklärung dafür kannten, weshalb ein Mann sich als Frau kleiden sollte: um sich leichter sexuellen Zugang zu Frauen zu verschaffen.«

Obwohl das christliche Denken den Transvestismus kritisch

beurteilte – »Eine Frau soll nicht Männersachen tragen, und ein Mann soll nicht Frauenkleider anziehen; denn wer das tut, der ist dem Herrn, deinem Gott, ein Greuel.« (5. Buch Mose 22,5) –, wurden in der Praxis begabte Frauen durch die Beispiele der Heiligen, die ihre Tracht vertauscht hatten, geradezu aufgefordert, es ihnen gleichzutun. Frauen, die vorwärtskommen und sich den Respekt der Kirchenoberen verschaffen wollten, mußten wie Männer auftreten.

Bullough kann keine stichhaltigen Beweise dafür vorlegen, daß gelehrte Kirchenväter den Frauen empfahlen, sich wie Männer zu gewanden, doch er hat eine Menge Indizien zusammengetragen. Die weibliche Heilige greift zu männlicher Kleidung, wenn ihr Leben in eine Krise gerät. Ihre Handlungen stellen dann einen Bruch mit der Vergangenheit dar. Die heilige Perpetua, die im 3. Jahrhundert in Karthago als Märtyrerin starb, hatte einen Traum, während sie im Kerker darauf wartete, den Löwen vorgeworfen zu werden: Sie wurde in das Amphitheater des Todes getragen, zog sich aus und verwandelte sich in einen Mann, um die bevorstehende Herausforderung besser bewältigen zu können. Durch solche Beispiele, behauptet Bullough, wurden Frauen ermutigt, sich die Qualitäten des höhergestellten Geschlechts anzueignen.

Im 4. Jahrhundert förderte der heilige Hieronymus, ein berüchtigter Frauenfeind, diesen Gedanken, indem er schrieb: »Solange das Weib für das Gebären und für Kinder zuständig ist, ist es so verschieden vom Manne wie der Leib von der Seele. Doch wenn es Christus mehr zu dienen wünscht als der Welt, dann hört es auf, eine Frau zu sein, und kann als Mann bezeichnet werden.«[24] Auch der heilige Ambrosius, der im selben Jahrhundert lebte, erteilte einer solchen Anschauung seinen Segen: »Sie, die nicht glaubt, ist ein Weib und sollte mit dem Namen für ihr Geschlecht bezeichnet werden, während die, die glaubt, zu einem vollkommenen Menschen voranschreitet, entsprechend dem Maßstabe des erwachsenen Christus. Sie läßt fortan den Namen ihres Geschlechts hinter sich, die Verführungskraft der Jugend und die Geschwätzigkeit des Alters.«[25]

6. Kapitel

> Gekleidet in Jeans und Sweater, habe ich keine Ahnung, welchem Geschlecht die Polizisten mich zuordnen werden. Ich muß mich darauf vorbereiten, wie ich auf ihre Einschätzung reagiere. Ich spüre, wie sie mich taxieren, während ich mich auf dem Gang nähere, und als sie meine Umhängetasche durchsuchen, warte ich gespannt, ob sie »Herr« oder »Frau« sagen, um zu entscheiden, wie ich mich weiter verhalte.
>
> Jan Morris, *Conundrum*[1]

Die Eltern von Johanna dürften Wochen, wenn nicht Monate gebraucht haben, um von Wimborne an der Südküste Englands zu den Missionaren in Fulda zu gelangen. Ich schaffte es in ein paar Stunden. Für sie wird die Reise aus einer Überfahrt über die Nordsee auf einem wackeligen Boot und einem langen Fußmarsch zu der Klosterstadt, nordöstlich des heutigen Frankfurt, bestanden haben, in ständiger Gefahr, von Wegelagerern überfallen zu werden. Ich dagegen fuhr an einem Sommermorgen mit der U-Bahn zum Flughafen Heathrow, bestieg ein Flugzeug, landete auf dem riesigen, glänzenden Flughafen in Frankfurt und fuhr mit dem Zug nach Fulda – insgesamt dauerte meine Reise nicht länger als vier Stunden. Die einzige Unannehmlichkeit, die ich in Kauf nehmen mußte, war meine Flugangst.

Als ich aus dem Fuldaer Bahnhof herauskam und auf eine der großen Straßen heraustrat, die von Läden, Banken und Cafés gesäumt ist, beschlich mich das Gefühl, daß ein unüberbrückbar weiter Ozean zwischen dem 9. Jahrhundert und der heutigen Zeit liegt. In diesem urbanen Dickicht aus Beton und Pflastersteinen, Aluminiumfenstern und städtischem Zierrat konnte es keine Spur von Johanna mehr geben. Nach 1100 Jahren konnte nichts mehr übrig sein von der Welt, in der sie gelebt hatte, sagte ich zu Maria, meiner Dolmetscherin, die mir an diesem Tag zur Seite stand. Fulda, so erklärte sie mir, bestehe aus drei sehr unterschiedlichen Teilen – der eigentlichen Stadt, die wir jetzt durchquerten, dem Verwaltungsbezirk im Norden und der Kirchenstadt, wo wir hinwollten.

Als wir den großen Platz vor dem Dom erreichten, hatte die Reise in die Vergangenheit bereits begonnen. Wir befanden uns im 17. Jahrhundert, im Schatten der prachtvollen, bauchigen Barockfassade. Mein Experte, den ich zu dieser Phase in Johannas Leben befragen wollte, erwartete mich auf den Stufen der Kathedrale. Professor Gangolf Schrimpf lehrte Philosophie am Fuldaer Priesterseminar. Er habe zur Zeit fünfzig Studenten, sagte er, von denen vierzig aus der Diözese Fulda stammten. Diese Zahl nannte er nicht ohne Stolz. In den meisten westlichen Ländern schaffe es die katholische Kirche nicht, jährlich fünfzig neue Priester auszubilden. Die Zahl der Priesterweihen sei mittlerweile so drastisch zurückgegangen, daß viele Gemeinden ohne Pfarrer auskommen müßten und die Gläubigen oft keine Möglichkeit mehr hätten, die Messe zu besuchen und die Sakramente zu empfangen. Der Professor grinste. Vielleicht sei Fulda in gewisser Weise etwas Besonderes, gab er zu. Aber dabei untertrieb er. Dieser Mann in den Fünfzigern war einer jener lockeren, gebildeten, aber uneitlen Lehrer, deren Begeisterung für Bildung und Gelehrsamkeit ansteckend wirkt. Im Unterschied zu allen seinen Vorgängern war es ihm gelungen, das sechsjährige Studium am Priesterseminar zu einem attraktiven intellektuellen Angebot zu machen, allen Einschränkungen und Rückschlägen zum Trotz.

Konnte vielleicht die Erinnerung an die Päpstin Johanna eine Rolle dabei spielen, daß das Fuldaer Priesterseminar soviel Anziehungskraft entfaltete? »Ihre Geschichte ist nicht sehr bekannt. Ich habe davon gehört«, erwiderte er mit der Miene eines Wissenden, »aber in Fulda werden in erster Linie Bonifatius und Lioba verehrt.« Bonifatius' Grab lag im Dom hinter uns, während Lioba auf einem Hügel über der Stadt in der Peterskirche ihre letzte Ruhe gefunden hatte. Der Professor deutete zu den Dächern. »Bonifatius und Lioba waren Cousin und Cousine und wollten im selben Grab im Kloster beigesetzt werden. Aber das Kloster hier war für Frauen gesperrt, und wenn Pilgerinnen zu ihrem Grab wollten, war das nicht möglich. Also hat man sie nach Sankt Peter auf den Petersberg verlegt.« Diese Lösung hätte Benedikt zweifellos gutgeheißen, wenn man daran dachte, wie er seine Schwester Scholastika behandelt hatte. Und die Überreste des Klosters? »Die sind verschwunden. Man hat an dieser Stelle drei Kirchen gebaut.« Er zeigte abermals auf den Dom hinter sich. »Jede auf den Ruinen der vorhergehenden. Und 1803 wurde das Kloster geschlossen.«

Der Abt Sturmius hatte 744 die Benediktinerabtei Fulda gegründet und 751 mit Billigung Roms die Unabhängkeit vom örtlichen Bischof erlangt. Doch mit dem Kloster verbindet sich in erster Linie der Name Bonifatius. Nachdem er 755 hier beigesetzt worden war, entwickelte man Pläne, das schlichte, 40 Meter lange Gebäude in etwas Größeres, Prunkvolleres zu verwandeln. Im Jahr 819 wurde die Ratger-Basilika geweiht. In der Umgebung dieser großen Abteikirche, ihres Klosters, der Schule und des Kreuzgangs wuchs Johanna auf. Ende des 17. Jahrhunderts wurde die alte Abtei schließlich abgerissen und ihre ottonischen Ursprünge durch eine zweiturmige Barockbasilika überdeckt, an deren rückwärtigen Hof sich ein Kloster und ein Kreuzgang anschließen.

Gab es noch irgend etwas, das auf Johannas Zeit verwies? »In der Kathedrale nicht, im Stadtmuseum allerdings steht ein Modell der alten Abtei. Und hier und da gibt es noch Fragmente der alten ottonischen Mauern.« Und was wurde aus den Manuskripten, die einst der ganze Stolz der unübertroffenen Fuldaer Bibliothek waren? »Sie war nicht unübertroffen«, korrigierte mich der Professor milde, »aber zweifellos die bedeutendste Bibliothek östlich des Rheins. Leider wurde die gesamte Bibliothek im 17. Jahrhundert im Dreißigjährigen Krieg zerstört. Alles ist verlorengegangen, aber heute sammeln wir Abschriften einiger Manuskripte, die damals hier untergebracht waren.«

Ich war schon fast soweit, aufzugeben und zum Bahnhof zurückzukehren, als der Professor hinzufügte: »Das einzige Bauwerk aus dieser Zeit« – dabei drehte er sich um und deutete zu einer kleinen Kapelle mit einem Türmchen und einem Giebel, die sich über dem Platz erhob – »ist Sankt Michael, die ehemalige Klosterkapelle.«

Ich wollte gleich losgehen, entschloß mich dann aber, mir das Beste bis zum Schluß aufzuheben. Unter Anleitung von Professor Schrimpf sollten wir nun den Spuren der Ausflügler folgen, die Fulda im Lauf der Jahrhunderte zu einem Wallfahrtsort hatten werden lassen. Wir begannen mit Bonifatius. Unser Führer geleitete uns zu den Heiligengräbern, die unter dem Hauptaltar des Doms liegen.

Das Grab, so erklärte der Professor, als wir voller Bewunderung die aus Marmor gehauene Vorderseite betrachteten, sei früher das Zentrum des Klosters gewesen und an jener Stelle gelegen, die das Publikum von den in Klausur lebenden Mönchen trennte. Neueste Forschung hätte ergeben, daß die Gebeine, die man darin gefunden hatte, altersmäßig mit den Lebensdaten des Heiligen übereinstimmen. Außerdem habe man Anzeichen von Arthritis und anderen Beschwerden entdeckt, an denen Bonifatius den Überlieferungen zufolge litt.

Dieses Grabmal, ohne seine heutige Vorderfront, könnte ein wichtiger Bezugspunkt in Johannas jungen Jahren gewesen sein, eine Stätte der Verehrung, ein Ort des Gebets, wie für die Handvoll Leute, die neben uns standen, stumm um Bonifatius' Beistand baten und durch unser Flüstern irritiert wurden. Schließlich bekam ich das Gefühl, in Johannas Fußspuren zu treten, in ihrem Schatten zu stehen. Vor Heiligenbildern zu knien, durch das Gebet nach einem Weg zu suchen, um das Weltliche und das Außergewöhnliche zu verstehen, die guten und die bösen Kräfte zu erkennen, die unser Leben bestimmen, das ist bis in unsere heutige Zeit eine Erfahrung, die viele Menschen teilen. Unzählige Riten, die an eine Vielzahl von Gottheiten gerichtet sind, vereinen die Menschen, die sie praktizieren, über die Jahrhunderte hinweg in gemeinsamer Kontemplation und Hoffnung. Wo Johanna sich einst vor dem Heiligen niedergeworfen haben mag, um den Konflikt zwischen ihrem Geschlecht und ihrem Wunsch nach Bildung zu lösen, kniete ich mich nun für einige Minuten nieder, bat um

Hilfe in einigen schwierigen Angelegenheiten meines eigenen Lebens und um einen Fingerzeig, was meine Untersuchung ergeben würde.

Obwohl er seine Liebe zu der Stadt ausdrücklich bekundete und mit Verehrung in seinen Erinnerungen von ihr sprach, verbrachte Bonifatius nur relativ wenig Zeit in Fulda. Erst nachdem er in den Händen der heidnischen Friesen in Holland sein frühes Ende gefunden hatte, brachte man ihn in die Abtei. Dennoch schmückt sein Bild die meisten kirchlichen Gebäude in der Stadt; gewöhnlich ist er mit einem Buch in der Hand zu sehen, weil er sich der Legende nach mit einer Bibel gegen die Schläge seiner Mörder zu schützen versuchte.

Auch Bonifatius lieferte mir einen Hinweis darauf, was Fulda in Johannas Geschichte wirklich bedeutete. Einmal im Jahr, erzählte Professor Schrimpf, hätten sich alle deutschen Bischöfe an seinem Grab zum Gebet versammelt. Sie trafen sich im »Bonifatius-Raum« im benachbarten ehemaligen Klostergebäude, wo heute das Priesterseminar und die Büros der Diözese untergebracht sind, um sich über ihr Vorgehen auszutauschen. »Bonifatius war der Apostel der Deutschen. Er verkörpert die Tradition des Katholizismus in Deutschland. Er gilt noch immer als Zeichen der Einheit, als Mittelpunkt, und Fulda ist seine Stadt.«

In der Verehrung von Bonifatius habe es Höhen und Tiefen gegeben. »Sie begann eigentlich erst wieder im 19. Jahrhundert, in der Zeit von Bismarcks Kulturkampf«, die Position Fuldas sei jedoch immer eindeutig gewesen. »Fulda«, so meinte der Professor, »war immer eher ein Symbol, weniger das Zentrum des deutschen Katholizismus.« Wenn die Päpstin Johanna weder eine erfundene Gestalt war noch eine reale Episode, die später ausgeschmückt wurde, um der katholischen Kirche zu schaden, dann verleiht der Bezug zu Fulda ihrer Geschichte eine zusätzliche pikante Note. Denn dann gedieh hier, im Herzen des deutschen Katholizismus, die Subversion schlechthin – jene Frau, die sich später anschicken sollte, Papst zu werden.

Doch wenn man es darauf anlegte, den Ruf Fuldas gegen die

Kirche zu instrumentalisieren, warum nannte man sie dann nicht »Johanna von Fulda«? Statt dessen hieß sie immer Johanna »die Engländerin«. Und wie verhält es sich mit den unbestreitbaren historischen Beziehungen zwischen Fulda und England? Sie wurden nicht von irgendeinem böswilligen Chronisten erfunden.

Durch Vermittlung des Professors erhielten wir Zutritt zu den ehemaligen Klostergebäuden hinter dem Dom. Hier standen wir nun auf der anderen Seite von Bonifatius' Grab. Auch hier hatten Ausgrabungen einige neue Erkenntnisse über die Vergangenheit zutage gefördert. Auf der Klosterseite seines Grabes hatte man, halbkreisförmig angeordnet, die steinernen Sarkophage einer Reihe von Äbten aus dem frühen Mittelalter entdeckt. Unter ihnen lagen die Gebeine von Mönchen, die wegen ihrer niederen Stellung nur in Holzsärgen bestattet worden waren, die längst zerfallen waren.

Die meisten Mönche lagen außerhalb des Klosters beerdigt, neben der kleinen Kapelle, die heute Michaelskirche heißt und der einzige erhaltene Überrest aus dem Fulda des 9. Jahrhunderts ist. Sie besitzt zwei Türme, der eine klein und eckig, der andere, im Zentrum der Kirche, groß und rund mit einem hohen Spitzdach. Dieser, sagte der Professor, sei im 9. Jahrhundert der Kern der Kapelle gewesen, die damals mitten zwischen den Gräbern gestanden habe. Der Rest der Kirche besteht aus späteren Hinzufügungen.

Trotz des warmen Sommertages war es aufgrund der dicken Steinmauern, in denen es nur kleine Fensterschlitze gab, drinnen so kühl, daß man eine Gänsehaut bekommen konnte. Acht dicke Steinpfeiler stützten den zentralen Turm. Verglichen mit der kunstvoll ausgeschmückten Barockkathedrale war die Kapelle von ergreifender Schlichtheit. Sie besaß, wie Wimborne Minster, sogar einen kleinen ottonischen Turm mit einer Wendeltreppe, die zu einer höher gelegenen Galerie hinaufführte. Unten befand sich eine kleine Krypta, in der eine dicke Mittelsäule, die sich nach oben hin verbreiterte, seit 1100 Jahren die gesamte Turmkonstruktion abstützte. Die muffige, feuchte Krypta mit ihren weißen Wänden beherbergte nur einen einzigen Grabstein, den eines namenlosen Diakons.

Dies hier war wieder ein Gebäude, in dem die junge Johanna gekniet und gebetet haben mochte. Und diesmal war es sogar in seiner ursprünglichen Form erhalten, mit einer Schlichtheit, die den Betrachter nicht durch detailverliebte Schnörkel und imposante Gemälde, sondern durch ihre Atmosphäre fesselte, die so unfaßbar und faszinierend war wie der Gott, dem zu Ehren sie errichtet worden war. Ein einziger Schritt versetzte mich zurück in eine Zeit, in der das Gebet und die Sakramente, nicht die Bauwerke, in denen sie stattfanden, den Mittelpunkt der Kirche bildeten. In jeder anderen Stadt, jedenfalls in Großbritannien, hätte die Michaelskirche Scharen von Pilgern angezogen, die nach ursprünglicheren (üblicherweise keltischen) und spirituelleren Formen des Gebets, der Reflexion und der Meditation suchen. Hier jedoch legte sie stummes Zeugnis ab von Fulda und seiner ruhmreichen, aber nicht unmittelbar ins Auge springenden Vergangenheit.

Professor Schrimpf hatte noch eine andere Verabredung. Er wünschte mir viel Glück bei meiner Suche nach der Päpstin und fügte ohne eine Spur von Ironie hinzu, irgendwann müsse ich zurückkommen und vor seinen Seminaristen über meine Ergebnisse berichten. Auch bei ihm entdeckte ich, wie bei dem liebenswürdigen Pater Boyle, keinerlei Verlegenheit, eher eine leicht verschmitzte Neugier.

In dem 1983 herausgekommenen Film *Yentl* spielt Barbra Streisand die titelgebende Heldin, ein jüdisches Mädchen in Osteuropa, das sich als Mann verkleidet, um den Talmud, den hebräischen Rechtskodex, zu studieren. Diese Möglichkeit war den Frauen im Judentum bis zum Beginn unseres Jahrhunderts – an dem der Film spielt – weitgehend verwehrt. Die Töchter schickte man auf separate, wenig angesehene Schulen, wo man ihnen nur Bruchstücke von Bildung beibrachte. Der Unterricht wurde häufig von blinden Lehrern gehalten, damit sie der Tugendhaftigkeit der Mädchen nicht gefährlich werden konnten.

In dem Film, der auf einer Kurzgeschichte des Literatur-Nobelpreisträgers Isaac Bashevis Singer beruht, muß Yentl hören, »daß eine Frau, die den Talmud studiert, ein Teufel ist«. Sie läßt sich davon nicht beeindrucken, schneidet sich die Haare, zieht sich Männerkleidung an, nimmt den Namen Anshel an und schafft es, in eine Yeshiva, eine Rabbinerschule, aufgenommen zu werden. Dort kommt sie zunächst gut voran, doch dann bringt sie ihr Geschlecht in Schwierigkeiten. Sie verliebt sich in Avidor, einen Mitschüler, ist gezwungen, sich zu offenbaren, und gefährdet dadurch alles, was sie bisher erreicht hat.

Diese Geschichte, die Singer in »Yentl« erzählt, spiegelt keinen Einzelfall wider, sondern greift ein in der jüdischen Literatur häufig behandeltes Thema auf. Als Parabel soll sie darauf hinweisen, daß Frauen der Zugang zu Bildung verwehrt wurde.

Ihre »Botschaft« gleicht jener der Berichte über die junge Johanna. Auch Johanna erkannte, daß ihr, nachdem sie zwölf Jahre alt geworden war, aufgrund ihres Geschlechts keine Chancen zum Lernen und zur Weiterbildung blieben. Das war die übliche Praxis in der Welt des 9. Jahrhunderts. Selbst Frauen aus dem höheren Adel hatten ab diesem Alter nur noch Zugang zur Bildung, wenn sie in ein Kloster eintraten und die Gelübde ablegten. Die Zeit jener Konvente, die Frauen Bildung ermöglichten, ohne daß diese sich zu lebenslanger Keuschheit, Armut und Gehorsam verpflichten mußten, lag noch in weiter Ferne. Die bahnbrechende Pionierin Mary Ward gründete ihr Institute of the Blessed Virgin Mary, das sich dieses hochfliegende Bildungsziel setzte, erst Anfang des 17. Jahrhunderts.[2] Wenn Johanna nicht bereit war, in einen Orden einzutreten, mußte sie darauf verzichten, sich in Latein, Griechisch und der Heiligen Schrift unterweisen zu lassen.

Schwester Lavinia Byrne gehört zu jenen Frauen, die sich entschieden haben, dem Beispiel von Mary Ward zu folgen. Sie gehört dem Institute of the Blessed Virgin Mary an und ist eine der bekanntesten Nonnen Großbritanniens. In ihren

Radiosendungen in der BBC setzt sie sich für die Frauenordination ein. Wie ihre Mitschwestern im Institut sieht sie Bildung als maßgeblich, um die Stellung des weiblichen Geschlechts zu verändern. »Bildung ist der Schlüssel zur Sichtbarkeit und zur sozialen Mobilität. Die Zielsetzungen verändern sich. Die Frauen finden sich nicht mehr mit der traditionellen Rollenverteilung ab.«[3]

Eines der prominentesten Beispiele von Frauen aus dem Mittelalter, die sich einen großen Namen machen konnten, ist Hildegard von Bingen, die erste deutsche Mystikerin, die im 12. Jahrhundert lebte. Ihr Wissen und ihre Bildung ließen sie zwei medizinische Werke über Volksheilmittel und Behandlungsmethoden verfassen. Ihre Talente als Musikerin und Künstlerin verschafften ihr zusätzlichen Respekt bei Erzbischöfen und Königen. Aber – und darin lag die Gefahr, der sich gebildete Frauen in der Kirche aussetzten – Hildegard wurde von vielen Klerikern auch als Unruhestifterin betrachtet, als Frau mit Ideen, die ihrer Stellung und ihrem Geschlecht nicht zustanden. Nachdem sie eine Ermahnung ihres Abts mißachtet hatte, sich einer Frau angemessen zu verhalten und sich stärker unterzuordnen, wurden ihr sechs Monate lang die Sakramente vorenthalten und ihr musikalisches Werk mit einem Bann belegt. 1148 mußte sie sich vor einem Kirchengericht rechtfertigen und wurde erst durch eine besondere Synode entlastet.

Wie tief die Angst vor klugen, talentierten Frauen verwurzelt war, zeigte sich auch an den Beginen, die im 12. Jahrhundert in den Niederlanden, in Deutschland, Italien und Griechenland ihren Ursprung haben.[4] Diese Gruppen unabhängiger, selbständiger Frauen, die in kleinen Gemeinschaften enthaltsam lebten, sich um Bildung bemühten und um Bedürftige kümmerten, unterlagen nicht der kirchlichen Kontrolle, die damals den Frauenklöstern Fesseln anlegte. Sie bildeten eine Mischung aus den Frauen-Colleges von Oxbrigde und herkömmlichen Nonnenklöstern und wurden zu einer Stätte der Bildung, die von der Präsenz und dem Einfluß von Männern befreit war.

Eine Zeitlang blühten die Beginen, in Köln soll es 99 Gemeinschaften gegeben haben, von denen einige nur zwei, andere dagegen fünfzig oder mehr Mitglieder hatten. Doch die Kirchenbehörden waren ihnen gegenüber mißtrauisch und fürchteten, diese Freigeister könnten mit ihren Gedanken auch andere Frauen anstecken. Deshalb setzte bald ihre Verfolgung ein, die schließlich zu ihrer Auslöschung führte. Die Beginen waren nicht nur typisch für ihre Zeit, sondern für die gesamte christliche Epoche, vielleicht sogar für unser Jahrhundert. Frauen blieben Bildung und persönliche Weiterentwicklung verwehrt, und wenn sie sich selbst eine Umgebung schufen, wo sie zumindest ersteres erlangen konnten, zogen sie sich Argwohn und Zorn der kirchlichen Behörden zu.

Vier Jahrhunderte früher hätte Päpstin Johanna den Beginen ihr Schicksal voraussagen können. Nur durch das Verbergen ihrer Geschlechtszugehörigkeit konnte sie diese Beschränkungen überwinden. Vielleicht ist es ein Zufall, daß die ersten Hinweise auf Johanna in den Chroniken zu jener Zeit auftauchten, als die Beginengemeinschaften noch florierten. Viele Chronik-Berichte über Johanna führen zurück nach Deutschland, wo die Beginen relativ stark waren. Doch vielleicht wurde die Geschichte der Päpstin nach Jahrhunderten der Unterdrückung gerade deshalb wiederbelebt, um dieser neuen Welle der Emanzipation entgegenzusteuern.

Bedenkt man, wieviel Kraft spätere Generationen von Frauen aus der weiblichen Solidarität in einem Nonnenkloster schöpften, drängt sich die Frage auf, weshalb dieser Weg nicht auch für Johanna eine Alternative darstellte. Auch sie hätte wie Hildegard von Bingen oder die Beginen als Wegbereiterin in die Geschichte eingehen können.

Johannas Eltern waren, soweit wir wissen, Mitarbeiter der nach Deutschland entsandten Missionare oder ein Priesterehepaar. Das Zölibat für Priester setzte sich erst ab dem 12. Jahrhundert durch, und verheiratete Geistliche gab es bis zum Konzil von Trient 1545. Falls ihre Eltern an der Seite von Missionaren arbeiteten, verwundert es, daß Johanna nicht erwog, in ein Nonnenkloster einzutreten, vor allem, wenn man ihre intellektuelle Begabung berücksichtigt. Bei den Laien, wie wir sie heute nennen, standen die Missionare in hohem Ansehen. In ein Frauenkloster aufgenommen zu werden wäre für die junge Johanna nach heutigen Maßstäben etwa vergleichbar gewesen mit dem Aufstieg einer Putzfrau zur Direktorin.

Doch wenn Johannas Vater Priester war, ist es denkbar, daß er das Klosterleben für weniger erfüllend hielt als ein Priesteramt. Nonnen standen in der Kirche immer ungefähr auf der Stufe der Laien und galten nicht als Untergruppe des Klerus.[5] Johannas Eltern mag das Nonnenkloster als schlechtere Wahl erschienen sein, als Domizil für Frauen, deren Schicksal es war, stets in zweiter Reihe zu rangieren.

Vielleicht waren die Bedenken der Eltern aber auch ganz irdisch. In der Gesetzlosigkeit des Dunklen Zeitalters war der Schutz, den die Klöster ursprünglich gegen Übergriffe marodierender Banden und andere Bedrohungen genossen hatten, außer Kraft gesetzt worden. Johanna wäre in einem Kloster nicht sicher gewesen. In ihrem Werk über die Geschichte der Nonnen schreibt Jo Ann Kay McNamara über das 9. Jahrhundert: »Es steht fest, daß die inneren Auseinandersetzungen in der Mitte des Jahrhunderts die meisten ehemals florierenden Nonnenklöster gefährdeten. Laien, Prälaten und ihre ehemaligen Brüder warfen begehrliche Blicke auf die Überreste ihrer Besitztümer, und die Gier verstärkte die Frauenfeindlichkeit ... Der Mangel an Einnahmen ließ die Berufungen zurückgehen, und die Gemeinschaften schrumpften. Plünderungen und Fahrlässigkeit zerstörten das gemeinschaftliche Wirtschaften.«[6]

Ähnliche Gedanken könnte sich auch Johanna selbst gemacht haben. In der Klostergemeinschaft von Fulda konnte sie beobachten, wie eindeutig die Rollen von Männern und Frauen festgelegt waren. Liobas Anhänger hatte man auf einen Hügel außerhalb der Stadt gedrängt. Eine Entscheidung darüber, wie es mit Johannas Erziehung weitergehen sollte, mußte erst in ihrem elften oder zwölften Lebensjahr getroffen werden – in einem Alter, in dem begabte Jungen in eine Abtei oder die Schule einer Kathedrale gingen. Wenn sie andere junge

Frauen und ihre älteren Schwestern sah, deren Leben darin bestand, ein Kind nach dem anderen auf die Welt zu bringen, und von denen nicht wenige schon mit zwanzig bei einer Geburt starben, könnte sie dies ebenfalls in ihrer Entscheidung beeinflußt haben.

Das Leben in einem Frauenkloster war jedoch auch in anderer Hinsicht durch mancherlei praktische und emotionale Einschränkungen geprägt. Nonnen mußten zölibatär leben, während Priester heiraten durften. Wie sich später zeigen sollte, war Johanna nicht unbedingt für das Zölibat geschaffen.

Die Parallelen zwischen den Geschichten von Yentl und der Päpstin Johanna liegen auf der Hand. Gingen die Gemeinsamkeiten noch darüber hinaus? *Yentl* ist Folklore; der Ursprung der Geschichte, soweit es überhaupt einen gab, geriet im Laufe der Zeit in Vergessenheit. War vielleicht auch die Päpstin Johanna nur Folklore? Konnte es sein, daß eine jüdische Legende in die katholische Tradition eingesickert war und unter dem Namen Päpstin Johanna weiterlebte?

Daß es einen Gedankenaustausch zwischen diesen beiden religiösen Strömungen gab, vor allem im Mittelalter, erfuhr ich, als ich in London das Warburg-Institut aufsuchte. Das Warburg-Institut ist eine alte Einrichtung im Herzen von London, und ich bin vermutlich unzählige Male daran vorbeigekommen, ohne es zu bemerken. In einer Zeit, in der wissenschaftliche Einrichtungen in Fernsehspots zwischen Lebensversicherungen und familienfreundlichen Autos für sich werben und mit ihrer Forschung in die Schlagzeilen kommen müssen, um Sponsoren und Studenten anzuziehen, hält sich das Warburg-Institut auf eine altmodische Weise zurück. Hinter seinen Türen entfaltet sich eine bürgerliche 50er-Jahre-Atmosphäre: auf Hochglanz polierte Linoleumböden, altes Mobiliar, das tadellos in Ordnung gehalten wird, ein würdevoller Pförtner hinter einer funktionellen Glasschiebetür und säuberlich aufgereihte Anschlagtafeln, auf denen Veranstaltungen angekündigt werden.

Doch Äußerlichkeiten können trügen, denn das Warburg-Institut ist alles andere als eine englische Schöpfung. Seine Ursprünge liegen nicht in Großbritannien, sondern im Deutschland der 30er Jahre. Die Sammlung von Büchern und Manuskripten des 1929 verstorbenen Aby Warburg wurde 1933 aus Nazi-Deutschland nach London gebracht, wo das Institut seitdem residiert. Es gibt keine bessere Quelle für deutsche Volkskultur und die Tradition der mündlichen Überlieferung, in der auch die Geschichten von Yentl und der Päpstin Johanna gediehen.

Die offizielle Aufgabe der Archivarin Dorothy McEwan im Institut ist die Übersetzung und Katalogisierung der Briefe von Aby Warburg. Sein Interesse an der Ideengeschichte spiegelt sich in McEwans eigenem Spezialgebiet, den Fabeln und Legenden ihres Heimatlandes Österreich und des benachbarten Deutschland.

Sie vertrat die Ansicht, daß es zwar Verbindungen zwischen Päpstin Johanna und Yentl gäbe, daß aber die Begriffe historische Wahrheit und Mythos meist zu eng definiert werden.

> Statt von Wahrheit sollten wir besser von Reisewegen oder Routen von Geschichten sprechen, wenn eine Idee, die etwas erklären soll, in die Form einer Fabel gekleidet wird und dann auf die Reise geht. Wenn wir eine Geschichte wie eine ausgestellte Fotografie betrachten, als Einzelstück, sind wir nicht in der Lage, ihre Herkunft, ihren Weg zurückzuverfolgen. Wir müssen sie vielmehr wie in Zeitlupe untersuchen, um ihren wirklichen Gehalt zu verstehen, zu begreifen, weshalb sie immer wieder erzählt wurde, wie der jeweilige Kontext aussah, warum sie damals wichtig war und warum sie jetzt eine Bedeutung besitzt. So können wir verfolgen, wie sich Ideen im Laufe ihrer spezifischen Reise veränderten und umwandelten.

Zweifellos dürfe man die Geschichte Johannas als eine Lektion für Frauen nicht isoliert betrachten, betonte McEwan. Yentl war Teil dieses größeren Kontexts, und jede Gesellschaft besitze ihre eigenen Geschichten, um die kollektiven Erwartungen an Frauen zu kommunizieren.

In einigen afrikanischen Gesellschaften südlich der Sahara unterteilt man das Leben der Frauen in fünf Abschnitte, von denen drei als besonders erstrebenswert gelten. Während die Geburt einer Tochter kein Grund zum Feiern ist, besitzt ein Mädchen, das die Pubertät erreicht hat, die Jungfrau, einen hohen Wert. Die junge Mutter eines Knaben befindet sich auf dem Höhepunkt ihrer Bedeutung, und spätere Geburten zeigen, daß sie weiter fruchtbar und in der Lage ist, Kinder zu gebären, bis sie schließlich, nach der Menopause, diese Kraft einbüßt. Doch während sie die biologische Fähigkeit, Leben zu schenken, verliert, gewinnt sie paradoxerweise eine andere Form von Macht – die einer Großmutter, einer Schwiegermutter, und erlangt als eine Art ehrenamtlicher Mann neue Bedeutung.

In diesem Licht betrachtet, ist die Geschichte der Päpstin Johanna schlicht die von der katholischen Kirche gewählte Methode, Frauen an ihre biologischen Konditionen zu erinnern.

Doch wo war ihr Ursprung, und gibt es eine direktere Verbindung mit Yentl über einen Austausch von Ideen im mittelalterlichen Deutschland? »Das läßt sich unmöglich feststellen«, sagte McEwan.

Mit den meisten anderen Geschichten verhält es sich genauso. Ihre Anfänge verlieren sich im Prozeß der Anpassung an verschiedene Gesellschaften. Nehmen Sie zum Beispiel Grimms Märchen. Man hat versucht, diese Märchensammlung so genau wie möglich zu übersetzen, aber trotzdem beinhalten sie in jedem Land lokale Details – Holzschuhe in Holland, lederne Beinkleider in Italien. Derartige Einzelheiten sind keine wörtlichen Übersetzungen, sondern bestmögliche Annäherungen. Wenn die Geschichte von Generation zu Generation weitergegeben wird, gewinnen die Einzelheiten immer mehr an Gewicht, und der Ursprung und die Bedeutung der Geschichte verschwimmen.

Im Labyrinth der Mythen geriet die Bedeutung Deutschlands als Entstehungsort der Geschichte der Päpstin Johanna in Vergessenheit. Hat die Geographie irgendeine Bedeutung? »Als ich mich mit den kirchlichen Strafgebühren befaßte, die im Mittelalter für verheiratete Priester entrichtet wurden«, fuhr McEwan fort, »fand ich heraus, daß sie dort am höchsten waren, wo man am weitesten von Rom entfernt war – in England, in Deutschland und in Spanien. Und das sind genau die Länder, in denen die Legende der Päpstin ihre Ursprünge hat. Sie ist daher wohl eher eine Geschichte, mit der man auf etwas hinweisen wollte, weil sie Johanna in den Provinzen, in denen damals Unruhen waren, ansiedelte. Vielleicht gehört das sogar zu der wahren Geschichte, die hinter ihr steckt.«

Das Reden oder Schreiben über die Päpstin Johanna verfolgte daher möglicherweise auch den Zweck, unsichere Außenstellen des päpstlichen Imperiums zu identifizieren. Zudem gab es in Deutschland nach der Reformation, als Johannas Geschichte am stärksten verbreitet war, unter den Protestanten und anderen Abweichlern eine Tradition mündlicher und schriftlicher Überlieferungen, die man als Papstfabeln bezeichnete. Sie versuchten die katholische Kirche in einem schlechten Licht erscheinen zu lassen und ihre Autorität und ihr Ansehen beim Publikum zu untergraben. »Die bekannteste Papstfabel, die ungefähr Ende des 15. Jahrhunderts entstand«, berichtete McEwan, »war die von dem Esel, der aus dem Tiber gezogen wurde und die Papstkrone auf dem Kopf hatte. Damit sollte den Leuten gesagt werden, das Papsttum sei dumm und eine Eselei.«

Wichtig für die Papstfabeln ist, daß ihre Botschaft manchmal nicht eindeutig war. Sie konnten von unterschiedlichen Interpretatoren dazu benutzt werden, eine ganze Reihe verschiedener Vorurteile zu stützen, die aber nicht alle gegen die katholische Kirche gerichtet sein mußten. Ein Beispiel dafür bietet die für vielfältige Zwecke nutzbare Gestalt der Frau Jutta, eine Hauptfigur der Papstfabeln. Dietrich Schernbergs *Ein schön' Spiel von Frau Jutta* entstand 1565, war viele Jahre lang weit verbreitet und wurde sehr oft aufgeführt. In der zentralen Gestalt verbinden sich Faust und Johanna. Jutta schließt einen Pakt mit dem Teufel und erschleicht sich den Stuhl Petri, indem sie sich als Mann kleidet. Nachdem sie enttarnt worden ist, wird sie getötet und fährt zur Hölle, wo sie fürchterliche Qualen leidet, bis sie schließlich durch das Eingreifen der Jungfrau Maria gerettet wird.

McEwan war jedenfalls wenig geneigt, der Päpstin ein Leben außerhalb des magischen Kreises der fiktiven Papstfabeln zuzubilligen.

> Die Päpstin Johanna gehört ebenfalls zu diesen Geschichten. Alle Elemente, die sie bestimmen, sind auch in den anderen Geschichten enthalten. Es ist nur eine andere Möglichkeit, sie miteinander zu kombinieren. Die Vorstellung, gegen die Regeln der Kirche zu verstoßen, spielte immer eine zentrale Rolle. Genauso überschneiden sich die zahlreichen Geschichten über die Äbtissinnen, die Kinder zur Welt brachten, mit der Legende der Päpstin Johanna. Diese Äbtissinnen lebten überwiegend in Süditalien in alten Benediktinerklöstern und gaben sich ihren Beichtvätern hin. Das ist ein eigenes Genre in der deutschen Literatur. Wie Johanna verbargen sie ihre Schwangerschaft unter ihren Kleidern, doch anders als sie erzogen sie das »Waisenkind« anschließend im Nonnenkloster.

Doch McEwans Urteil schien nicht zu berücksichtigen, daß die Päpstin Johanna viele Jahrhunderte im Denken des Volkes überlebte, während die Papstfabeln bald zu einer Angelegenheit wurden, mit der sich in erster Linie Historiker befaßten. Der Unterschied beruht vielleicht darauf, daß die Legende der Päpstin Johanna in ihren vielfältigen Übersetzungen zeitlos wirkte, die Papstfabeln hingegen an eine bestimmte Zeit und einen bestimmten Ort gebunden waren.

In einer solchen Situation war das Rohmaterial, wie sehr es durch die mündliche Weitergabe von Generation zu Generation auch entstellt werden mochte, weniger wichtig. Bedeutsamer war der Weg, den die Geschichte zurücklegte – der Weg, auf dem sie eine Struktur erhalten sollte, die sich auf leicht erkennbare Stereotypen bezieht. Indem sie ein Eigenleben gewann – ob von Beginn an durch ein reales historisches Ereignis, durch die Chronik von Martinus Polonus oder ein deutsches Volksmärchen –, verwandelte sich die Geschichte der Päpstin Johanna immer wieder aufs neue und erlangte jene Form, die ihr das Überleben ermöglichte.

Die dauerhafteste literarische Form in der westlichen Kultur ist zweifellos das klassische Modell. Wir alle erinneren uns an klassische Erzählungen, Dramen, Themen und Charaktere. In jeder Generation und Kultur kehren wir immer wieder zu ihnen zurück. Zu den Vorzügen klassischer Geschichten gehört es, daß wir, selbst wenn wir mit den einzelnen Texten nicht vertraut sind, wissen, was geschehen wird, weil wir die Struktur kennen.

Führt man diesen Denkansatz, den Dorothy McEwan angestoßen hat, zu seinem logischen Ende, muß man die Geschichte der Päpstin Johanna als eine klassische Tragödie betrachten. Eine Komödie ist sie nicht – dann hätte Johannas Schwindel erst nach ihrem Tod auffliegen dürfen. Die Tragödie besteht darin, daß ihr der schwere Fehler, den sie begeht, zum Verhängnis wird. Daher auch ihr grausamer Tod auf dem Vicus Papissa.

War das tragische Ende hinzugefügt worden, um dem Mythos ewige Gültigkeit zu verleihen? Diese Überlegung bildet einen interessanten Gegenpol zu der Annahme, daß ihre Schwangerschaft und ihr Tod lediglich als Warnung an die Frauen gedacht waren.

Doch diese neue Interpretation erscheint zu einfach, wenn man die Geschichte der Päpstin in den Chroniken betrachtet.

Die Details passen nur in ihre Epoche und lassen sich nicht, wie in einem klassischen Drama, auf jede beliebige Zeit und Situation übertragen. Die noch sehr lebendige Erinnerung an weibliche Heilige und an Frauen, die gemischten Klöstern vorstanden, weist darauf hin, daß sich die Päpstin Johanna nahtlos in ihre eigene Zeit einfügte. Dasselbe gilt für die Geschichte von Fulda und den englischen Missionaren in Deutschland. Es war an der Zeit, die übrigen Elemente zu untersuchen, um das Urteil zu bekräftigen.

Kleider machen Leute, lautet ein altes Sprichwort, und in Johannas Fall stimmte das im wörtlichen Sinn, als sie, wie die Chroniken berichten, im Alter von zwölf Jahren nach Athen reiste, um sich dort bei einem jungen Mönch Bildung anzueignen. Dieser Mönch soll – je nachdem, welche Quelle man heranzieht – ihren Schwindel nicht erkannt haben oder aber ein Mitstudent, ihr Lehrer, ihr Geliebter oder auch eine Kombination daraus gewesen sein.

Johannas Täuschung beruhte darauf, daß sie ihre Tracht wechselte. Sie wollte keinerlei Einschränkungen ihres Intellekts oder ihres, wie man es beschrieb, fordernden und lebendigen Wesens hinnehmen. Das religiöse Leben erleichterte es ungemein, sich in fremder Kleidung zu bewegen. »Wie die Franzosen sagen«, schrieb Sydney Smith im 19. Jahrhundert an Lady Holland, »gibt es drei Geschlechter – Männer, Frauen und Geistliche.«[7] Bei Geistlichen schaut kaum jemand hinter die Uniform, und welchen Geschlechts sie sind, steht außer Frage. Wo sonst hätte Johanna ihre Geschlechtszugehörigkeit besser verbergen können, ohne in ständiger Angst leben zu müssen, entdeckt zu werden?

Die Kleidung der Kleriker ist androgyn. Bei einem offiziellen Besuch in Rom traf die verstorbene Prinzessin Diana, als sie noch mit Prinz Charles verheiratet war, im Empfangsraum der britischen Botschaft beim Heiligen Stuhl auf eine Gruppe von Kardinälen, die angetan waren mit ihren vollen Amtsinsignien, ihren schwarzen Soutanen, roten Scheitelkäppchen und roten Kummerbünden. Die bestangezogene Frau der Welt soll die Kirchenfürsten mit den Worten begrüßt haben: »Die Farbe gefällt mir, Exzellenzen«; dann strich sie über den Stoff ihres Designerkostüms und witzelte: »Glück gehabt, daß sie sich mit meinem Kleid nicht beißt.«[8]

Prinzessin Diana war nicht die erste berühmte Frau, die sich über ein klerikales Publikum lustig machte. Die Schauspielerin Tallulah Bankhead soll einmal, als sie einem anglikanischen Geistlichen im Ornat begegnete, der Weihrauch schwenkte, gerufen haben: »Toller Fummel, Hochwürden, aber Ihre Handtasche brennt!«[9] Die absichtliche kulturelle Fehldeutung von Priestergewändern als Frauenkleider ist schon Jahrhunderte alt. Sogar hochgestellte Geistliche haben sich hin und wieder dazu geäußert. Bischof Baumgartner, ein jetzt im Ruhestand befindlicher Prälat der American Episcopalian Church, erzählte in einem Interview, er habe einmal vier seiner Gewänder in die Reinigung gegeben. Es waren eine Albe, eine Stola, ein Zingulum und ein Amikt. Der Mann in der Reinigung habe notiert: »Ein Kleid, lang, ein Strick, ein Schal und eine Schürze.«[10]

Wie in der Wappenkunde oder im Cricket besitzt auch die klerikale Kleidung eigene Codes und Konnotationen. Rot für Kardinäle, Purpur für Bischöfe, Weiß für den Papst – dies sind die wichtigsten Merksätze eines Systems, hinter dem die meisten Menschen nur eine allgemeine Symbolik erkennen können, die sich von der säkularen Welt unterscheidet oder sogar im Widerspruch zu ihr steht.

Marjorie Garber führte in ihrer Arbeit über die Geschichte des Transvestismus aus:

> Was bei der kirchlichen oder religionsbedingten Tracht besonders fasziniert, ist die Art und Weise, in der bei bestimmten Kleidungsstücken die Tendenz bestand, die Geschlechter-Grenzen zu überschreiten, und zwar nicht als Folge der Uniformität *per se* – obwohl es, wie sich zeigen wird, Versuche gegeben hat, innerhalb bestimmter Orden oder Deno-

minationen die Gewänder für Männer und Frauen zu vereinheitlichen –, sondern vielmehr durch die im Lauf der Zeit erfolgte Migration von Kleidungsstilen vom einen Geschlecht zum anderen. So waren beispielsweise in England im 18. Jahrhundert bei vornehmen Damen Sonnenschirme populär, während Regenschirme bei Kirchenmännern, die bei Beerdigungen ihres Amtes walteten, damals zu alltäglichen Gebrauchsgegenständen wurden – mindestens 50 Jahre bevor modebewußte Gentlemen sie zu tragen begannen.[11]

Die typische Tracht der katholischen Geistlichen geht zurück auf die Römer und in vorchristliche Zeiten und dürfte daher auch zu Johannas Lebzeiten die Norm gewesen sein. Wie viele andere Elemente und Dogmen der Kirche besitzt auch die Tracht heidnische Wurzeln, die sorgfältig verborgen werden und weithin unbekannt sind. Die Römer betrachteten Beinkleider als ein Zeichen für Barbarentum. Die frühen Christen wollten vermeiden, die Gesellschaft durch eine abweichende Kleidung gegen sich aufzubringen, und hielten sich deshalb an die römische Tracht.[12]

Der Umhang war damals ein so universelles Kleidungsstück wie heute die Jeans. Doch während sich der Rest der Welt weiterentwickelte und neue Kleidungsstile hervorbrachte, blieb die modische Uhr der Kirche stehen. In den Katakomben von Rom finden sich Darstellungen von frühchristlichen Führern in Gewändern, die sich in den zwei vergangenen Jahrtausenden kaum verändert haben. Sie stecken in einem umhangähnlichen Kapuzenmantel mit langen, breiten Trägern, der in der Mitte offen ist und vorne und hinten einen Saum besitzt. Damit könnten sie auch heute noch vor einem Altar stehen und die Messe lesen.

Daß die frühen Christen Kleidungsvorschriften keine allzu große Bedeutung beimaßen, entsprang ihrer Überzeugung, daß die Wiederkunft Christi unmittelbar bevorstehe. Dann setzte ihre Verfolgung ein und hinderte sie daran, eine Art Uniform zu entwickeln, weil sie auf diese Weise sofort erkennbar gewesen wären.

In der Folge wurde die kirchliche Tracht immer anachronistischer, wodurch sich die Priester nun doch von der übrigen Gesellschaft unterschieden. Für die Kirche symbolisierte dies ihre moralischen Anschauung, bei Außenstehenden jedoch hatte die seltsame Tracht der Priester einen anderen Beigeschmack. In Maskenspielen des 18. Jahrhunderts verkleideten sich Männer gern als Nonnen und Frauen als Priester. Im Zeitalter der Aufklärung entstand eine antikirchliche, antikatholische Stimmung, in der die Glaubwürdigkeit des Klerus in Frage gestellt und sogar lächerlich gemacht wurde. In unserer Zeit setzen Männer, die sich in Nonnentracht kleiden und bei Schwulen-Demonstrationen auftreten, diese Tradition fort.

Bis ins 9. Jahrhundert trugen Geistliche in der Regel einen Bart. Die Heiligen, die sich in der Tracht des anderen Geschlechts kleideten, ließen sich entweder auch einen Bart wachsen oder waren als die »Bartlosen« bekannt. Daher dürfte Johanna, wenn sie sich in Mönchstracht gewandete, durch ihr haarloses Gesicht aufgefallen sein und prüfende Blicke auf sich gezogen haben. Der athenische Autor Chalcocondylas befaßte sich im 16. Jahrhundert mit diesem Thema in seinem Werk *De origine et rubus gestis turcorum*. Gerade zu der Zeit, als Johanna sich wie ein Mann anzuziehen begann, erging die päpstliche Anordnung, daß Priester sich keine Bärte wachsen lassen sollen. »Es ist wohlbekannt, daß eine gewisse Frau zum Papst gewählt wurde, weil man ihr Geschlecht nicht kannte, denn in den westlichen Teilen Italiens rasierten sich fast alle Männer ihre Bärte ab.«[13]

Auch andere körperliche Aspekte von Weiblichkeit ließen sich leicht verbergen. Die Historikerin, Psychologin und Soziologin Dr. Rosalind Miles befaßte sich in ihrem Buch *Weltgeschichte der Frau* auch mit Johanna und hält es für sehr wahrscheinlich, daß sie mit ihrer Verkleidung nicht aufgefallen ist.[14]

Wenn man die Lebensbedingungen im 9. Jahrhundert berücksichtigt, die oftmals extremen körperlichen Entbehrungen, den Mangel an Nahrung und medizinischer Versorgung, die Tatsache, daß viele Menschen am Rande der Auszehrung lebten, dann wird klar, daß die Unterschiede zwischen den Geschlechtern in den Hintergrund traten. Nur in Gesellschaften, die über materiellen Überfluß verfügen, können die Männer groß und kräftig und die Frauen füllig werden. Die weiblichen Rundungen bestehen zum größten Teil aus Fett. Zur damaligen Zeit jedoch waren die Unterscheidungsmerkmale zwischen den Geschlechtern weit weniger deutlich ausgeprägt. Und wenn beide, Mann und Frau, in der Jugend körperliche Arbeit verrichteten, waren sie auch beide muskulös.

Diese Gemeinsamkeiten mußten um so größer sein, fuhr Dr. Miles fort, wenn jemand sich verkleidete und seine Geschlechtszugehörigkeit zu verbergen suchte. »Wenn einem weiblichen Körper die nötigen Nährstoffe vorenthalten werden, entweder gezwungenermaßen oder durch selbstauferlegtes Hungern, was wir heute als Anorexie oder Magersucht bezeichnen, entwickelt sich eine Art Fell. Das ist ein natürlicher Schutzmechanismus. Aber es sieht aus wie Gesichtsbehaarung oder ein Bart.«

Das Mönchsgewand, das Johanna trug, bevor sie Päpstin wurde, war sogar die perfekte Tarnung. »Womit hätte eine Frau sich besser tarnen können als durch eine Kutte? Die Ärmel reichen über die Hände hinab, so daß ihre zierlichen Handgelenke und Hände nicht auffallen. Sehen Sie sich Gemälde aus dem Mittelalter an: Die Kapuze verdeckt den Kopf nicht nur teilweise, sondern so weit, daß nur noch das Kinn sichtbar ist.«

Auch das Verstecken der weiblichen Rundungen konnte Dr. Miles plausibel erklären:

Sie wurden wahrscheinlich zugebunden. Denken Sie an Elisabeth I. Sie wirkte immer völlig flach. Damals trug man Korsetts – das war die Konvention der Zeit –, aber viele Frauen haben nicht viel Brust. Das Brustgewebe besteht zum größten Teil aus Fett, und wenn Johanna kinderlos war und nie gestillt hatte, waren die Drüsen wahrscheinlich klein und nicht ausgebildet. Als sie am Ende ihres Lebens schwanger wurde und größere Brüste bekam, war sie wahrscheinlich meist von sehr korpulenten alten Kirchenmännern umgeben. In dieser Phase aber akzeptierte man sie schon längst als Johannes.

Nachdem Johanna einige Monate oder Jahre als Papst amtierte, wurde ihr Äußeres vermutlich nicht mehr kritisch betrachtet, meinte Dr. Miles.

> Wir besitzen nicht die Fähigkeit, uns ständig gegenseitig im Auge zu behalten. Und vielleicht war sie bis dahin auch schon ziemlich geschlechtslos geworden. Menschen, die ohne Sex leben, werden im Lauf der Zeit weitgehend asexuell. Manche dieser ehrenwerten alten irischen Bischöfe sehen mit ihren rosafarbenen Pausbacken aus wie kleine alte Damen. Die Männer nehmen eunuchische Züge an, die Frauen maskuline. Freud hat uns gelehrt, daß die Persönlichkeit situationsbezogen und flexibel ist. Wenn Johanna die prägenden Jugendjahre unter Mönchen verbracht hatte, verhielt sie sich auch wie ein Mönch. Wir alle würden das tun.

Als ich fragte, wie Johanna ihre Menstruation habe geheimhalten können, schwenkte Dr. Miles vom physischen in den psychologischen Bereich über. »Nicht alle Frauen bekommen immer zum gleichen Zeitpunkt eine ausgeprägte Menstruationsblutung. Manche Frauen, die sich zu einem etwas männlicheren Leben hingezogen fühlen, haben nur leichte und unregelmäßige Perioden.« Sie ist davon überzeugt, daß Frauen ihr Denken und ihre Hormone »vermännlichen« können. »Wie eng bei Frauen die Hormone und die Psyche miteinander verknüpft sind, begreifen wir erst allmählich. Gelegentlich wurde die Vermutung geäußert, daß Frauen in einflußreichen Positionen einen höheren Testosteronspiegel haben.«

Wenn weibliche Spitzenpolitiker einen ungewöhnlich hohen

Anteil an männlichen Hormonen produzierten, um ihre männliche Rolle in einer männlich bestimmten Welt wahrnehmen zu können, könnte auch der Körper der Päpstin Johanna ähnlich auf die Situation reagiert haben, in der sie sich befand.

Rosalind Miles hatte die psychologischen Aspekte angesprochen, doch die geistige Stärke, die Johanna hatte aufbringen müssen, um ihr Versteckspiel über so viele Jahre durchzuhalten, faszinierte mich nach wie vor. Entscheidend war die Frage, ob Johanna die Vorstellung hatte überwinden können, die zu ihrer Zeit Frauen auf untergeordnete Positionen festlegte. Woher bezog sie die Gewißheit, daß sie einen Anspruch darauf hatte, den Stuhl Petri zu besetzen, daß sie das Recht hatte, vor eine Menschenmenge zu treten und sie zu unterweisen, daß sie befugt war, die Kirche zu leiten und ihren Bischöfen, Priestern und Diakonen Anweisungen zu erteilen?

In George Eliots *Daniel Deronda* klagt eine der weiblichen Figuren darüber, wie schrecklich es sei, eine Frau mit geistigen Fähigkeiten und intellektuellen Zielen zu sein, wenn gleichzeitig der Geist zusammengeschnürt ist wie kleine chinesische Füße. Johanna befreite sich davon und entwickelte für sich selbst eine andere Denkungsart.

Doch wie sie sich gefühlt haben mag in diesem Schwebezustand zwischen Mann und Frau, läßt sich kaum ermessen. Einen Hinweis jedoch können heutige Transsexuelle liefern. Die Autorin und Historikerin Jan – vormals James – Morris hat sich freimütig über ihre Geschlechtsumwandlung geäußert. Obwohl Johanna, anders als Morris, sich keiner Operation unterzog und die Grenze zwischen den Geschlechtern in die andere Richtung überschritt, können diese Offenbarungen einen guten Eindruck vermitteln von den seelischen Qualen, die die Päpstin erlitten haben muß.

»Je mehr ich als Frau behandelt wurde«, schreibt Morris, »desto mehr wurde ich auch eine Frau. Ich paßte mich wohl oder übel an. Wenn man mir unterstellte, ich sei nicht in der Lage, einen Autoreifen zu wechseln oder eine Flasche zu öffnen, dann hatte ich seltsamerweise das Gefühl, daß ich es wirklich nicht konnte.«[15] Eine Rolle zu spielen kann irgendwann aufhören, Schauspielerei zu sein, und zu einem natürlichen, fast instinktiven Verhalten werden. Morris fand auch rasch Berührungspunkte mit ihren neuen Geschlechtsgenossinnen. »Die Unterhaltungen zwischen Frauen erschienen mir bald wesentlich geistvoller. Frauen behandelten mich mit einer Offenheit, die – und das war eine der schönsten Erfahrungen im Laufe meines Umwandlungsprozesses – die Mitgliedschaft in einem Lager, in einer Fraktion oder zumindest einer Denkschule bedeutete: Ich driftete also immer mehr auf die weibliche Seite, ob es nun um die Benutzung von Eisenbahnabteilen oder um politische Fragen ging.« In der ausschließlich von Männern geprägten Atmosphäre der höheren Ränge des Klerus war eine derartige Anpassungsfähigkeit von entscheidender Bedeutung für Johanna. Morris ging auch darauf ein, wie es war, zu vergessen, daß sie ein Mann gewesen war. »Heute fällt es mir schwer, mich daran zu erinnern, wie mein Alltag als Mann ausgesehen hat. Manchmal versuche ich, mir meine damaligen Empfindungen wieder bewußt zu machen, und erkenne deutlich den Unterschied zu meiner heutigen Befindlichkeit. Es amüsiert mich, wenn ich von einem meiner männlichen Freunde zum Essen eingeladen bin und mir vorstelle, daß der übertrieben beflissene Kellner vor noch nicht allzu vielen Jahren mich genauso behandelt hätte wie jetzt ihn.« Johannas Körper war noch immer der einer Frau, und ihre geschlechtliche Veränderung wurde bis zu ihrem Lebensende nicht, wie bei Morris, öffentlich bekannt, dennoch kann diese Schilderung eine Vorstellung davon vermitteln, wie sie emotional mit ihrer angenommenen Männlichkeit umgegangen sein mag. »Bald kam mir alles völlig natürlich vor, so stark sind die Auswirkungen der Gewohnheit und der Umgebung.«

7. Kapitel

> Die Begierde, das Vertrauen auf die weltliche Macht und der Rausch des Herrschens nahm alles in Beschlag. Und, wie es schien, lag Christus in tiefem Schlaf auf dem Schiff, als dieses, weil die Winde so heftig stürmten, von Wellen überrollt wurde.
>
> Kardinal Baronius, *Annales ecclesiastici*
> (über Rom im Dunklen Zeitalter)[1]

Weshalb Athen? Diese Frage beschäftigte viele, die sich später die Aufgabe stellten, die Geschichte von Johanna zu erforschen. Emmanuil Roidis, ein aus Athen stammender Grieche, verfaßte in den 1880er Jahren zwei Bücher über die Päpstin. Das eine ist ein kitschiger Roman mit zynischem, antiklerikalen Unterton, das zweite ein dünnes Werk, in dem die Beweise für die Existenz einer Päpstin zusammengefaßt sind. Er rühmt sich zwar, daß »nur wenige kirchliche Autoren Zugang zur Universitätsbibliothek von Athen hatten« und daß er deshalb eine neue Sichtweise dieser »hermaphroditischen Heldin« anbieten könne, aber er liefert keine neuen Quellen. Vielmehr gesteht er ein, »daß wir nichts Genaues über das Athen jener Zeit wissen«, außer daß es »noch immer seinen früheren Glanz besaß. Die antiken Bauwerke standen noch, und die Menschen sprachen noch immer Griechisch.«

Doch Athen hatte im 9. Jahrhundert seine einstige Pracht schon weitgehend eingebüßt. Bis zum Beginn des 6. Jahrhunderts war es zwar ein bedeutendes geistiges Zentrum gewesen, aber nicht mehr ein politisches und wirtschaftliches. Im Jahr 529 verfügte Kaiser Justinian die Schließung der Philosophenschulen und übertrug sein Patronat über die Wissenschaft auf die Hauptstadt Konstantinopel

In Konstantinopel jedoch war die akademische Welt zu Johannas Zeit gespalten in die beiden sich befehdenden Richtungen der Ikonodulen und der Ikonoklasten, die die Anbetung von Bildern befürworteten beziehungsweise ablehnten. Athen, damals bereits ein Außenposten des Byzantinischen Reiches, blieb von diesem Konflikt verschont und war für Johanna ein

Ort, an dem sie jenes Griechisch erlernen konnte, durch das sie sich nach ihrer Ankunft in Rom auszeichnete, wo selbst viele bekannte Kirchenmänner Schwierigkeiten hatten, nur die lateinische Sprache zu bewältigen.

Daß Johanna beide Kirchensprachen beherrschte, war eine jener Qualifikationen, die ihr in einer Zeit der Unbildung und des Unwissens bis in höchste Kirchenkreise hinein Aufmerksamkeit garantierten. So meinte Ferdinand Gregorovius, ein deutscher Historiker, der sich im 19. Jahrhundert mit Rom befaßte und auch auf Johannas Geschichte einging, daß das Studium in Athen ihr einen entscheidenden Vorteil gegenüber den meisten Kirchenleuten in Rom verschafft habe.[2] Da diese griechische Stadt an der Nahtstelle von westlichem und östlichem Christentum lag, lernte sie unterschiedliche theologische Sichtweisen kennen und erwarb damit eine Aufgeschlossenheit, die unter ihren Zeitgenossen in Rom selten war.

Manche Autoren haben Johannas Zeit in Athen zu ignorieren versucht und sie als eine in Männertracht gekleidete Wanderpilgerin beschrieben, die nach England ging – eine weitere Erklärung für den Namen »Johanna die Engländerin«. Diesen Standpunkt vertrat vor allem Louis Contarini, ein Autor aus dem 17. Jahrhundert, in seinem 1602 erschienenen Werk *Vago e dilette e Vole Giardino*, aus dem später auch Spanheim zitierte.[3] Andere meinten, sie sei nach Paris gegangen, um dort zu studieren.[4]

Für keine dieser Annahmen gibt es auch nur den kleinsten Beweis. Wenn wir davon ausgehen, daß Johanna etwa im Jahr 830 Fulda verließ, dann fand sie vielleicht in England einige Stätten der Bildung, insbesondere in großen Klöstern wie Ely oder Wimborne, bevor diese von den vordringenden Dänen zerstört wurden. In Paris gab es noch keine Universität. Erst 829 hatte der Rat von Paris die Kirche gebeten, die öffentlichen Schulen auszubauen, die es in den Domfreiheiten gab.

Das letzte, wenngleich nicht abschließende Argument für Athen liefert Emmanuil Roidis. In seinem Roman über Johanna beschreibt er ihr Exil in Athen, wo sie angeblich mit ihrem Geliebten lebte, den er Frumentius nannte.

Johanna hatte noch keine anderen Tempel gesehen als die druidischen Dolmen und einige unförmliche römische Trümmerhaufen, während die Kirchen ihres Vaterlandes hölzern und unbehauen waren wie die Deutschen, welche sie errichtet hatten; daher konnte sie die Säulen des Parthenon und die Karyatiden des Erechtheums nicht genug bewundern, deren Füße der gute Frumentius küßte und dabei seine Geliebte fragte, ob das Stein gewordene Engel seien. (...)

Frühmorgens am nächsten Tage wischten sie den Schlaf aus den Augen und den Morgentau aus ihren Mönchsgewändern, dann stiegen sie hinunter, um Athen zu besuchen. Das Herz Johannas klopfte vor Neugierde und zugleich vor Furcht, als sie bedachte, daß sie binnen kurzem jene Stadt voll Götzenbilder bewundern werde, deren bloßer Anblick schon nach dem heiligen Gregorius den Seelen der Christen gefährlich war, wie der Anblick einer reizenden, holdlächelnden Geliebten einem Manne, der mit einer häßlichen, stirnrunzelnden Frau verheiratet ist. Aber Furcht und Hoffnung unserer Heldin waren gegenstandslos. Schon seit langem hatten die frommen Kaiser von Byzanz jene Werke des Myron, Alkamenes und Polyklet, welche der heilige Lukas bewundert und selbst Alarich respektiert hatte, dem Erdboden gleichgemacht. Das unter Konstantin begonnene Werk der Zerstörung war unter Theodosius dem Kleinen vollendet worden. (...)

Aber nicht nur die Priester und Gelehrten, sondern auch die Archonten und die durchreisenden Patrizier von Neurom lernten allmählich, den Weg nach der Einsiedelei zu finden. (...)

Oft jedoch, wenn sie von einem solchen Schwarm umringt war, dachte sie seufzend daran, wieviel mehr und feurigere Bewunderer sie haben würde, wenn sie, anstatt ihre Reize unter der Kutte zu verbergen wie ein goldenes Schwert in einer bleiernen Scheide, plötzlich in ihrer wahren Gestalt in einem seidenen Kleid, ihr blondes Haar aufgelöst auf die Schultern fallend, erschiene.

Frumentius freute sich anfangs über die Erfolge seiner

Freundin, aber gar bald begann er, im Benehmen Johannas manche Änderungen zu bemerken, die ihn in Aufregung versetzten, wie eine gefallsüchtige Dame die ersten Runzeln.[5]

Dieser Roman ist keine überzeugende Quelle. Was Fiktion zu einer Untersuchung beitragen kann, die sich auf Fakten stützen muß, ist ohnehin fraglich. Da Athen zu dieser Zeit ein Buch mit sieben Siegeln war, ist es aber unumgänglich, sich Johanna in jener Umgebung vorzustellen und anschließend nach offensichtlichen Anachronismen oder Fehlern zu suchen. In diesem eng begrenzten Sinne kann Fiktion eine Rolle spielen, und Roidis, der den Vorteil besaß, die Stadt, ihre Geschichte und ihre Menschen zu kennen, konstruierte eine perfekte und schlüssige Geschichte.

Die Verbindung mit Athen und der griechischen Gelehrsamkeit war jedenfalls der Hauptgrund, warum Johanna in Rom auf die dortigen Kirchenmänner einen solchen Eindruck machte, daß sie zum Papst gewählt wurde.

Martinus Polonus lieferte in seinem knappen Bericht keine Erklärung dafür, warum Johanna Athen verließ und sich nach Rom begab. Roidis' Andeutung, sie sei in eine emotionale Krise geraten und habe sich von ihrem Geliebten getrennt, der ihr intellektuell nicht mehr gewachsen war, ist genausowenig ernst zu nehmen wie der Rest seines gefälligen Romans. Eine Frau, die ihr gesamtes Leben bis dahin in kirchlichen Kreisen oder mit dem Studium theologischer oder spiritueller Fragen verbracht hatte, mußte sich vom Zentrum der westlichen Christenheit unwiderstehlich angezogen fühlen. Wie sehr die Stadt seit den Zeiten des Römischen Reiches auch an Bedeutung verloren haben mochte, sie behauptete noch immer die theologische Hegemonie in der christlichen Welt. Sie bot Johanna daher die natürliche Bühne, auf der sie ihre vielgerühmten Talente, die sie in Athen bereits erprobt hatte, zur Geltung bringen konnte.

Zu Johannas Lebzeiten bestanden noch sehr enge Verbindungen zwischen Athen und Rom. Es gibt eine Fülle historischer und topographischer Belege, daß sich ab dem 7. Jahrhundert in Rom eine griechische Kolonie entwickelte und in dem Gebiet zwischen dem Tiber und dem Circus Maximus, einem der großen kaiserlichen Sportstadien, konzentrierte.[6] In dieser Zeit kam es im Mittelmeerraum zu größeren Bevölkerungsverschiebungen, die durch das rasche Vordringen des Islam ausgelöst wurden, als das Banner des Propheten nach Syrien, Palästina, Ägypten und Persien, nach Osteuropa und über Nordafrika auch nach Spanien getragen wurde. Außerdem fanden in dieser Zeit in der Ostkirche Auseinandersetzungen statt, bei denen die Griechen in der Minderheit waren und nicht selten ins Exil gedrängt wurden.

Die griechischen Flüchtlinge bauten sich in Rom ihre eigene Kirche, Santa Maria in Cosmedin, die Heimstatt der »Bocca della verità« (»Mund der Wahrheit«).[7] Bis heute wird diese Kirche von den griechischen Katholiken genutzt, vor allem von den Anhängern des Melkiten-Ritus, die sich dem Papst unterordnen. Zu Johannas Lebzeiten jedoch war sie als Santa Maria de Schola Graeca (Heilige Maria der griechischen Kolonie) bekannt und bildete die Basis einer prosperierenden griechischen Gemeinde, die sich in Rom vollständig integrierte und sogar einige Päpste stellte, von Johannes VI. (701–705) über Johannes VII. (705–707), den Sohn eines byzantinischen Beamten, und Konstantin I. (708 bis 715), der aus Syrien stammte, bis zu Zacharias (741–752), einem Kalabrier mit griechischen Eltern.[8] Insgesamt gelangten dreizehn Griechen auf den Stuhl Petri. Auch das Wort »Papst« stammt aus dem Griechischen; es ist abgeleitet von *papas*, der umgangssprachlichen Verkleinerungsform von pater (Vater).

Die Griechen dieser Zeit beeinflußten das abendländische Christentum nachhaltig. Sie gründeten Klöster und brachten Gedankengut aus den Ostkirchen mit, das von den Lehren des heiligen Basilius geprägt war.[9] Um 680 soll es bereits 24 griechische Klöster gegeben haben. Außerdem weckten sie in Rom das Interesse an Reliquien, das sich bald überall im Abendland verbreitete. Die Krippe des Jesuskinds gelangte dank des aus Palästina stammenden griechischen Papstes

Theodor I. (642–649) in die Kirche Santa Maria Maggiore. Die Griechen sorgten auch dafür, daß Heiligenbilder in den abendländischen Kirchen zu einer Selbstverständlichkeit wurden, und beeinflußten die übrige Ausgestaltung der Kirchen.

Wissenschaft stand in Rom nach wie vor hoch im Kurs, obwohl seine politische Bedeutung geschwunden war. Seit im Jahr 536 Papst Agapet I. (535–536) die Gründung einer Universität in der Stadt angeregt hatte, engagierten sich der Lateranpalast und andere Kirchen für die Bildung, bauten Bibliotheken auf, förderten Autoren und unterstützten das, was man heute umständlich als »Event« bezeichnen würde. Auch auf diesem Gebiet, der Förderung von Bildung und Wissenschaft, spielten die Griechen im 7. und 8. Jahrhundert eine wichtige Rolle. »Das geistige Leben dieser Zeit«, schrieb Peter Llewellyn in seiner bahnbrechenden Untersuchung *Rome in the Dark Ages*, »wurde von der Ostkirche geprägt – von Griechen und Syrern aus dem Osten oder von Sizilien, die den Hellenismus beförderten und der Kirche ihren Stempel aufdrückten. Sie erhoben sich mühelos über die weniger gebildeten Vertreter des römischen Klerus und stellten eine intellektuelle Vormacht dar.«[10]

Die griechische Kolonie übernahm die Führung bei der Produktion von Büchern. Dank ihrer Kunstfertigkeit konnte Papst Paul I. (757–767) Pippin, den Vater Karls des Großen, für ein Bündnis gewinnen, indem er ihm eine Bibliothek mit Werken über Grammatik, Geometrie und Orthographie, aber auch mit den Schriften von Aristoteles und Dionysios Areopagites präsentierte.

Welch nachhaltigen Einfluß die Griechen und die griechische Wissenschaft auf Rom und die katholische Kirche ausübten, zeigte sich im 15. Jahrhundert in einer Schrift von Dietrich von Niem, einem Gelehrten, der mehreren Päpsten als Sekretär gedient hatte. 1413 veröffentlichte er *De Iuris Dictione Autoritatis*, eine Geschichte Roms und der Rechte und Pflichten der Kaiser.[11] Er berichtet, daß sich die Griechische Schule auch zu seiner Zeit noch großen Interesses erfreute und Griechisch, Hebräisch und Arabisch auf ihrem Lehrplan führte. Nach der Auswertung alter, heute verschollener Dokumente gelangte er zu der Erkenntnis, daß die Schule auf eine lange, ruhmreiche, wenngleich nicht immer unumstrittene Geschichte zurückblicken konnte. Zu ihren bedeutendsten Lehrern habe auch Augustinus gehört, die »graue Eminenz« des Christentums, der dessen Moralvorstellungen wesentlich prägte.

Die griechische Gemeinde in Rom genoß eine besondere Bedeutung, weil ihre Muttersprache auch die Sprache der Bürokratie, der Regierung, der Kultur und des Handels war. Wie gespannt die Beziehungen mittlerweile auch sein mochten, Rom blieb weiter Teil jenes Reiches, dessen politisches Zentrum Konstantinopel bildete. Im Jahr 664 mußten Papst Vitalian, seine Priester und alle römischen Adeligen Kaiser Konstans II. ihre Ehre erweisen, als dieser Rom einen Besuch abstattete. Sie waren jedoch auf der Hut. Zehn Jahre vorher war Papst Martin I. (649–653) aus dem Krankenbett von Leuten des Kaisers verschleppt und nach Konstantinopel gebracht worden, wo er sich wegen Verrats vor Gericht zu verantworten hatte. Konstans schien mit großer Genugtuung die öffentliche Auspeitschung des Papstes zu verfolgen, der anschließend zum Tode verurteilt wurde, ließ sich schließlich aber vom Patriarchen der Ostkirche dazu überreden, das Urteil wieder aufzuheben. Martin jedoch erholte sich von diesen Qualen nicht mehr und starb, bevor er Rom wieder zu Gesicht bekam.[12]

Konstans behandelte Rom ähnlich, wie er mit dessen geistigem Führer umgesprungen war. Er trat auf, als sei die Stadt sein persönliches Eigentum, ließ Statuen und die vergoldeten Bronzeziegel vom Dach des Pantheon beschlagnahmen und verlangte sogar, seinen Namen an der Innenseite der Trajan-Säule anbringen zu lassen. Doch er war der letzte Kaiser aus Byzanz, der eine derartige Plünderung wagen konnte. Als Johanna nach Rom kam, war der byzantische Einfluß schon weitgehend zurückgedrängt und durch angenehmere, wenngleich nicht unbedingt verläßlichere Allianzen ersetzt worden.

Nachdem Kaiser Konstantin seine Hauptstadt im Jahr 330

nach Byzanz verlegt hatte, hatte Rom rasch seinen einstigen Ruhm als prunkvoller Mittelpunkt der Welt verloren. Es war herabgesunken zur Provinz eines im Niedergang befindlichen und viel zu großen Reiches, erhob aber noch immer den Anspruch, eine große Hauptstadt zu sein. Ohne das frühere politische Gewicht und ohne den einstigen militärischen Schutz überdauerte es noch eine Weile, bis es schließlich verschiedenen Invasoren zum Opfer fiel. Im Jahr 410 kamen als erste die Westgoten unter Alarich, die Zerstörung und Plünderung im Sinn hatten, um anschließend schnell wieder abzuziehen. Ihr Raubzug stimmte Augustinus so pessimistisch für die Zukunft der menschlichen Zivilisation, daß er seinen utopischen *Gottesstaat* verfaßte, ein Werk, das seitdem das christliche Denken maßgeblich beeinflußt hat.

Später kamen die Vandalen, dann plünderten die Hunnen unter Attila die »ewige Stadt«. Der Kaiser im Osten war nicht bereit oder nicht fähig, etwas dagegen zu unternehmen. Rom wurde zu einer verfallenden, zweitklassigen Provinzstadt in einem schwachen asiatisch-orientalischen Reich. Die Vandalen drangen zwar nicht in die Stadt ein, suchten aber den Mittelmeerraum und die italienische Halbinsel heim und schnitten Rom von der Versorgung mit Nahrungsmitteln ab. Die Lage wurde so kritisch, daß der Exarch, der Statthalter des Kaisers in Italien, sein Hauptquartier 539 in die Hafenstadt Ravenna verlegte, bis die Hegemonie Konstantinopels um 750 zu Ende ging. Nun war Rom seinem Schicksal überlassen.

Die einzige einheimische Institution, die diese turbulenten Jahrhunderte überdauerte, war die römische Kirche und ihr Oberhaupt, der Papst, der zugleich Bischof von Rom war. Als die Goten im Jahr 410 vor den Toren der Stadt standen, erschien Papst Innozenz I. (402–417), um sich mit ihrem Führer Alarich zu treffen, und überredete sie, die Kirchen zu verschonen. Leo I. (440–461), einer der beiden »Großen« Päpste ging einen Schritt weiter und traf eine Unterscheidung zwischen der Würde und Bedeutung des päpstlichen Amtes und der Persönlichkeit und dem Verhalten des jeweiligen Amtsinhabers.

Er wollte, daß das Papsttum überdauert. Es konnte durch gute Päpste gefördert, durch schlechte beschädigt werden, aber es war größer und wichtiger als jeder Mensch, der es innehatte.

Leo strebte danach, den Stuhl Petri mit neuer und universeller Autorität auszustatten. »Wie die von ihm überlieferten 150 Briefe zeigen«, schrieb der Kirchenhistoriker Nicolas Cheetham, »gemahnte er (Leo) sie (seine Adressaten) immer wieder daran, daß sie abhängig waren vom Heiligen Stuhl als Quelle jeglicher Autorität, erinnerte sie an ihre Pflicht zum Gehorsam ihm gegenüber und an seine eigene Verpflichtung, sich um sie alle zu kümmern.«[13]

Bald begannen der Kaiser in Konstantinopel und der Papst darüber zu streiten, wer Rom und seine Umgebung regieren solle. Immer wenn die beiden Ämter von starken Persönlichkeiten besetzt waren, kam es zu Spannungen. Kaiser Justinian ließ Papst Vigilius (537–555) entführen, in seine Hauptstadt bringen und acht Jahre lang einsperren , mit dem Ziel, die Hegemonie Konstantinopels wiederherzustellen. Als Vigilius wieder freigelassen wurde, war er so geschwächt, daß er auf der Rückreise nach Rom starb.

Dieses Vorgehen hatte zur Folge, daß Rom dem Kaiser bei der Wahl eines neuen Papstes ein Vetorecht einräumen mußte, das, wenn auch nur formell, bis 741 Bestand hatte. Zu dieser Zeit jedoch hatte Konstantinopel genug eigene Probleme, und sorgte sich nicht um eine weit entfernte Stadt im Westen, während das Papsttum neue Verbündete gefunden hatte in seinem unablässigen Kampf, Rom vor Eindringlingen zu schützen. Im 8. Jahrhundert verbündete sich der Frankenkönig Pippin mit dem Missionar Bonifatius und war so beeindruckt von seinem geistigen Mentor, daß er dem Papst ein großes Stück Land schenkte. Mit der Kaiserkrönung von Pippins Sohn, dem späteren Karl dem Großen, im Jahr 800 konnte das Papsttum fortan auf den Schutz der Frankenkönige zählen.

Doch das Reich der Franken war zu weitläufig und die Nachfolger Karls des Großen zu sprunghaft, um Rom wirklich Sicherheit bieten zu können. Die Römer ihrerseits liebten ihre neuen Schutzherren nicht und waren nicht sonderlich angetan davon, die Unterordnung unter ein altes, zerfallendes Reich durch jene unter ein neues, im Aufstieg begriffenes Imperium auszutauschen. Die Sarazenen machten sich dieses Chaos und die verbreitete Unzufriedenheit zunutze, stießen auf dem Tiber vor und plünderten die Stadt, ohne auf nennenswerten Widerstand zu treffen.

Im 9. Jahrhundert wurde Europa von drei großen Mächten beherrscht – der Kirche, den umherziehenden barbarischen Völkerschaften aus Nord- und Osteuropa und den Überresten des Heiligen Römischen Reiches Karls des Großen, das nach 800, als es seinen Höhepunkt erreichte, langsam zu zerfallen begann. Das Amt des Papstes, das in den ersten Jahrhunderten des Christentums lediglich ein Titel gewesen war, mit dem sich der Bischof von Rom geschmückt hatte, ohne daraus irgendeine übergeordnete Autorität abzuleiten, gewann in der Folge an Bedeutung und an Gewicht.

Als Johanna Ende der 40er Jahre des 9. Jahrhunderts nach Rom kam, erholte sich die Stadt noch von einem Zusammenstoß mit dem Islam. 846 hatten die Sarazenen die Stadt vom Meer her angegriffen und sie geplündert und verwüstet. Die Kirchen hatten ihre Schätze eingebüßt. Die Eindringlinge hatten die Geschenke von Herrschern aus dem Osten und dem Westen geraubt, die sich im Laufe von fünf Jahrhunderten hier angesammelt hatten – Statuen, Altarteile, Kandelaber, Gold und Silber, Gemälde. Die Sarazenen hatten ihren Angriff auf den Vorort an den Hängen des Vatikanhügels konzentriert. Die Basilika Sankt Peter, die das Zentrum des Ortes bildete, war aufgrund ihrer kostbaren Kirchengeräte geplündert worden, und die Gebeine aus den Heiligengräbern hatten die Angreifer im Umkreis verstreut.

Im 4. Jahrhundert hatte Kaiser Aurelian diese Seite des Tiber aufgegeben, weil sie zu sumpfig war, um hier größere Gebäude zu errichten, außerdem wurde das Land, wie es hieß, von der Malaria heimgesucht. Der Ort befand sich daher außerhalb der Mauern, die zur Verteidigung Roms gebaut worden waren. Er beherbergte jedoch Kaiser Neros Lustgarten, wo man seinerzeit die Christen mit Pech übergossen und anschließend in Brand gesteckt hatte und wo im Jahr 64 auch Petrus mit dem Kopf nach unten gekreuzigt worden war. Die Christen hatten hier eine Gedenkstätte errichtet, um auf die Stelle hinzuweisen, wo Petrus den Märtyrertod gestorben und bestattet worden war. Im 4. Jahrhundert hatte man diese Stätte zu einer Basilika erweitert, dank der Anstrengungen der Gläubigen und, wie es in der Überlieferung hieß, der Unterstützung durch Kaiser Konstantin.

Dieses Gebäude war jedoch Flickwerk, zusammengesetzt aus Marmor- und Steinblöcken aus nahegelegenen Gräbern und aus Tempeln, die bei den zahlreichen Angriffen auf Rom zerstört worden waren. Die Abgeschnittenheit der Basilika von Rom und ihr behelfsmäßiger Charakter illustrierten die damalige Position des Christentums. Als das Papsttum und die Kirche an Macht gewannen, versuchte man die Basilika aufzuwerten. Im 7. Jahrhundert wurden ihre Tore mit Silber beschlagen. Im Lauf der Zeit entwickelte sich der Kult von Sankt Peter; es kamen Pilger aus allen Teilen Europas, um sein Grab zu besuchen und ihm Opfer darzubringen, damit er sich vor Gott für sie einsetzen solle. Ihre Großzügigkeit ging so weit, daß man im 8. Jahrhundert das Silber an den Toren durch Gold ersetzen konnte.

Die Basilika war daher ein naheliegendes Ziel für die Sarazenen, als sie 846 erschienen. Sie hatte bis dahin nur überdauert, weil die meisten Eindringlinge entweder Christen waren oder einen gesunden Respekt davor besaßen, den Gott der Christen zu beleidigen. Doch als die Sarazenen auf der italienischen Halbinsel nach Norden vorzudringen begannen, spielten derartige Skrupel keine Rolle mehr.

Neben Sankt Peter, das in Ruinen lag, fand Johanna wohl auch die meisten übrigen Stadtteile Roms in einem ähnlich heruntergekommenen Zustand vor; es war ein Mischmasch von behelfsmäßigen Bauten, einer Armensiedlung vergleichbar. Die Aquädukte funktionierten schon lange nicht mehr, und der Wassermangel verursachte einen Gestank, der es mit jenem im heutigen Venedig an einem heißen Sommernachmittag hätte aufnehmen können. In letzter Zeit war der Tiber mehrmals über seine Ufer getreten und hatte zur Zerstörung der Stadt beigetragen. Doch die meisten Schäden, die die Stadt erlitten hatte, waren ihr von den Römern selbst zugefügt worden. Aus einem ziemlich banalen Grund waren sie dem klassischen Erbe der Stadt zu Leibe gerückt: um Kalk für Gips zu gewinnen, hatte man Marmorblöcke eingeschmolzen. Als Konstans Rom im Jahr 664 besuchte, um Huldigungen entgegenzunehmen und seinen Raubzug vorzubereiten, wurde berichtet, daß der alte Kaiserpalast auf dem Palatin nur noch eine Ruine war, überwuchert von Unkraut, während die Katakomben geplündert und die Überreste und Reliquien wahllos in der Umgebung verstreut worden waren.

Die Situation war nicht vollkommen trostlos. Der Überfall der Sarazenen war zwar ein schwerer Schock gewesen, aber er hatte nicht alle Früchte der unter Karl dem Großen angestoßenen Renaissance vernichtet. Kirchen waren restauriert und die Aurelianische Mauer verstärkt worden, und im Lateran hatte man einen großen Speisesaal errichtet, der sich mit dem Saal der Neunzehn Diwane im prunkvollen Kaiserpalast von Konstantinopel messen konnte. Mit Karl dem Großen hatte man auch begonnen, die landwirtschaftlichen Flächen im Umland Roms zu erschließen. Sie bildeten einen Teil des rasch wachsenden Besitzes des Heiligen Stuhls, einer potentiellen Einkommensquelle, die das Amt für ehrgeizige und habgierige römische Familien noch erstrebenswerter erscheinen ließ.

Ein Großprojekt beherrschte die Stadt, als Johanna von Athen nach Rom kam. Papst Leo IV., der im Jahr des Sarazenenüberfalls sein Amt angetreten hatte, war entschlossen, Sankt Peter neu aufzubauen und durch eine neue Stadtmauer einzufassen. Im Jahr 848 begannen die Arbeiten an der sogenannten Leoninischen Mauer, einem massiven, festungsähnlichen Schutzwall, der den Vatikan umschließt und am ehemaligen Hadrian-Mausoleum (das heute Engelsburg heißt, weil der Legende zufolge der Erzengel Michael auf dessen Spitze erschienen sein soll) am Tiber beginnt, um den Monte Vaticano verläuft und wieder hinab zum Fluß führt. Gefangengenommene Sarazenen wurden bei ihrem Bau als Zwangsarbeiter eingesetzt, und Christen aus allen Teilen Europas spendeten Geld zur Finanzierung des Projekts. 852 wurde die Mauer fertiggestellt, die Basilika war nun sicher. Im selben Jahr weihte Leo die Mauer ein, begleitet von barfüßigen Geistlichen, die sich Asche auf die Häupter gestreut hatten und Lobeshymnen sangen.

Auch Johanna könnte an dieser Zeremonie teilgenommen haben und saß vielleicht sogar auf dem päpstlichen Podium. Seit ihrer Ankunft in Rom hatte sie, wie die Chronisten berichten, durch ihr Wissen, ihre Gelehrsamkeit und die fließende Beherrschung der griechischen Sprache für Aufsehen gesorgt. Die Menschen hatten erkannt, daß sie anders war. Sie arbeitete als Lehrer in der Griechischen Schule auf dem Aventin in der Nähe von Santa Maria in Cosmedin, doch ihre Tätigkeit beschränkte sich nicht darauf, im Schulzimmer Kinder zu unterrichten. Es gab auch erwachsene Schüler, und die Schule war stolz auf die öffentlichen Vorträge und Debatten, die sie veranstaltete und an denen ein breiteres Publikum teilnahm. Bei diesen Veranstaltungen machte sich Johanna einen Namen, und bald wurde auch Leo IV. auf sie aufmerksam, ein Papst, der Bildung und Loyalität ebenso schätzte wie weltliche Gewandtheit.

Dietrich von Niem zählt in seiner bereits erwähnten Darstellung der Griechischen Schule Johanna neben Augustinus zu ihren Absolventen:

> Johannes, genannt der Engländer, der eine Frau war und aus Metz stammte, in Athen studiert hatte und in Männerkleidung ging, erwarb sich solch profundes Wissen, daß sie, nachdem sie nach Rom gekommen war, geisteswissenschaftliche Vorträge hielt. Weil sie so außerordentlich befähigt war, gehörten auch viele hochgestellte Persönlichkeiten zu ihren regelmäßigen Hörern. Später wurde sie einmütig zum Papst gewählt und übte das Amt etwas länger als zwei Jahre aus. Doch da sie sich, mehr als früher, von ihrer Eitelkeit und dem Vergnügen leiten ließ, gelang es ihr nicht, beschei-

> den und enthaltsam zu leben, wie sie es getan hatte, als sie noch arm gewesen war und sich den Büchern gewidmet hatte. Und als sie dann eines Tages, zusammen mit der Geistlichkeit und dem Volk von Rom, entsprechend dem Brauch der Zeit, eine feierliche Prozession anführte, angetan mit dem päpstlichen Gewand, entband sie in der Nähe des Friedenstempels in der Stadt einen Sohn, den sie von einem ihrer Kammerherren empfangen hatte, worauf ein altes Marmorbild hinweist, das sich bis zum heutigen Tage dort befindet. Und aus diesem Grunde nehmen die Päpste, wenn sie vom Vatikan zum Lateran ziehen und wieder zurück, nicht diesen unmittelbaren Weg, sondern andere Straßen, die weiter entfernt liegen und ihren Weg verlängern.[14]

Somit läßt sich ein weiterer Aspekt von Johannas Geschichte – den Martinus Polonus 1265 angeführt hatte – durch eine unbeteiligte, gewichtige Quelle belegen. Dietrich von Niem bestätigt, daß die Griechische Schule 1413 noch existierte und auch in den vorhergehenden Jahrhunderten in Betrieb war. Dieser päpstliche Sekretär sah eine Verbindung zwischen Johanna und der Schule. Er spricht nicht anerkennend über sie, sondern betrachtet sie eher als Schandfleck, der jedoch im Interesse der historischen Genauigkeit nicht unterschlagen werden dürfe.

Obwohl Johanna im Mittelalter ein fester Bestandteil aller Berichte über das Papsttum war, fehlt ihr Name sogar heute in den meisten Chroniken der Päpste oder wird bestenfalls im Anhang erwähnt. Vielleicht beruht dies auf der tiefverwurzelten Sehnsucht, das Papsttum – die einzige Institution der europäischen und abendländischen Kultur, die eine Verbindung zwischen der postapostolischen Zeit und dem Atomzeitalter herstellt – als verehrungswürdig erscheinen zu lassen. Es hat das Entstehen, den Aufstieg, die Entfaltung, den Verfall und das Verschwinden vieler Nationen, Reiche, sogar ganzer Kulturen miterlebt und begleitet. Die Päpste haben Kaiser ernannt, Könige abgesetzt, Kriege angeregt und die Entwicklung der menschlichen Gesellschaft und Kultur in jeder Phase beeinflußt.

Doch während Johanna verschwiegen wird, erhalten viele zweifelhafte und historisch umstrittene Figuren aus dem Dunklen Zeitalter die offizielle Bestätigung, daß sie auf dem Stuhle Petri saßen. Beschmutzen nicht auch sie den guten Namen der Nachfolger des heiligen Petrus? Jene, die sich gewaltsam das Amt aneigneten – und heute als »Gegenpäpste« bezeichnet werden – sind willkommen. Solange es sich um Männer handelte. Ganz gleich wie verkommen, korrupt oder unchristlich sie waren.

Wo ist der unwiderlegbare Beweis für ihre Existenz in dieser nur schlecht dokumentierten Zeit? Für viele der bekannteren Päpste, die der Welt ihren Stempel aufdrückten, gibt es eine Fülle von Beweisen, in Form von Berichten, die von angesehenen Kirchenhistorikern verfaßt wurden, und in Gestalt von alten Münzen und Medaillen. Bei anderen dagegen verhält es sich schwieriger. Für die meisten frühen Päpste ist Eusebius' *Kirchengeschichte* aus dem 4. Jahrhundert die einzige Quelle.[15]

Eusebius (260–339) gilt zwar als »Vater der Kirchengeschichte«, doch da er in einer Zeit arbeitete, in der es noch keine entwickelten Kommunikationsmittel und nur wenige schriftliche Dokumente gab, während die mündliche Überlieferung die größte Rolle spielte, ist es keinesfalls ausgeschlossen, daß ihm Fehler unterliefen. Und obwohl sich die Situation in den folgenden Jahrhunderten verbesserte, klaffen noch immer große Lücken im Papstkatalog. Über Johannes VI. (701–705) schreibt J. N. D. Kelly in *Reclams Lexikon der Päpste*: »Über seinen Werdegang ist nur bekannt, daß er von Geburt Grieche war.«[16] Über Papst Lando (913–914) sind die Aussagen ähnlich dürftig: »Von seinem Lebenslauf und seiner Wahl ist nichts bekannt, und über seine Amtszeit ist lediglich überliefert, daß er die Kathedrale von Sabina stiftete.«

»Im 9. Jahrhundert herrschte ein derartiges Chaos, daß auch ein komischer Papst nicht besonders auffiel«, meint der führende britische Experte zur Geschichte des Papsttums, der Historiker und ehemalige Jesuit Michael Walsh. »Das ganze System war durch und durch verkommen.«[17]

Ein kurzer Blick auf die Geschichte des Papsttums im

Päpstin Johanna entbindet ihr Kind auf der Straße (oben) und wird mit Kind und Geliebtem hingerichtet (unten). Aus einem illustrierten Bericht über ihr Leben, der um 1600 von dem Protestanten Johannes Wolf veröffentlicht wurde und zu seinen *Lectiones memorabiles et reconditae* gehörte, einer populären Darstellung der Verfehlungen des Papsttums.

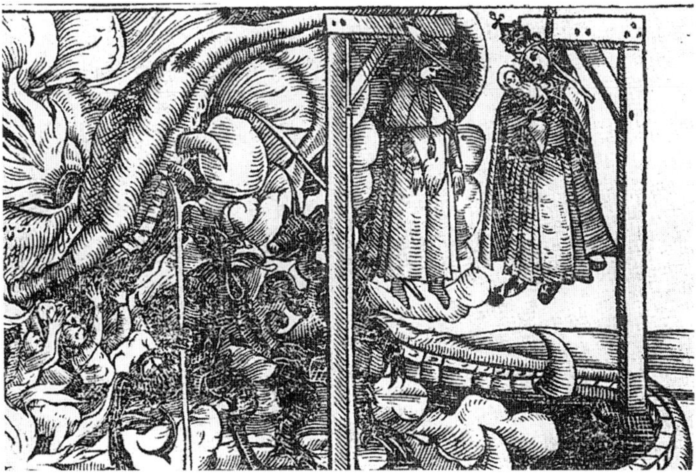

Päpstin Johanna mit ihrem Kind. Aus der Chronik des deutschen Autors Hartmann Schedel, die 1493 in Nürnberg erschien. (links)

Deckblatt einer Sammlung von Texten katholischer Autoren, die Johannas Existenz bestritten; veröffentlicht 1616. (rechts)

Ein Johanna-Porträt des 15. Jahrhunderts aus einem Fresko in der Piccolomini-Bibliothek im Dom von Siena. (links)

Die *sedia stercoraria* in den Vatikanischen Museen. Der Sessel steht in einem kleinen Raum, auf den nirgends hingewiesen wird. (rechts)

Eine Illustration zu einem Bericht des schwedischen Reisenden Lorenz Banck, die die Krönung von Papst Innozenz X. 1644 zeigt. Innozenz sitzt auf der *sedia stercoraria*, und ein junger Kardinal befühlt seine Geschlechtsteile, um sich zu vergewissern, daß er ein Mann ist.

Die Büste von Papst Zacharias in der Kathedrale von Siena. Autoren und Reisende berichteten, daß diese Büste im 16. Jahrhundert eine von Johanna ersetzte, die früher auf der Galerie der Päpste stand und auf das Hauptschiff der Kathedrale hinabblickte.

Der Vicus Papissa (»Weg der Päpstin«), der vom Kolosseum zur Laterankirche führt. Weil hier Johanna ihr Kind gebar und den Tod fand, sollen sich die Päpste später geweigert haben, durch diese Straße zu ziehen. (oben)

Die kleine *edicola* oder Gedenkstätte am Vicus Papissa. Sie bezeichnet angeblich die Stelle, an der früher eine Statue Johannas stand, bevor sie auf Anordnung des Vatikans entfernt wurde. (gegenüberliegende Seite)

Die Krypta der Michaelskirche in Fulda (oben), die zusammen mit ihrem ottonischen Turm (rechts) einer der wenigen Überreste der Stadt aus dem 9. Jahrhundert ist, als Johanna hier ihre Ausbildung begann.

9. Jahrhundert bis zur Wahl von Johanna bestätigt diese Behauptung. Paschalis I. (817–824) entwickelte ein gutes Verhältnis zu Ludwig dem Frommen, dem Sohn Karls des Großen, was ihm in seinem Zuständigkeitsbereich freie Hand ließ und den Schutz des Frankenherrschers sicherte, doch er regierte Rom eigensinnig und mit harter Hand. Er machte sich viele Feinde und war bei seinem Tod so verhaßt, daß durch einen Volksaufstand sein Plan vereitelt wurde, sich in Sankt Peter bestatten zu lassen. So ließ man seinen Leichnam mehrere Wochen lang liegen und verfaulen, bis sein Nachfolger Eugen II. (824–827) schließlich eine andere Ruhestätte für ihn fand. Paschalis ist auch ein klassisches Beispiel dafür, wie die Kirchengeschichte im Lauf der Zeit immer wieder umgeschrieben wurde. Noch Ende des 16. Jahrhunderts rühmte ihn Kardinal Baronius (einer der wortgewaltigsten Gegner der Verfechter der Päpstin Johanna)[18], 1963 jedoch wurde sein Namenstag (14. Mai) aus dem Kirchenkalender gestrichen, weil man ihn mittlerweile als zwielichtige Gestalt betrachtete.

Alles, was über Eugens Nachfolger Valentin (August bis September 872) bekannt ist, stammt aus dem *Liber Pontificalis*, einem Werk mit, wie wir gesehen haben, häufig zweifelhaften Angaben, was diese Zeit betrifft.[19] Valentin entstammte der römischen Patrizierschicht, wurde von den Priestern und dem Volk zum Papst gewählt und starb vierzig Tage später. Gregor IV. (827–844) war ebenfalls aristokratischer Herkunft. Seine Parteinahme für eine der Gruppen, die sich im Streit zwischen den Söhnen und Enkeln Karls des Großen bildeten, schwächte seine Autorität und hatte zur Folge, daß die Bereitschaft der Franken, Rom zu verteidigen, nachließ. Darüber hinaus ist über dieses relativ lange Pontifikat nichts bekannt.

Sein Tod war von gewaltsamen Demonstrationen begleitet. Die Bevölkerung Roms besetzte den Lateranpalast und installierte ihren eigenen Kandidaten, einen Diakon namens Johannes, als neuen Papst. Die Römer glaubten, ein Recht darauf zu haben, nach dem Tod eines Papstes die päpstlichen Gemächer zu plündern. Doch die führenden Aristokraten hatten keine Zeit für

Johannes, zogen ihre Leute zusammen, vertrieben ihn aus dem Lateran und riefen einen alten, gichtkranken Priester namens Sergius zum neuen Papst aus. Johannes kam mit dem Leben davon, und obwohl sonst nichts weiter über ihn bekannt ist, fand er als Prätendent Eingang in den Papstkatalog, erhielt aber keine eigene Zahl in der Numerierung.

Sergius besaß zwar die Unterstützung des römischen Adels, doch der Frankenkönig Lothar, der vor der Wahl nicht konsultiert worden war, schickte Soldaten, um sich am Papst zu rächen. Der belagerte Sergius kapitulierte, durfte jedoch vorläufig im Amt bleiben. Nachdem die unmittelbare Gefahr abgewendet war, übergab er die Tagesgeschäfte an seinen korrupten Bruder Benedikt. Dieser ließ sich zum Bischof ernennen, verkaufte Diözesen an die Meistbietenden und verwandelte das Papsttum in einen Selbstbedienungsladen für die Wohlhabenden.

Als die Sarazenen 846 abermals in Rom einfielen, lag Sergius im Sterben. Viele Menschen sahen darin die gerechte Strafe für seine korrupte und unfähige Herrschaft. Erst der gebildete Leo IV., ein Römer lombardischer Herkunft, erweckte das Papsttum zu neuem Leben und verlieh ihm wieder Kraft und Stärke.

Wenn Johanna als nächste erwähnt wird, unterscheidet sich der Bericht über ihre Wahl nicht sonderlich von jenen, die über ihre Vorgänger in den vorangegangenen Jahrzehnten verfaßt wurden. Zuerst wird erwähnt, daß sie vom Volk gewählt wurde. Das war damals üblich und bot auch einem Außenseiter, der nicht den Rückhalt reicher römischer Familien oder kirchlicher Würdenträger besaß, die Möglichkeit, sich gegen die anderen Kandidaten durchzusetzen. In den Chroniken wird Johanna als Mönch bezeichnet, und sie mußte auch nicht notwendigerweise Priester sein, um Papst werden zu können. Die heutige Praxis, daß der Papst aus dem Kollegium der Kardinäle gewählt wird, wurde erst viel später eingeführt. Kardinäle treten erst im 11. Jahrhundert in Erscheinung. Und Bischöfen war es durch das 15. Kapitel des Konzils von Nikäa (325) – des bedeutenden Konzils, das auch die Grundzüge des christlichen Glaubensbekenntnisses festlegte – verwehrt, sich zum Papst wählen zu lassen. Denn dort war verfügt worden, daß es einer Bigamie gleichkäme, sich zuerst zum Bischof einer anderen Stadt und anschließend zum Papst und damit zum Bischof von Rom bestellen zu lassen.

Wir wissen, daß diese Regel zu Johannas Lebzeiten noch galt, weil Papst Marinus I. (882–884), der selbst Bischof gewesen war, den Versuch unternahm, sie abzuschaffen. Als ihm dies gelungen war, konnte 891 Formosus, der Bischof von Porto, zum Papst gekürt werden. Doch Formosus' übernächster Nachfolger, Stephan VI. (896–897), nahm Anstoß an dieser Entscheidung und ließ den Leichnam seines Vorgängers ausgraben, um ihm posthum öffentlich den Prozeß zu machen. Eigentlich war die Auseinandersetzung zwischen Stephan und Formosus eine politische und drehte sich um die Frage von Allianzen mit unterschiedlichen Gruppierungen im Frankenreich, doch da sie in Form eines Kirchengerichts ausgetragen wurde, überraschte es nicht sonderlich, daß dieser Leichnam in päpstlichen Gewändern für schuldig befunden wurde. Zur Strafe sollten ihm drei Finger der rechten Hand abgehackt und er nackt in den Tiber geworfen werden. Dieses Spektakel war jedoch Stephans Ansehen unter den Römern nicht gerade zuträglich. Er wurde inhaftiert und fiel im Kerker einem Mordanschlag zum Opfer. Die Einzelheiten über die Verhandlung gegen Formosus, die in den Archiven des Lateran aufbewahrt worden waren, wurden später von Leuten vernichtet, die jede Erinnerung an dieses unrühmliche Kapitel der Kirchengeschichte auslöschen wollten. Zum Glück existierten noch andernorts entsprechende Aufzeichnungen. Es gab also zweifellos Präzedenzfälle für den Versuch, alle Hinweise auf Johannas Pontifikat zu beseitigen.

Eine Tradition, die ins 4. Jahrhundert zurückreicht und Johannas Aufstieg begünstigt haben könnte, war die Praxis regierender Päpste, eine Gruppe von meistens sieben Diakonen um sich zu versammeln – Männer, die jene noch nicht allzu verbindlichen Gelübde abgelegt hatten, die den ersten Schritt auf dem Weg zum Priesteramt bildeten. »Es war üblich«, schreibt der britische Historiker Eamon Duffy in seiner Geschichte des Papsttums, »daß ein neuer Papst vom höheren Klerus aus den sieben Diakonen gewählt wurde.«[20] Nachdem Johanna Leos Aufmerksamkeit erregt hatte, könnte er sie in den inneren Kreis seiner Diakone aufgenommen haben, wo sie ihm zur Seite stand, wie ein Papst in das charakteristische weitärmelige Gewand mit purpurfarbenen Streifen gekleidet. Nach seinem Tod zählte sie dann zur ersten Garnitur seiner potentiellen Nachfolger.

Johannas Alter war kein Hinderungsgrund. Wenn sie zwei Jahre nach Antritt des Amtes schwanger wurde, dann müßte sie zum Zeitpunkt ihrer Wahl Mitte bis Ende Dreißig gewesen sein. Heute sind wir es gewohnt, daß Päpste die Sechzig, Siebzig oder vielleicht sogar schon die Achtzig überschritten haben und auf der internationalen Bühne altersmäßig nur noch von den Führern des kommunistischen China übertroffen werden. Doch im 9. Jahrhundert, als die durchschnittliche Lebenserwartung noch wesentlich niedriger war und viele römische Adelsfamilien danach strebten, ihre Söhne in hohen Positionen unterzubringen, waren junge Päpste durchaus die Regel. Wie alt Johannas Vorgänger waren, ist nicht bekannt, aber Nikolaus I. (858–867), einer ihrer Nachfolger, kam mit achtunddreißig Jahren in das Amt, und im folgenden Jahrhundert wurde Johannes XII. (955–964) mit achtzehn Jahren zum Papst gewählt.

Es stimmt, daß in Johannas Epoche die Tendenz bestand, römische oder italienische Päpste zu wählen, doch die Zeit der griechischen oder griechischsprachigen Päpste war erst vor kurzem zu Ende gegangen. Die Tradition eines ausschließlich italienischen Papsttums – die 1978 nach 455 Jahren mit der Wahl des Polen Karol Wojtyla zu Ende ging – wurde erst viel später begründet. Nach den damaligen Maßstäben kam ein griechischsprachiger Deutscher mit englischen Wurzeln als Papst durchaus in Frage.

Ein Blick auf Johannas Vorgänger und Nachfolger beschwört das Bild einer Kirche in der Krise herauf, einer Kirche, die in politische Konflikte verstrickt ist, die ihrer Kontrolle weitgehend entglitten sind, die das Spirituelle nicht mehr beachtet und manchmal auch das Allerheiligste verkauft. Wie Sergius II. die Geschäfte seinem Bruder übertrug, so arbeiteten andere mit Tricks und Ämterkauf, um in hohe Positionen zu gelangen. Formosus soll das Papstamt vom Herzog von Spoleto gekauft haben. Bonifatius VI., der zwischen Formosus und Stephan kurze Zeit das Amt ausübte, war, wie Kardinal Baronius in seinen *Annales ecclesiastici* aus dem 16. Jahrhundert schrieb, »ein abstoßendes Ungeheuer« und wurde schließlich wegen Gewalttätigkeit und Mordes abgesetzt.[21]

Diese Epoche der Kirche galt als das »obszöne Jahrhundert«, sagte Baronius. Das Auftreten und die mangelnde Bildung der Priesterschaft waren zu einem Skandal geworden. »Im Jahre 864 waren die Priester so ignorant geworden«, schreibt John Potter in seiner *History of Christianity*, »daß sie Kinder tauften *in nomine Patria et Filia et Spirita Sancta* anstatt *in nomine Patris et Filii et Spiritus Sancti*.«[22]

Unter diesen Umständen mußte Leo als ein recht attraktiver Kandidat erscheinen – ein gebildeter Mann, der nicht durch Korruption befleckt war und der den Bedürfnissen Roms größere Bedeutung beimaß als den partikularen Interessen der verschiedenen römischen Oligarchien und ihrer Günstlinge im Klerus. Eines von Leos Anliegen, das in der Synode von 853 Gestalt annahm, war es deshalb, die Geistlichen zu verpflichten, sich aus weltlichen Dingen herauszuhalten.

Eben dieser Sachverhalt kam 844 auch dem Gegenpapst Johannes, dem Diakon, zugute, und er sorgte dafür, daß Johanna als aussichtsreicher Kandidat galt.

Päpste, so meinte Kardinal Baronius, »gelangen auf den Heiligen Stuhl, indem sie über die Leichen ihrer Vorgänger oder Gegner trampeln.«[23] Angesichts solch schwieriger und widersprüchlicher Umstände, die es auch völlig ungeeigneten Männern ermöglichten, sich des Stuhles Petri zu bemächtigen, gewinnt die Vorstellung, daß es einer klugen, redegewandten, scharfsinnigen und sich in Männertracht kleidenden Frau gelang, sich an die Spitze dieser korrupten Organisation wählen zu lassen, zunehmend an Plausibilität.

8. Kapitel

Wer die Beinkleider trägt,
der lebt frei wie ein Vogel.
Altes französisches Sprichwort

Es war an der Zeit, nach Rom zurückzukehren. Erst vier Monate waren vergangen, seit ich dort unter der Frühlingssonne umhergestreift war, mit einer Reisetasche voller Romane und zerknitterter Kleider und mit guten Vorsätzen, ein paar Tage lang nichts zu tun. Jetzt war ich wieder hier, diesmal mit meinem besten Anzug und edlem Schuhwerk, das mir schon seit meinem Hochzeitstag nicht mehr paßte, mit Kassettenrekorder, Batterien, Schreibgerät, Fotoapparat und sogar einem gefälligeren Haarschnitt, um in dieser Stadt der Päpste zu den Insidern vorzudringen oder selbst einer zu werden und der Wahrheit über die Päpstin Johanna nachzuspüren.

Dieses Mal diente mir kein sympathisch schlampiges Appartement als Basis. Es war von Urlaubern belegt, die die Herbstsonne genossen. Statt dessen wohnte ich gleich hinter der Fontana di Trevi in einem geschäftigen Vertreterhotel, dessen formelle Stimmung meiner eigenen entsprach und dessen Nachttischchen stabil genug waren, um einen Stapel schwerer Nachschlagewerke auszuhalten. Von den Büchern, die mich bei meinem ersten Aufenthalt begleitet hatten, war nur noch das von Georgina Masson mit von der Partie.

Ganz oben auf der Liste der einzunehmenden Zitadellen stand der Vatikan. Hier galt es, an einen Anhaltspunkt anzuknüpfen, der aus einer Darstellung der Geschichte Johannas aus den 70er Jahren dieses Jahrhunderts stammte. Dieses Werk mit dem Titel *Un Pape Nomme Jeanne*, das der Franzose Henri Perrodo-Le Moyne 1972 veröffentlichte, ist eine ziemlich schrille Polemik, geschrieben zu einer Zeit, als feministische

Autoren und Historiker die Geschichte der Päpstin bereitwillig aufgriffen.[1] Im letzten Kapitel, das die Überschrift *Femmes, Levez-vous!* (Frauen, erhebt Euch!) trägt, stellt der Autor fest: »An dem Tag, an dem die Frau sich befreit, wird sie nicht länger die ›Rippe Adams‹ sein ... und das Papsttum und die Kirche in ihrer Gesamtheit werden nicht länger erröten, wenn von Johannes VIII., der Papessa, die Rede ist.« Im Lauf der Argumentation, die zu dieser Schlußfolgerung führt, berichtet Perrodo-Le Moyne von einem Treffen mit einem ungenannten, aber hochrangigen Geistlichen im Vatikan, der ihm »enthüllt«, daß »einige sehr wichtige Dokumente über diese Frau heimlich in Truhen versteckt wurden und das päpstliche Siegel tragen.«

Obwohl mich dieses Buch insgesamt wenig beeindruckte, weil der Eifer, mit dem Johanna für eine heutige Auseinandersetzung vereinnahmt wird, zu Lasten historischer Genauigkeit geht, ließ mich dieser Hinweis aufhorchen. Vielleicht spielte diese Bemerkung auf die Geheimarchive des Vatikans an – eigentlich eine unpassende Bezeichnung, weil ihre Existenz nie geleugnet worden war, wenngleich der Zugang einigen wenigen Ausgewählten vorbehalten blieb. Doch dank der neuen, wenn auch zurückhaltenden Glasnost-Politik des Vatikans gegenüber Journalisten gab es vielleicht eine Möglichkeit, dieser Sache auf den Grund zu gehen.

Bis in die jüngste Zeit gehörte der Vatikan zu den am meisten abgeschirmten sozialen Gemeinschaften. Wißbegierige Autoren schafften es nur höchst selten, in diese Zitadelle vorzudringen, und selbst die weltlichsten Einzelheiten – zum Beispiel, was der Papst zum Frühstück aß – wurden ebenso ehrfürchtig behandelt wie das dritte und schreckliche Geheimnis von Fatima, das einem jungen portugiesischen Mädchen 1917 in einer Vision von der Jungfrau Maria offenbart wurde und das bis heute nur der Papst kennt.

Die seltsamen Vorkommnisse nach dem Tode von Johannes Paul I. jedoch, als sich der Vatikan durch eine ungeschickte Informationspolitik dem Verdacht aussetzte, medizinische

Einzelheiten unterdrückt und die letzten Stunden des Pontifex beschönigt zu haben, schürten die Neugier gegenüber dem Vatikan und führten zur Veröffentlichung eines internationalen Bestsellers, in dem spekuliert wurde, daß der Papst ermordet worden war.[2] Die Wahrheit war sowohl banaler als auch schmerzhafter: Die Gesundheit eines alten Mannes, der sein Amt nie wollte, hatte den Belastungen schlicht nicht standgehalten.[3] Doch weil sich über alles, was mit dem päpstlichen Palast zu tun hat, ein Schleier legt, sprossen Gerüchte und wilde Spekulationen.

Der Vatikan – nun unter dem neuen Papst Johannes Paul II., der zumindest zu Beginn gezeigt hatte, daß er die öffentliche Meinung zu beeinflussen und mit Fernsehkameras umzugehen verstand – versuchte aus dieser Erfahrung zu lernen und reorganisierte die Presseabteilung sowie die mit einem hochtrabenden Titel ausgestattete »Päpstliche Kommission für Gesellschaftliche Kommunikation« und betraute den charismatischen amerikanischen Erzbischof John Foley mit der Öffentlichkeitsarbeit. Künftig sollten die Medien umworben werden, statt daß man ihnen ständig Steine in den Weg legte.

Dieser Versuch war nur teilweise erfolgreich. Die meisten Angehörigen der Kurie halten die Medien weiterhin für suspekt. Doch zu den Früchten dieser Reform gehört, daß der Zugang zu den geheimen Archiven heute zumindest theoretisch möglich ist. Dank meiner guten Beziehungen zu Pater Boyle und nach einigen wilden Telefonaten und Faxen wurde mir tatsächlich der Zutritt in das Allerheiligste erlaubt. Aber mein geistlicher Führer machte mir unmißverständlich klar, daß alle Auskünfte, die er mir auf unserer Tour erteilen werde, nicht zitierbar seien. Er werde Fragen beantworten oder auch nicht, aber alles müsse anonym bleiben – das vatikanische Gegenstück zu der Angewohnheit mancher Politiker, Journalisten im privaten Gespräch Einzelheiten über Politik und Personen mitzuteilen, aber darauf zu bestehen, nur unter dem Deckmantel »aus gut unterrichteten Kreisen« zitiert zu werden.

Der glatte »Monsignore Sottovoce« zeigte mir die Glanzlichter des Archivs, das im Jahr 1880 gegründet wurde und inzwischen Regale von mehr als 100 Kilometern Länge umfaßt. Ich hatte mir Kästen mit mittelalterlichen Manuskripten vorgestellt, zerfallende Reliquien und eine lange Aneinanderreihung von Schlössern und Schlüsseln. Statt dessen waren die öffentlichen Räume – sofern eine Institution, die der Öffentlichkeit versperrt ist, über etwas Derartiges verfügen kann – ruhig und sehr diskret. Riesige, schwere Schränke standen an den Wänden entlang und in regelmäßigen Abständen quer; das rötliche, gesprenkelte, aber edle Holz ihrer großen Türen war mit dem päpstlichen Emblen und anderen Mustern verziert. In der Luft hing der Geruch von Wachs und altem Papier. Die abgenutzten, aber auf Hochglanz polierten Fußböden hätten auch jedem weltlichen Palast zur Ehre gereicht. Und in verschiedenen Nischen, die vor dem Hintergrund der Schränke geradezu winzig erschienen, arbeiteten einige Geistliche und Nonnen an alten Schreibmaschinen, sprachen leise in Bakelit-Telefone und blickten argwöhnisch auf, als meine Schuhe auf dem Boden quietschten.

Monsignore Sottovoces Arbeitsplatz war eine Oase aus Papier und wildem Durcheinander in einer Wüste schöner, aber kahler Einrichtungsgegenstände. Als wir uns gesetzt hatten, versuchte ich seine Reserviertheit ein bißchen abzubauen, indem ich einige allgemeine Fragen stellte, bevor ich auf das eigentliche, möglicherweise kritische Thema, die Päpstin Johanna, zu sprechen kam.

Reliquien schienen gut geeignet, das Eis zu brechen. Beherbergte das Archiv irgendwelche Schädel, Hände oder andere Skeletteile von Heiligen oder – diese Frage fiel mir spontan ein, nachdem ich vor fast drei Jahrzehnten in der Grundschule viel davon gehört hatte – irgendwelche Splitter des Kreuzes, an dem Jesus Christus gestorben war?

Die Frage der Herkunft solcher Gegenstände berühre durchaus die Arbeit des Archivs, erhielt ich zur Antwort, denn ein Großteil des Materials, das ihre Herkunft und Wege dokumentiert, befände sich in seinen Aktenbeständen. Doch abschließende Urteile darüber abzugeben sei nahezu unmöglich. Wie könne man objektiv sein, wurde ich gefragt, wenn man mit Dingen wie der Stola konfrontiert werde, die angeblich Thomas Becket trug und die heute als Reliquie in Santa Maria Maggiore aufbewahrt wird? Ja, die Blutflecken befänden sich an den richtigen Stellen und der Stoff habe auch das richtige Alter und sei von der richtigen Sorte, aber Beckets Blutgruppe sei unbekannt, und die Dokumentation sei bestenfalls bruchstückhaft.

Manchmal könne das Archiv unwiderlegbar beweisen, daß etwas eine Fälschung ist – wie zum Beispiel der Kult um die heilige Philomena. Im 19. Jahrhundert entstand in Neapel ein Kult um die Gebeine eines jungen Mädchens, die man in den Katakomben gefunden hatte. Es hieß, sie sei eine frühe Märtyrerin gewesen, und ihr Skelett besitze heilende Kräfte. Daraufhin wurde in Mugnano ein großes Grabmal gebaut und ein Feiertag im Kirchenkalender eingetragen. Doch als Wissenschaftler Anfang der 60er Jahre dieses Jahrhunderts das Alter des Skeletts und die Todesart in Zweifel zogen, forschte die Kirche in ihren eigenen Dokumenten im Archiv nach und gelangte zu dem Schluß, daß der Kult jeder Grundlage entbehrte, was die Schließung des Schreins zur Folge hatte.

Ermutigt durch die mittlerweile etwas entspanntere Atmosphäre, wagte ich es, den Namen Päpstin Johannas zur Sprache zu bringen, erhielt aber nur eine vage Antwort. Ich fragte, ob das Archiv irgendwelche Schriften enthalte, die Licht auf die Legende der Päpstin werfen würden und heute vom Vatikan freigegeben werden könnten?

Nein. Die Akten im Archiv reichten zurück bis ins 11. Jahrhundert und bis zu Briefen von Papst Gregor VII. an Wilhelm den Eroberer. Und wie verhielt es sich mit offiziellen Stellungnahmen, nachdem Martinus Polonus' Bericht im 14. Jahrhundert für Aufregung gesorgt hatte? Erneut eine deutliche Verneinung, diesmal jedoch ergänzt durch eine Warnung. Ich solle vorsichtig sein mit solchen Chronisten, die gern dichterische

Freiheiten in Anspruch genommen hätten. Aber er sei doch ein Bischof gewesen, warf ich ein. Und ein weiterer Autor, der sich mit Johanna befaßt hatte, sei Sekretär des Papstes gewesen. Oh, lautete die Erwiderung, das sind die schlimmsten. Kein Wunder, daß der Monsignore anonym bleiben wollte.

Das war sein letztes Wort. Ich wurde hinauskomplimentiert und war mir sicher, daß man mich von Anfang an hatte abwimmeln wollen, aber so höflich wie möglich. Ob dies nur eine Taktik war, die den kirchlichen Behörden nach den neuen Richtlinien der »Päpstlichen Kommission für Gesellschaftliche Kommunikation« eingeschärft wurde – und deshalb nicht schlimmer als ein mißlungener Versuch in Sachen Öffentlichkeitsarbeit – oder ob mehr dahintersteckte, vermochte ich nicht zu entscheiden. Meine Entschlossenheit, dem Rätsel auf den Grund zu gehen, wurde dadurch nur verstärkt.

Meine Untersuchung hatte sich viele Kilometer von ihrem Ursprung, dem Vicus Papissa, entfernt, doch meine Rückkehr zu dieser römischen Seitenstraße an einem trüben Septembernachmittag war nicht einer nostalgischen Sehnsucht nach dem angrenzenden Platz, seinen Ladenbesitzern oder dem anonymen Blumenspender an der einstigen Gedenkstätte für Johanna geschuldet. Nachdem ich über die Geschichte des Platzes mittlerweile bestens informiert war, wollte ich nun die Fakten mit den geographischen Gegebenheiten vergleichen.

In den Monaten, die seit meinem ersten Besuch vergangen waren, hatte sich immer deutlicher gezeigt, daß viele Einzelheiten über die Päpstin, die von den mittelalterlichen Chronisten überliefert wurden, als glaubwürdig einzustufen sind. Sie passen lückenlos in ihre Epoche, werden durch andere, besser dokumentierte Geschichten aus dieser Zeit gestützt und lassen sich zu einem überzeugenden Ganzen verweben. Der Hintergrund der im Halbdunkel stehenden Gestalt Johannas wird dadurch mit Farben und stimmigen Details belebt. Die Aufgabe bestand nun für mich darin, den Scheinwerfer von der Bühne auf den Star selbst zu richten.

An diesem Tag waren keine Blumen an das Gitter der Gedenkstätte gesteckt. Sie wirkte ziemlich verloren und verschwand beinahe hinter den in drei Reihen geparkten Fahrzeugen und den allgegenwärtigen Plakaten. Ich kletterte über Stoßstangen und Kühlerhauben und spähte in das düstere Innere des seltsamen unbeachteten kleinen Wachhäuschens. Selbst in diesem gedämpften Licht wirkte das Fresko, das die Jungfrau Maria mit dem Jesuskind zeigte, zu grell, um antik zu sein. Es war vielleicht fünfzig Jahre alt, maximal zweihundertfünfzig, wenn man großzügig war, stammte aber zweifellos nicht aus dem frühen Mittelalter. Meine ursprüngliche Theorie, daß diese Jungfrau Maria mit dem Kind ein doppeldeutiges Bild war – die Mutter Jesu mit dem holden Knaben in den Augen der Rechtgläubigen, die Päpstin mit ihrem Bastard für die *cognoscenti* –, ließ sich nicht länger aufrechterhalten.

Darüber hinaus sprechen die meisten mittelalterlichen Autoren – Chronisten, Bewohner Roms und Pilger, die diese Stadt, das Herz der Christenheit, besuchten – nicht von einem Fresko, sondern von einer Statue. Die vermutlich ersten Hinweise darauf finden sich in den verschiedenen Ausgaben eines der späteren »Bestseller« des Mittelalters, den *Mirabilia Urbis Romae*, einem Stadtführer für Pilger, gewissermaßen einem Vorläufer des Werkes von Georgina Masson. In den *Mirabilia Urbis Romae* wird eine Statue der Päpstin »in der Nähe des Kolosseums« erwähnt.[4]

Diese Beschreibung ist zwar richtig im Hinblick auf die Legende, wirft aber dennoch mehr Fragen auf, als sie beantwortet. Es kommt entscheidend darauf an, welche Version des Textes man heranzieht. Zwar wird gelegentlich behauptet, daß schon im 12. Jahrhundert eine Ausgabe existierte, aber unsere heutige Kenntnis des Werks beruht auf Ausgaben aus dem 14., 15. und 16. Jahrhundert, von denen mehrere auf eine Statue in der Nähe des Kolosseums hinweisen. Einige Ausgaben schweigen auch zu diesem Thema, die Fassung von 1375 aber erzählt eine völlig andere Geschichte – nämlich daß der Leichnam eines weiblichen Papstes »unter den Tugendhaften« in Sankt

Peter bestattet worden sei.[5] Diese Ehre wurde den meisten Päpsten im 9. Jahrhundert zuteil, war jedoch, wie die bereits erwähnte Geschichte von Paschalis I. zeigt, kein Privileg, auf das der Papst Anspruch hatte. Wenn Paschalis wegen seiner Unbeliebtheit diese Ehre vorenthalten wurde, dann müßte Johanna durch ihren Schwindel ebenfalls zur *persona non grata* geworden sein.

Wo immer auch ihr Grab lag, es ist nicht mehr auffindbar. Ich erwog, mit dem Zug nach Ostia Antica hinauszufahren, wo Archäologen damit begonnen haben, die Ruinen des früheren Hafens von Rom auszugraben, der zwischen 300 und 400 n.Chr. seine Blütezeit erlebte. Wir wissen, daß es einst einen großen christlichen Friedhof in Ostia gab, weil überliefert ist, daß die heilige Monika, die Mutter des Augustinus, hier im Jahre 387 bestattet wurde. Und wir wissen von Martinus Polonus, daß Johannas Sohn, der unter solch unglücklichen Umständen zur Welt kam, später Bischof von Ostia wurde. Vielleicht ließ er Johannas sterbliche Überreste dorthin überführen und auf dem Friedhof beisetzen. Oder vielleicht ließ er ihr zu Ehren eine Gedenkstätte bauen. Von einem früheren Besuch in Ostia Antica wußte ich noch, daß der Ort aus einigen gut dokumentierten Stätten bestand und sich daneben kilometerweit mit Schutt bedeckte Flächen erstreckten, die darauf warteten, von Archäologen und Historikern untersucht zu werden. Ich träumte nun davon, auf diesem unbeachteten Gelände umherzuschlendern und durch Zufall auf eine Inschrift zu stoßen, die meine Theorie bestätigen würde, doch erste Erkundigungen bewogen mich, meinen Plan fallenzulassen. In der Vergangenheit war nach dem Grab der heiligen Monika ausführlich und akribisch gesucht worden, und die Arbeitsgruppen hatten Monate dafür gebraucht. Mein Unterfangen wäre aussichtslos gewesen.

Doch wie unzuverlässig der Hinweis auf Johannas Beisetzung in den *Mirabilia* auch sein mochte, er blieb in meinem Gedächtnis haften, zusammen mit einigen anderen Fragen, die von verschiedenen Dokumenten über die Päpstin aufgeworfen worden waren und die ich während meines Aufenthalts in Rom entweder beweisen oder widerlegen zu können hoffte.

Wenn die *Mirabilia* nicht als unfehlbarer Führer anzusehen sind, so kann auch das *Diarium Italicum* des französischen Benediktiners Bernard Montfaucon nicht als unwiderlegbar gelten.[6] Montfaucon behauptet, in der berühmten Barberini-Bibliothek in Rom ein Manuskript aus dem 13. Jahrhundert studiert zu haben, in dem eine Statue von Päpstin Johanna erwähnt wird, die zu der Zeit, als der Mönch die Stadt besuchte, schon verschwunden war. Sein Hinweis ist jedoch nicht konkret und kann daher nicht weiter verfolgt werden.

Die erste sichere Beschreibung lieferte das *Graphica Aurea Urbis Romae*, ein Manuskript aus dem späten 13. Jahrhundert, das in der Laurenziana in Florenz aufbewahrt wird.[7] Sie bezieht sich auf eine freie Fläche in der Nähe des Kolosseums, wo einst eine Statue der Päpstin und eines Jungen gestanden habe. Diese Schrift wurde zu einer Zeit verfaßt, als die Chronik von Martinus Polonus schon weit verbreitet war und vermutlich bei den Besuchern Roms ein Interesse für die Geschichte der Päpstin geweckt hatte. Durch die Verbreitung der Schrift des Dominikaners könnte die Statue für Rom-Besucher zu einer ebenso zwingenden Sehenswürdigkeit geworden sein wie das Kolosseum selbst. Ähnlich wie heutige Touristen in Amsterdam das Van-Gogh-Museum und die Tulpenfelder mit einer Erkundung der dunkleren Seite dieser Stadt verbinden, wenn sie am Abend einen harmlosen, aber leicht anrüchigen Spaziergang durch den Rotlichtbezirk unternehmen, so könnten auch Rom-Pilger nach einem langen Tag in Kirchen, Basiliken und antiken Ruinen beim Denkmal für Johanna ein wenig Abwechslung gesucht haben.

Als Martin Luther 1510 die Stadt besuchte, die er später als Hölle auf Erden bezeichnen sollte, besichtigte er, wie er berichtete, ebenfalls das Denkmal für Johanna – in seiner Beschreibung eine Frau in einem schweren, der Papstkleidung nachempfundenen Umhang mit einem Kind auf dem Arm und einem Zepter – und äußerte seine Verwunderung darüber, daß die Päpste es stehenließen. Spätere Autoren bestätigen seine Beschreibung.[8] Darunter befinden sich keine Geringeren als Johannes Burchard, der Bischof von Straßburg und päpstlicher Zeremonienmeister unter Innozenz VIII. (1484–1492), Alexander VI. (1492–1503) und Julius II. (1503–1513). Im Jahre 1486 organisierte Burchard für Innozenz VIII. eine Prozession, die durch den Vicus Papissa führte. Der päpstliche Beamte berichtet von den Reaktionen darauf in seinem *Liber Notarum*, das im Original in Paris aufbewahrt wird:[9]

> Papst Innozenz VIII. kehrte zu Pferde zurück und passierte die Straße, an der die Statue der Päpstin Johanna steht, zum Gedenken an ihre Niederkunft. Nun wird verlangt, daß die Päpste mit ihrem Troß niemals mehr über diese Straße ziehen sollen; der Papst wurde deshalb vom Erzbischof von Florenz und anderen Prälaten getadelt, daß er diesen Weg genommen hatte.

Die Statue existierte also, und die Päpste mieden traditionell die Straße, an der sie stand. Doch diese Tatsache allein belegt noch nicht die Existenz von Johanna. Es wäre immerhin möglich, daß nach der Verbreitung von Martinus Polonus' Chronik ein Kult um sie entstand und daß in der Folge von rebellischen Römern eine Statue errichtet wurde, um die Kirche in Verlegenheit zu bringen. Vielleicht schuf die mündliche Überlieferung dergestalt Fakten, daß die Päpste sich künftig gezwungen sahen, nicht mehr den kürzesten Weg vom Lateran zum Vatikan zu nehmen, um Gerüchten keine Nahrung zu geben. Die Straße weiter zu begehen wäre jedoch die effektive Art und Weise gewesen, den Gerüchten von Johanna ein Ende zu bereiten. Vielleicht war das die Idee hinter der von Burchard organisierten Prozession. Schließlich bestärkte das Vermeiden der Straße nur die Glaubwürdigkeit der Geschichte. Andererseits ist natürlich auch denkbar, daß der Bischof die Wahrheit, die hinter der Geschichte steckte, gar nicht kannte und erst später durch den Erzbischof von Florenz aufgeklärt wurde – vielleicht mit Hilfe einiger mittlerweile verschollener Dokumente aus der Laurenziana.

In den nachfolgenden Jahrhunderten fanden jene, die Johannas Existenz bezweifelten, alle möglichen Gründe, um zu erklären, weshalb die Päpste einen Umweg um ihre vermeintliche Gedenkstätte machten. Die wachsende Beliebtheit der Statue fiel nicht nur mit Martinus Polonus' Bericht zusammen, sondern auch mit dem Exil der Päpste in Avigon zwischen 1308 und 1367. In dieser Zeit habe die Legende Fuß fassen können, weil von kirchenamtlicher Seite kein Widerspruch zu erwarten war, und nachdem die Päpste wieder nach Rom zurückgekehrt waren, sei es ihnen nicht mehr möglich gewesen, den Vicus Papissa zu benutzen. Beliebter war jedoch die Erklärung, die Straße sei, obwohl sie völlig gerade verläuft, zu schmal gewesen für das Gepränge des päpstlichen Trosses.

Sie ist zweifellos schmal, vor allem wenn man von dem kleinen Platz herkommt, die Gedenkstätte passiert und zur Kirche Santi Quattro Coronati zieht, aber sie ist nicht schmaler als die anderen Straßen in dieser Gegend und als die meisten populären Wege im historischen Stadtzentrum. Und wie ich selbst beobachten konnte, bot sie auch genügend Platz für einen Leichenzug, der sich trotz der am Straßenrand geparkten Autos mühelos hindurchbewegen konnte. Leichenwagen schienen zu einer Art Motiv in meiner Untersuchung zu werden.

Als ich durch das von Blättern zugewehte Gitter starrte, als erwartete ich, daß plötzlich ein tausend Jahre alter Blutfleck auftauchen würde, konnte ich in der geographischen Beschaffenheit des Ortes nur einen einzigen Hinweis entdecken. Es war die Steilheit des Hangs, die beim Auf- oder Abstieg durchaus eine Geburt beschleunigen konnte, wie ich nach der Lektüre unzähliger Schwangerschaftsbücher wußte, die ich vor der Geburt unseres ersten Kindes gewälzt hatte.

Aber wie verhielt es sich, wenn nicht antiklerikal eingestellte Leute die Statue Johannas errichtet hatten? Konnte die Kirche dabei selbst eine Rolle gespielt haben? Dietrich von Niem, der

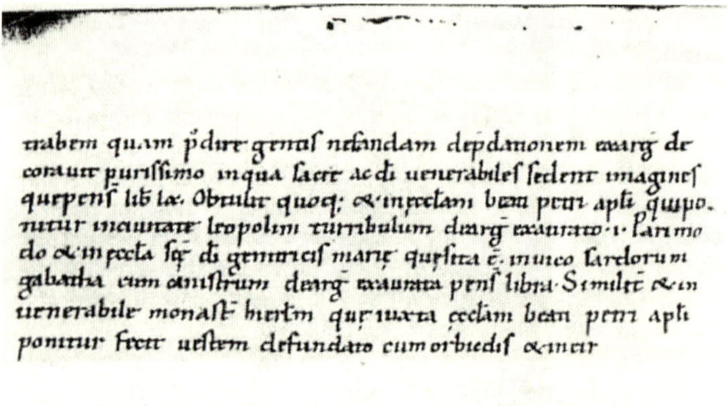

trabem quam pdire gentis nefandam depdationem exarg de
corauit purissimo inqua sacre aedi uenerabiles sedent imagines
quipens lib lx. Obtulit quoq; et in ecclam beati petri apli qui po-
nitur in ciuitate leopolim turribulum dearg exauratu .i. pari mo
do et in eccla sce di genitricis marie quęsita e. in uico sardorum
gabatha cum canistrum dearg exaurata pens libra. Similit et in
uenerabile monast hierlm quę iuxta ecclam beati petri apli
ponitur fecit uestem defundato cum orbiculis et in eir

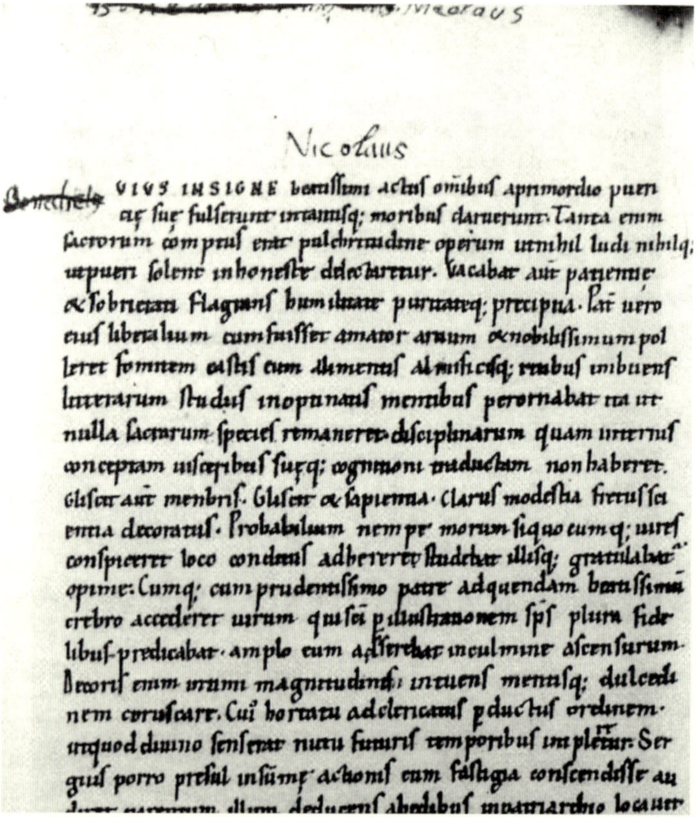

Nicolaus

[illegible] VIVS INSIGNE beatissimi actus omibus aprimordio pueri
tię suę fulserunt intantisq; moribus claruerunt. Tanta enim
factorum compius erat pulchritudine operum utnihil ludi nihilq;
utpueri solent inhoneste delectaretur. Vacabat aut patientię
et sobrietati flagrans humilitate puritateq; precipua. Pat uero
eius liberalium cum fuisset amator artium et nobilissimum pol
leret somnium castis eum alimentis almisicisq; rebus imbuens
litterarum studiis inopinatis mentibus perornabat ita ut
nulla factarum species remaneret disciplinarum quam intrinsecus
conceptam uisceribus suęq; cognitioni traductam non haberet.
Glisetat aut menbris. Gliset et sapientia. Clarus modestia fretus sci
entia decoratus. Probabilium nempe morum siquo cumq; uires
conspiceret loco condignis adhererent studebat illisq; gratulabat
opime. Cumq; cum prudentissimo patre adquendam beatissimi
crebro accederet uirum qui sci pillustratonem sps plura fide
libus predicabat. amplo eum asserebat inculmine ascensurum.
Decoris enim uitam magnitudinis intuens mentisq; dulcedi
nem coruscare. Cui hortatu adclericatus pductus ordinem.
utquod diuino senserat nutu futuris temporibus impleretur. Ser
gius porro presul insumme actionis eum fastigia conscendisse au
[illegible]

Die »Papesse« oder Päpstin ist seit jeher eine wichtige Karte im Tarot. (oben)

Das Pontifikal *Parisinus Lat. 5140* aus dem 11. Jahrhundert in der Bibliothèque Nationale in Paris; Päpstin Johanna wird in diesem Text nicht erwähnt, aber zwischen Leo IV. und Nikolaus I. gibt es eine auffällige Lücke, in der, wie die Historikerin Joan Morris glaubte, ein ursprünglicher Eintrag über Johanna gelöscht wurde. (gegenüberliegende Seite)

Das Päpstin-Johanna-Brett, das zu einem im viktorianischen England sehr beliebten Kartenspiel gehörte. (Mit freundlicher Genehmigung der British Library)

Berninis *baldacchino* über dem Hauptaltar von Sankt Peter wird am Fuße seiner vier Säulen von acht scheinbar identischen Versionen des Barberini-Wappens geschmückt(oben). Doch unter der Papstkrone ist ein Frauengesicht abgebildet, das sich in den sieben anderen Versionen unterschiedlich verzerrt (folgende Seiten) und im letzten Bild von einem Baby ersetzt wird (letzte Seite). Zusammen mit vielen anderen Details – Wasserspeier und ein sich verändernder Schoß am Fuße des Wappens – weist dies darauf hin, daß hier eine Päpstin dargestellt wird, die ein Kind zur Welt bringt.

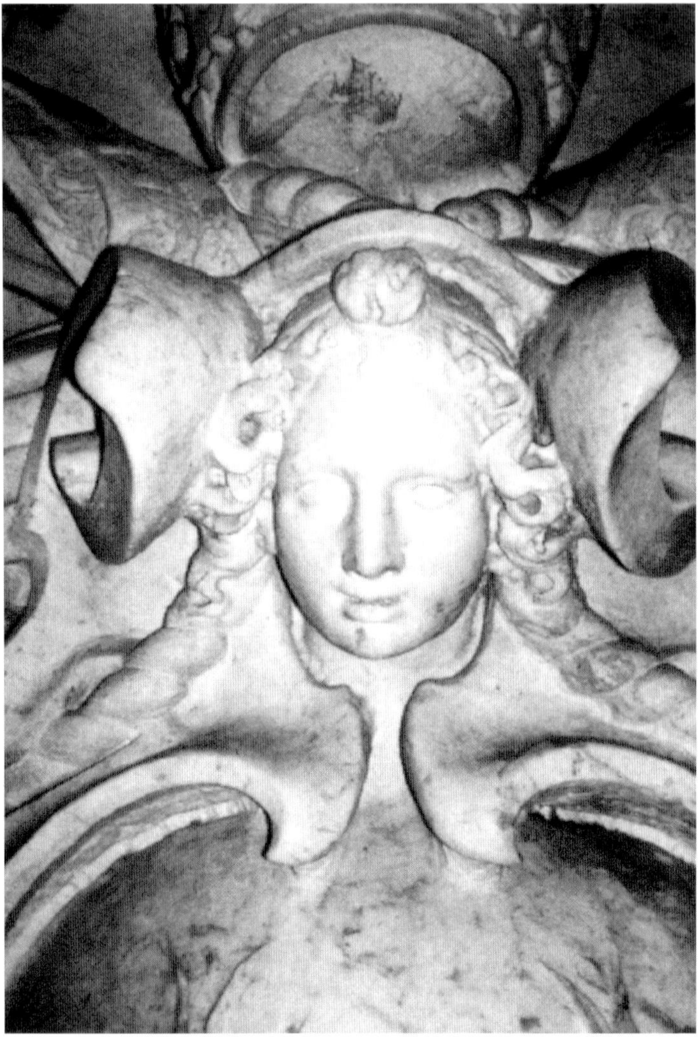

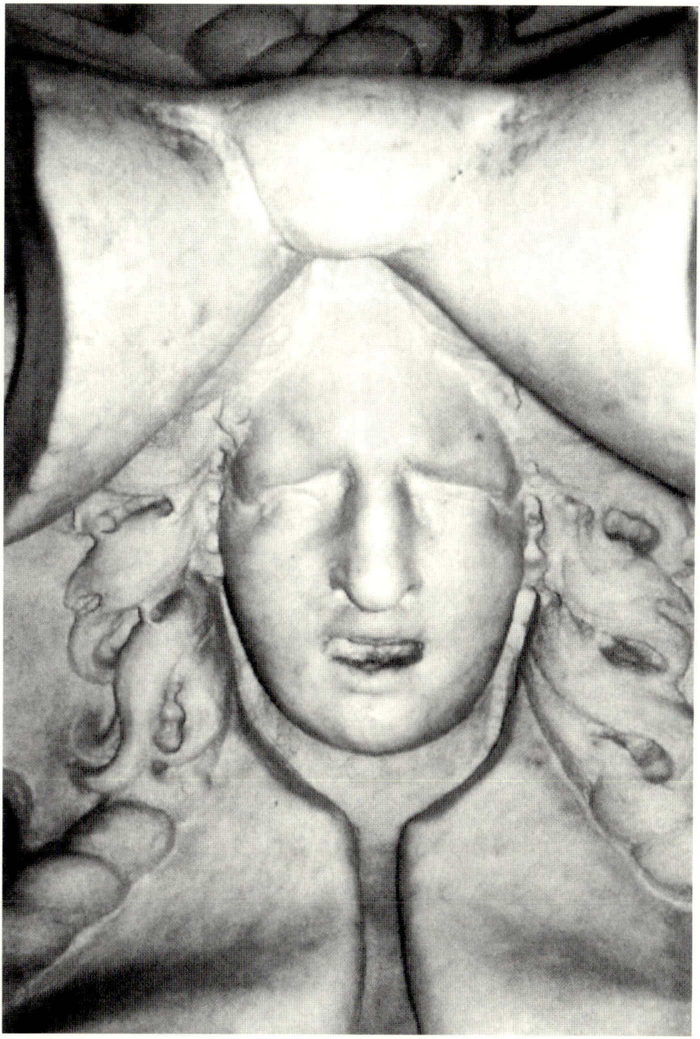

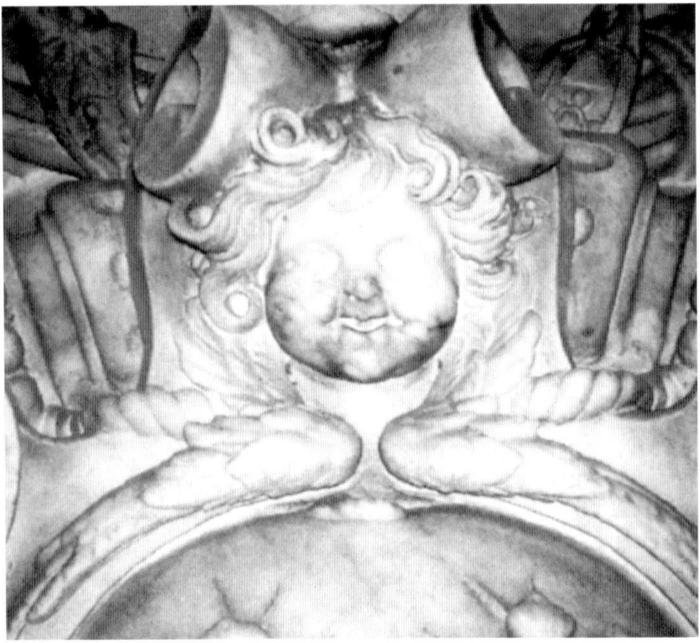

gelehrte Sekretär mehrerer Päpste, stützt diese Sichtweise in seinem 1413 veröffentlichten Werk *De Iuris Dictione Autoritatis*: »In Rom gab es eine Marmorstatue, die das Ereignis darstellte, während es stattfand, nämlich eine Frau, die ein Kind gebar. Die Statue ließ Papst Benedikt zur Abschreckung vor dem Skandal errichten, der sich an dieser Stelle ereignete.«[10]

Er sagte nicht eindeutig, welcher Benedikt gemeint war. Es ist reizvoll, anzunehmen, es könnte sich um Benedikt III. (855–858) gehandelt haben, Johannas unmittelbaren Nachfolger, doch aufgrund der Beweislast von Martinus Polonus' Manuskripten, die ihn Mitte des 13. Jahrhunderts zum großen Propagandisten der Geschichte der Päpstin machten, ist es wahrscheinlicher, daß es um Benedikt XI. (1303–1304) oder Benedikt XII. (1334–1342) ging. Obwohl er in Avignon residierte, investierte letzterer viel in Baumaßnahmen in Rom, ließ Sankt Peter restaurieren und mit einem neuen Dach eindecken und den Lateran renovieren. Und ersterer, der früh verstarb, war Ordensmeister der Dominikaner, somit Kopf des Ordens von Martinus Polonus und vielen weiteren Autoren, die Johanna historische Authentizität zubilligten.

Der Skandal, auf den der nicht genau benannte Benedikt hinweisen wollte, sollte zweifellos dazu dienen, die Gläubigen dazu zu bringen, sich wieder den kirchlichen Autoritäten unterzuordnen. Im allgemeinen hatte er jedoch die gegenteilige Wirkung, wie Martin Luther bezeugte.

Auch wenn Papst Benedikt sich in bezug auf die Statue verkalkulierte, so bleibt er doch der einzige, der in den verschiedenen Chroniken und Berichten als derjenige genannt wird, der sie in Auftrag gab. Dies ließ eine weitere Hypothese entstehen: Bei der Figur einer Frau mit Kind könnte es sich um eine bereits existierende, aber unspezifische Skulptur gehandelt haben, die dann einfach Johanna zugeschrieben wurde, vielleicht weil sie zufällig an der richtigen Stelle stand, an der Straße, durch die ich jetzt ging und auf der ich einen Pfad durch dieses geistige Labyrinth zu finden versuchte.

Die Inschrift – *Petre, Pater Patrum, Papisse Prodito Partum* –, die ursprünglich 1225 von de Mailly als Johannas Grabinschrift zitiert und später in abgewandelter Form von anderen Chronisten aufgegriffen wurde, führte einige kühne Autoren zu der Vermutung, die Statue der Päpstin könnte bereits vor, nicht nach ihrem Pontifikat errichtet worden sein. Möglicherweise schon fünf Jahrhunderte vorher. J.C. von Orelli versuchte 1828 in seinem Werk *Inscriptionum Latinarum*, einer Studie lateinischer Inschriften, zu zeigen, daß die Abkürzung der Inschrift – PPPPPP, die in den Berichten aller Chronisten auftaucht – damals in Rom nicht unüblich war.[11] Der Ausdruck *Pater Patrum* (»Vater der Väter«), der ebenfalls in allen Chroniken erscheint, war ursprünglich keine christliche Wortschöpfung, sondern entstammte dem Mithras-Kult, der in den ersten Jahrhunderten nach Christi Geburt in Rom viele Anhänger besaß.

In diesem einst sehr populären, aus dem Iran stammenden Kult gab es sieben Stufen der Erleuchtung, deren letzte jene des Hohen Priesters oder des *pater patrum* war. Von Orelli legte nahe, daß die Statue am Vicus Papissa, die von vielen hochrangigen Kirchenmännern im Mittelalter mit Johanna in Verbindung gebracht wurde, in Wirklichkeit eines von mehreren im 2. und 3. Jahrhundert errichteten Denkmälern für Priester des Mithras-Kults war. In diesem relativ abgelegenen Teil Roms war sie weitgehend unbeachtet geblieben und überdauerte den Niedergang des Kults, den sie feierte. Ein Jahrtausend später wurde sie mit neuer Bedeutung wieder in den Dienst genommen, als sich der Bericht von Martinus Polonus verbreitete und Pilger zu dieser Stelle strömten.

Die Mithras-Idee ist eine weitere plausible und geistreiche Theorie, die sich jedoch kaum beweisen läßt. Ich hatte den Vormittag damit verbracht, eine erfolgversprechendere Spur bezüglich der Statue zu verfolgen. Zu Beginn des 20. Jahrhunderts hatte der italienische Archäologe Giovanni Tomassetti die Frage aufgeworfen, ob die legendäre Statue der Päpstin Johanna vielleicht unter irgendeiner anderen Bezeichnung im Labyrinth der Vatikanischen Museen verschwunden war.[12]

Ich war von der irrationalen Befürchtung geplagt worden, mein Sakrileg, mich auf die *sedia stercoraria* gesetzt zu haben, könnte von einer verborgenen Kamera aufgezeichnet worden sein, und Fahndungsplakate mit meinem Gesicht würden an allen Eingängen zu diesen geheiligten Hallen prangen. Also sorgte ich dieses Mal dafür, daß ich mit keinem der Bediensteten des Museums in Kontakt kam, und hielt den Blick züchtig gesenkt, als ich zur Chiaramonti-Galerie ging, die die Abteilung mit den Skulpturen beherbergt. Die Statue einer in einen Umhang gewandeten und gekrönten Frau, die ihr Kind stillt, ist mit einem Schild »Juno – für die Römer die dralle Schutzherrin der Ehe und Beschützerin der Frauen – und Herakles« versehen. Sie soll aus den Gärten des Palazzo Quirinale stammen, der heute die offizielle Residenz des italienischen Staatspräsidenten ist, früher jedoch ein päpstlicher Palast war.

Diese Gärten waren unter Papst Sixtus V. (1585–1590) angelegt und im Laufe der Zeit mit Statuen von anderen Stätten Roms angefüllt worden. Owohl die Anlage der Gärten gut dokumentiert ist, sind keine Einzelheiten darüber bekannt, woher die verschiedenen Gegenstände kommen. Zudem ist problematisch, daß die Statue der Frau mit dem Kind aus den Vatikanischen Museen kaum Ähnlichkeit mit Luthers Beschreibung aufweist. Das Zepter fehlt, wobei Tomassetti darauf hinwies, daß der rechte Arm und die Schulter restauriert worden seien – man kann die Spuren davon noch sehen – und die Figur daher verändert worden sein könnte.

Die am häufigsten wiedergegebene Geschichte über das Schicksal der Statue besagt, daß sie auf Veranlassung von Sixtus V. im Zuge seines umfassenden Neubauprogramms in den Tiber geworfen worden sei. Doch auch diese Annahme ist zweifelhaft. Robert Bellarmin (1542–1621), ein berühmter Jesuit, der an der Gregorianischen Universität von Rom Theologie lehrte, spricht in seinem *De Summo Pontifice* in der Vergangenheitsform von der Statue.[13] Da dieses Werk 1577 veröffentlicht wurde, hätte das Denkmal von Päpstin Johanna verschwunden sein müssen, bevor Sixtus den Stuhl Petri bestieg. Darüber hinaus beharrt Bellarmin, ein entschiedener Verteidiger des Papsttums, darauf, daß die Statue einen Mann dargestellt habe, einen heidnischen Priester, der sich auf ein Opferritual vorbereitete.

Bellarmins Beschreibung widerspricht so sehr den anderen Berichten, daß sie sich nicht vereinbaren lassen. Entweder hatte er die Statue nicht gesehen – was unwahrscheinlich ist, denn er arbeitete schließlich in Rom –, oder er hatte eine andere gesehen. Möglich ist aber auch, daß sein propagandistischer Eifer ihn zu dieser Aussage bewegte. Sein jesuitischer Mitbruder Elias Hasenmüller, der 1593 sein Werk *Historia Iesuitici Ordinis* verfaßte, hat vielleicht den Bericht seines berühmten Kollegen nur abgeschrieben und ausgeschmückt. Hasenmüller zufolge hatte Papst Pius V. (1566–1572) die Statue in den Tiber werfen lassen, »um die Erinnerung an dieses beschämende Ereignis auszulöschen«.[14]

Zweifellos stand die Statue im Jahr 1565 noch, als der englische Pilger Thomas Harding in seiner Schrift *A Confutation of a Booke Intituled An Apologie of the Church of England* berichtete, er habe in Rom ein Denkmal für eine androgyne Päpstin gesehen, »das in Stein gehauen war, nach Art eines Grabsteins, und unweit des Kolosseums aufgestellt war.«[15]

Mein Gang durch den Vicus Papissa hatte mich nicht weitergebracht bei meinem Versuch, die widersprüchlichen Hinweise abzugleichen. Nach einem letzten verzweifelten Blick auf die *edicola* – ich war fast versucht, die Statue der Jungfrau Maria anzuflehen, mir beim Entwirren dieses historischen Rätsels hilfreich zur Seite zu stehen – trat ich den Rückweg an, hinunter zum Tiber, mit einem Zwischenstopp auf dem Aventinischen Hügel, wo man von einem Park auf dem Gipfel aus Sankt Peter überblicken kann.

Als ich meinen Blick über die Dächer und Türme des Vatikans schweifen ließ und überlegte, was ich während dieses römischen Abschnitts meiner Untersuchung als nächstes unternehmen sollte, fiel mir ein, daß ich bei früheren, weniger hektischen Besuchen in der Stadt hier in der Nähe eine besonders schöne Aussicht hatte genießen können. Neben dem Park liegt die Basilika Santa Sabina, die schon recht alt ist, doch zeitlos wirkt mit ihrem schlichten, aus grauem Marmor bestehenden Inneren. Und jetzt kommt eine dieser wunderbaren römischen Merkwürdigkeiten. Als ich ein Auge an das Schlüsselloch des verschlossenen und verriegelten Tors drückte, das zum Garten der Residenz der Malteser führt, konnte ich durch eine von Bäumen gesäumte Allee die Silhouette der Kuppel des Petersdoms sehen, die all ihres umgebenden Prunks und Pomps entkleidet war.

Vergiß die Nebensächlichkeiten, und konzentriere dich auf eine Sache, sagte ich mir, als ich zu meinem Hotel zurückging. Da gab es eine Statue, die Päpstin Johanna gewidmet war. Der Kult, der um sie herum entstanden war, ließ sich nicht länger leugnen. Und auch nicht die Tatsache, daß viele hochwohlgeborene und hehre Persönlichkeiten, ob Geistliche oder nicht, an die historische Wahrheit dieser Geschichte glaubten.

9. Kapitel

> Als die Wochen vergingen, stellte sich eine Art Hochgefühl ein bei dem Gedanken daran, daß ich davonkommen würde ... Und im Laufe der Zeit wurde ich immer mutiger.
>
> Valerie Arkell-Smith alias Oberst Victor Barker, nachdem ihre Verkleidung von der Presse enthüllt worden war.[1]

Rom erlebte einen schönen Altweibersommer, aber die Hitze verstärkte nur die Frustration bei meinen Bemühungen, Fakten und Fiktion zu trennen. Die Stadt mag zwar ein wunderbarer Urlaubsort sein, doch als Arbeitsplatz zeigt sie sich von einer weit weniger angenehmen Seite, wie ich bald feststellte. Endlose Telefonate und Faxe an den Vatikan führten zu nichts weiter als zu wiederholten Abfuhren. Die Bibliotheken waren zu unüblichen und irrationalen Zeiten geschlossen. Bücher und Dokumente, nach denen ich suchte, waren nicht auffindbar oder für all jene unzugänglich, die nicht über mindestens vier Doktortitel und ein Empfehlungsschreiben der verstorbenen Mutter Theresa verfügten.

Nachdem kein tiefer pinkfarbener Lehnstuhl mehr auf mich wartete, in den ich mich sinken lassen konnte, entschloß ich mich, das Nächstbeste zu tun – abzuhauen. Außerhalb von Rom gab es zwei weitere Plätze, an denen Berichten zufolge noch Denkmale für Johanna standen, nachdem die Statue am Vicus Papissa verschwunden war. Der erste liegt in Bologna und wurde 1606 von Bischof Burnet von Salisbury beschrieben, der davon berichtete, daß die Einheimischen eine Büste vor der Basilika San Petronio Johanna zuordneten.[2] Die Behörden, so schrieb der Bischof, bezeichneten diese Gerüchte jedoch als unwahr und behaupteten, es handele sich um Papst Nikolaus IV. (1288–1292) – ein weiteres Beispiel dafür, welch zweideutige Botschaften ein und dasselbe Bild aussenden kann. Da es mir durch einen Telefonanruf in Bologna jedoch nicht gelang, die genaue Lage der Kirche ausfindig zu machen, gab ich meinen Plan auf, Hunderte von Kilometern zu fahren, um dann zwischen mehreren hundert Gotteshäusern umherzustreifen und nach einem Anhaltspunkt zu suchen, der von keinem späteren Autor mehr erwähnt worden war.

Der zweite Platz in Siena war dagegen wesentlich leichter zu finden. Während die Statue Johannas in Rom nur von ihrem Sturz kündete, nahm sie in Siena ihren rechtmäßigen Platz in der Galerie der Päpste in der Kathedrale ein.

Die Reise nach Siena war kurz und erfrischend und frei von Leichenwagen. Siena liegt im Herzen der Toskana, an dem Weg, der Rom über Florenz mit Norditalien und damit dem Rest Europas verbindet. Altes und Neues fügen sich auf dieser Strecke zu einem ansprechenden Gesamtbild. Da die neue Autobahn auf die alte Straße gebaut wurde, ist sie nicht, wie viele andere Schnellstraßen, mit hohen Böschungen eingefaßt, die den Blick versperren, und gerät so zu einem bilderbuchartigen Fahrweg, dessen Hauptproblem in den vielen Reizen entlang der Straße liegt. Die Strecke von Rom nach Siena wird von zahllosen kleinen Städten auf Hügeln gesäumt, die man zwischen den Tunnels, die alle natürlichen Hindernisse durchschneiden, immer wieder erblickt.

Nach der Ankunft in Siena merkte ich, daß ein Auto in dieser Stadt ziemlich sinnlos ist. Der mittelalterliche Stadtkern ist eine Fußgängerzone. Ein Labyrinth schmaler Gassen und Straßen, die über steile Hügel verlaufen, führt den Besucher zu der muschelförmigen Piazza del Campo, dem Hauptplatz, dem eindrucksvollen Mittelpunkt einer einstmals mächtigen Stadtrepublik.

Nicht nur das Fehlen von Autos verleiht der Altstadt von Siena die Atmosphäre eines Ortes, an dem die Zeit stillzustehen scheint. Alle neueren Gebäude – Häuser, Fabriken und Bürobauten – liegen weiter außerhalb in der Nähe der *autostrada*. Die Fassaden der Läden erschienen mir auf liebenswürdige Weise altmodisch, der ich nur mehr die anonymen Hauptstraßen mit ihren farblich aufeinander abgestimmten Ladenketten gewohnt bin.

Doch hinter dieser steingewordenen Atmosphäre hatte eine Veränderung stattgefunden, die entscheidend war für das Rätsel um die Päpstin. In einem Brief, der Mitte des 15. Jahrhunderts verfaßt wurde, beschreibt der Pariser Theologe Jean Launoy, wie Erzbischof Enea Silvio Piccolomini aus Siena, der spätere Papst Pius II. (1458–1464), mit Kardinal Johannes Carusial über eine Statue der Päpstin Johanna diskutierte, die damals in seiner Kathedrale stand.[3] Selbst Döllinger, der erbittertste Gegner Johannas im 19. Jahrhundert, erkannte ihre Bedeutung: »Im 15. Jahrhundert zeigen sich kaum Zweifel an ihr (Johanna). Zu Beginn des Jahrhunderts wurde die Büste der Päpstin Johanna in der Kathedrale von Siena aufgestellt ..., und niemand nahm daran Anstoß. In der Folgezeit entsandte die Kirche von Siena drei Päpste auf den Heiligen Stuhl – Pius II., Pius III. (1503) und Marcellus II. (1555). Keiner von ihnen dachte daran, diesem Skandal ein Ende zu setzen.«[4]

Anfang des 17. Jahrhunderts jedoch berichtete Antoine Pagi, ein Provinzial des Franziskanerordens aus Arles, in seinem Tagebuch von einem Aufenthalt im Haus der Franziskaner von Siena, wo er zahlreiche Unterhaltungen mit seinen Mitbrüdern, mit Priestern der Kathedrale und einem ungenannt bleibenden Herrn aus der Stadt über das Schicksal der Büste von Päpstin Johanna führte.[5] Sie sei vor kurzem entfernt worden, sagte man Pagi, auf Anordnung von Klemens VIII., mit Billigung des Herzogs der Toskana und angeblich auf Anregung des Kirchenhistorikers Kardinal Caesar Baronius, einem jener Historiker, die sich in der nachreformatorischen Zeit nach Kräften bemühten, die Geschichte der Päpstin Johanna zu einer Legende herunterzuspielen.[6] Pagi vertrat die einleuchtende Ansicht, daß die Büste nicht entfernt und ersetzt, sondern vielmehr von Steinmetzen mit etwas männlicher wirkenden Gesichtszügen versehen worden sei, worauf man sie Papst Zacharis zugeschrieben habe.

Pagis Bericht steht nicht allein. Alexander Cooke, ein protestantischer Autor, der sich in einem 1625 erstmals in London veröffentlichten Traktat mit Päpstin Johanna befaßte, um die katholische Kirche ins Zwielicht zu bringen, verweist auf ein Denkmal der Päpstin im Dom von Siena, »das der zuständige

Bischof bei der letzten Renovierung dieser Kirche nicht zu verunstalten wagte, obgleich die Jesuiten ihn nachdrücklich dazu aufforderten.«[7]

Der Benediktiner Jean Mabillon, ein Mönch aus Reims, der Mitte des 17. Jahrhunderts zahlreiche Werke über archäologische Themen verfaßte, greift diese Geschichte ebenfalls in seiner *Itinera Italia* auf, die 1687 in Paris veröffentlicht wurde.[8] Er schildert darin eine Reise durch Italien, die er 1685 und 1686 unternahm. In Siena erinnerte man sich noch gut an die Büste der Päpstin Johanna, schreibt er und führt einen Abt namens Jacobus Mignanellus als Augenzeugen dafür an, daß es hier einst ein heute verschollenes Bildnis der Päpstin gegeben habe.

Im Gefolge von Mabillon und Millionen anderer Pilger gelangte auch ich in den Dom von Siena. Dieses außergewöhnliche Bauwerk wurde am höchsten Punkt der Stadt errichtet; der Turm und die Seitenmauern bestehen vollständig aus schwarz-weißem Marmor. Von der Straße aus, die nach Siena hineinführt, schien der Dom die halbe Stadt auszufüllen. Und auch von näherem betrachtet, war sie nur ein bißchen bescheidener.

Hätte man die Bewohner Sienas gewähren lassen, hätte ihr Dom sogar die Peterskirche in Rom übertroffen. Nachdem die Sieneser 1260 in der Schlacht bei Monteaperti einen entscheidenden Sieg über ihre langjährigen Rivalen, die Florentiner, errungen hatten, begannen sie den Dom in gewaltigen Dimensionen zu planen – als Zeichen ihres Siegs, ihrer Unabhängigkeit und ihres Wohlstands. Die Arbeiten waren noch im Gange, als 1348 eine Pestepidemie die Hälfte der Bevölkerung der Stadt dahinraffte und die hochfliegenden Baupläne deutlich reduziert werden mußten. Der Dom, den ich zu sehen bekam, war nur das Querschiff dessen, was ursprünglich geplant war. Nur ein paar Säulen und Fragmente einer Fassade an der hinteren Seite des Domvorplatzes zeugten noch von diesem Entwurf.

Die Ansammlung von Marmor und Graffito, von Fresken und Statuen, von Blau, Gold und Weiß im Inneren des Doms wirkte genauso blendend wie die kräftige Herbstsonne, die draußen schien. So blendend, daß sich die Galerie von rund 170 Papstbüsten, die an der rechten Seite des Kreuzes in der Mitte der Apsis mit Petrus beginnt und sich in mehr oder weniger chronologischer Reihenfolge durch den Hauptteil der Kirche zieht und mit Papst Lucius III. (der 1185 starb) wieder am Kreuz endet, nur wie ein kleines Detail ausnahm.

Doch wegen dieser Galerie war ich nach Siena gekommen. Die Statuetten, die aus Terrakotta bestehen und irgendwann einmal – wie ich später nach dem Studium gewichtiger und verschlungener publizierter Extrakte aus den Archiven Sienas herausfand – blau und golden angemalt worden waren, jetzt aber blaßgrau und staubig waren, bilden seit dem späten 15. Jahrhundert ein Merkmal des Doms und sind wahrscheinlich mindestens hundert Jahre älter. Die mit drei Goldreifen versehene Tiara zum Beispiel, die jeder Papst trägt, könnte bis in das frühe 14. Jahrhundert zurückgehen. In den Archiven fand sich auch eine Notiz vom 7. August 1600, in der Marchese Tommaso Malaspina, der Herrscher von Siena, Giugurio Tommasi, einen der Handwerksleute des Doms, anwies, jene Büste zu entfernen, die als die von Johannes VII. gekennzeichnet war, aber angeblich Päpstin Johanna darstellte.[9]

Die Büste von Zacharias, die Pagi erwähnte, stand in einer Ecke über dem Haupteingang. Ein kurzer Erkundungsgang bestätigte mir, daß es keine Wendeltreppe und auch keine Aussichtsgalerie gab. Es war also unmöglich, nahe an die Büsten heranzukommen. Man konnte sie nur sehen, wenn man den Kopf tief in den Nacken legte und in das Halbdunkel hinaufspähte.

Doch selbst auf diese Entfernung erschien mir Pagis Theorie unwahrscheinlich. Es gab keine Anzeichen, daß Zacharias stärker bearbeitet worden war als seine Nachbarn. Hier eine im Laufe der Zeit abgebröckelte Stelle, dort ein kleiner Riß in den Backenknochen. Und seine linke Wange sah aus, als habe er unter schwerer Akne gelitten, doch er war zweifellos ein Mann, mit einem kräftigen Kinn, tiefliegenden Augen, schmalen Lippen und einer großen Nase.

Die Büste stand mehr oder weniger an dem Platz, wo man Papst Zacharias aus dem 8. Jahrhundert erwarten mußte, einen der letzten griechischen Päpste. Doch die Chronologie im Dom war nicht exakt. Links von ihm – und damit als sein Vorgänger – war Gregor II. plaziert. Aus der Geschichte aber wissen wir, daß Gregor III. hier hätte stehen müssen, der in Siena jedoch erst weiter hinten kommt. Einige Päpste werden wiederholt, andere ausgelassen oder durch Gegenpäpste ersetzt.

Als ich zu der Zeit kam, in der Johanna den Chronisten zufolge auf dem Papstthron saß, blickten mir Leo IV., Benedikt III. und Nikolaus I. entgegen, der erste mit dem Gesicht eines edlen und weisen Mannes, der zweite wie das Ebenbild von Jeffrey Archer, der dritte mit deutlich weiblichen Zügen, ein schlichtes, aber majestätisches Gesicht in der Art von Königin Victoria mit großen Augen, über denen schwere Lider lagen. War dies vielleicht einmal das Profil von Päpstin Johanna gewesen?

Wenn es schon schwierig war, die Büsten überhaupt in Augenschein zu nehmen, konnte ich mir nicht recht vorstellen, welcher Aufwand nötig gewesen wäre, um einzelne Köpfe zu entfernen oder auszutauschen – Leiter, Staffeleien, Steinmetzen und vieles mehr hätten herangeschafft werden müssen. Die Päpste mochten die Entfernung Johannas befohlen haben, aber für die Leute, die diese schwierige Aufgabe ausführen und die entstehende Lücke wieder füllen mußten, ging es vermutlich einfacher und schneller, nur den Namen zu ändern, der in großen schwarzen Buchstaben unter der anstößigen Büste angebracht war.

Mein Verdacht wurde durch die Tatsache verstärkt, daß alle überlieferten Versuche, die Physiognomien, die in Siena zu sehen sind, mit anderen Porträts der Päpste abzugleichen, fehlgeschlagen sind. Nachdem ich akzeptiert hatte, daß die Büsten keine Bildnisse im strengen Sinn waren, sondern lediglich eine Reihe menschlicher Gesichter, die alle dieselbe Tiara trugen und eine über der Brust gekreuzte und mit einem Knebel befestigte Albe, war es leicht nachzuvollziehen, daß der entsprechende Name in der Papstchronologie einfach der jeweiligen Büste zugeordnet worden war. Einige der ausgestellten Gesichter wirkten betont maskulin, andere weicher, einige androgyn und wieder andere – wenngleich nur sehr wenige – tuntenhaft oder weiblich. Leo IV. zum Beispiel war mit seinem kräftigen Unterkiefer und seinem Boxergesicht unbestreitbar männlich. Aber Sergius III., nur einige Köpfe entfernt, hätte durchaus als Denkmal für eine britische Adlige durchgehen können.

Die Büsten glichen daher einem Päckchen Karten, die man nach Belieben neu mischen und wie Trümpfe ausspielen kann, indem man ihnen schlicht einen neuen Namen gibt. Falls sich die Büste, die einst Johanna repräsentiert hatte, hier im Dom befand, war sie nicht mehr identifizierbar. Jeder der Köpfe mit Schultern, die hier ausgestellt waren, kam dafür in Frage.

Trotz dieser Erkenntnis war ich noch immer überrascht darüber, daß diese letzte offizielle Erwähnung Johannas so wenig Aufmerksamkeit in Siena hervorrief. Die Führer in der Kathedrale machten nur vage Andeutungen, und auch eine Informationsbroschüre erwies sich als wenig hilfreich. Vielleicht, so überlegte ich bei einem Cappuccino auf dem Campo, war es gerade Johannas Anspruch, zu den wenigen Frauen zu gehören, die einen Platz im Olymp der katholischen Kirche verdienten, was Siena so wenig beeindruckt hatte. Denn die Stadt verfügt über eine Vielzahl weiblicher Vorbilder.

Im Palazzo Pubblico, dem gotischen Rathaus, das ich vom Campo aus im Blick hatte, gibt es zahlreiche Darstellungen der Jungfrau Maria und eine Handvoll Abbildungen einer anderen Schutzpatronin der Stadt, der Wölfin. Früher stand eine vergoldete Bronzestatue aus dem 15. Jahrhundert vor dem Palazzo auf einer Säule, die mittlerweile jedoch durch eine Nachbildung ersetzt und in das Innere des Gebäudes geschafft worden ist, um sie vor Wind und Wetter zu schützen. Die Sieneser hatten sich das Bildnis der Wölfin von ihren römischen Oberherren geborgt und später zu einem zentralen Bezugspunkt ihrer Republik gemacht. *Lupa, lupa!* (Wölfin, Wölfin!) wurde der Schlachtruf der Sieneser Soldaten.

Die dritte Gestalt dieser weiblichen Trinität, die die Bewohner Sienas fesselte und Päpstin Johanna in den Schatten stellte, war die heilige Katharina, eine Mystikerin aus dem 14. Jahrhundert, die aus der Stadt stammte und berühmt wurde durch ihre politischen Interventionen bei Päpsten, durch spirituelle Erlebnisse, Stigmata und ihre enge Freundschaft mit Franz von Assissi. Überall in Siena stehen Statuen von ihr an den schmalen Straßen. Ihr ist eine Kirche gewidmet, und im Palazzo Pubblico hängt ein Porträt von ihr, das noch zu ihren Lebzeiten von Lorenzo di Pietro (genannt Vecchietta) fertiggestellt wurde.

Katharina liefert nur indirekt eine Verbindung zu Päpstin Johanna. Sie hatte, wie wir bereits gesehen haben, Euphrosyne, eine der weiblichen Heiligen, die in Männertracht gingen, zu ihrem Vorbild erklärt. Vielleicht genügte das. Da die Sieneser in ihrer Volkskultur bereits über eine solch komplexe Heiligengestalt verfügten, hatten sie keinen Bedarf mehr an der Päpstin.

Wieder zurück in Rom, widerstand der Vatikan nach wie vor jedem meiner Versuche, einen hochgestellten Geistlichen dazu zu bewegen, über Päpstin Johanna zu reden. Professor Cesare d'Onofrio kam einem offiziellen Pressesprecher noch am nächsten und war bereit, mich anzuhören. Als selbsternannter »Historiker Roms«, der mehr als dreißig Bücher veröffentlicht hat, besitzt d'Onofrio Zugang zu Beamten und zu Dokumenten im Vatikan, der anderen verwehrt ist. Er hat dieses Rohmaterial zu einer Reihe von Werken verarbeitet, die auf gute Resonanz stießen und die er über seine eigene Buchhandlung verkauft; sie wird von seiner Frau betrieben, liegt zu Füßen des Pantheon und ist nur mit unterschiedlichen Ausgaben und Aufmachungen seiner eigenen Werke sowie einigen Fotos, die er selbst gemacht hat, bestückt.

Professor d'Onofrio, ein aufgeweckter, adretter Mann in den Siebzigern, der wie viele italienische Männer die Angewohnheit besaß, Kleider zu tragen, für die er eigentlich nur halb so alt hätte sein dürfen, genoß zweifellos großen Respekt in der Fondazione Besso, einer mit Spendengeldern betriebenen Bibliothek im Herzen Roms, wo wir uns verabredet hatten. Sein Name wurde vom Türsteher und anschließend von dem Mann am Empfang fast flüsternd ausgesprochen. Ich wurde in eine eigenartige, mit Büchern ausstaffierte Vorkammer geführt, die höher war als breit und daher den Eindruck erweckte, als sei sie auf die Seite gedreht worden. In der Mitte dieses sonderbaren Raumes saß der *professore*. Die Italiener lieben akademische Titel, und so wurde ich schmeichelnd als Dottor Stanford vorgestellt.

Als spüre er, daß seine unorthodoxen Publikations- und Distributionsmethoden Zweifel an seiner akademischen Glaubwürdigkeit weckten, begann Professor d'Onofrio unser Interview, indem er einige Bewunderer seiner Werke aufzählte. Zu jenen, denen sein 1979 veröffentlichtes Buch über Päpstin Johanna gefallen habe, gehöre auch ihr heutiger Nachfolger Papst Johannes Paul II. Der polnische Pontifex habe ihm dies brieflich mitgeteilt, sagte d'Onofrio, und dies wäre nicht geschehen, »wenn nicht die Jesuiten vorher meine Fakten überprüft hätten«.

Trotz der Unterschiedlichkeit unserer Titel und unseres Alters fanden wir rasch eine gemeinsame Basis. Auch Professor d'Onofrio hatte auf der *sedia stercoraria* gesessen, doch aufgrund seines makellosen Rufes im Vatikan hatte er dafür die Genehmigung der zuständigen Behörde gehabt. Es ist keine Kommmode, nicht wahr? meinte er. Der technische Ausdruck, den ich dafür hatte, verwirrte ihn zunächst ein wenig. Aber nach einigen angedeuteten obszönen Gesten verstand er.

> Können Sie sich vorstellen, in dieser Haltung Ihre Notdurft zu verrichten? Nein. Es ist ein Geburtsstuhl, auf den sich die Frauen zur Entbindung legten. Es gibt noch mehr davon – in Konstantinopel. Man hat sie aus symbolischen Gründen zur Amtseinführung des Papstes in San Giovanni in Laterano verwendet. Wenn der Papst während der Zeremonie auf dem Stuhl Platz genommen hatte, konnte der Lateran den Anspruch erheben, die Mutterkirche der Welt zu sein, und der Papst konnte für seine Kirche die Rolle einer Mutter beanspruchen – *ecclesia mater*.

Ursprünglich, so erklärte der Professor etwas müde, habe es zwei solche Stühle gegeben, jenen in den Vatikanischen Museen und einen zweiten, den Napoleon erbeutet, nach Paris mitgenommen und im Louvre untergebracht habe, der heute jedoch verschollen sei. Einen Augenblick lang dachte ich an die Möglichkeit einer Vertuschungsaktion, doch der Professor sprach unbeirrt weiter, und es klang fast so, als hielte er seinen Standardvortrag zu diesem Thema. Beide Stühle seien bei der Papstkrönung in der Kapelle Sankt Silvester in San Giovanni verwendet worden. Der neue Papst habe zuerst auf dem einen, dann auf dem zweiten Stuhl Platz genommen.

Die Mutterkirche des Katholizimus zu sein ist ein Anspruch, den der Lateran unzweifelhaft erhebt. *Mater et Caput Omnium Ecclesiarum* (Mutter und Haupt aller Kirchen) lautet die Inschrift an seiner Fassade. Doch wo seien die Beweise, die diese ausgefeilte Theorie stützten, fragte ich den Professor, und worin habe der Symbolismus bestanden, daß man zwei statt nur einen solchen Stuhl verwendete?

> Das symbolische Bild einer Mutter, die sich um ihre Kinder kümmert, haben viele Herrscher der damaligen Zeit für sich in Anspruch genommen. Und das lieferte mir einen wichtigen Hinweis. Bei der Krönung der römischen Kaiser saß ihre Gemahlin neben ihnen auf einem Stuhl, der ansonsten als Geburtsstuhl diente. Das war ihre Rolle. Sie war die Mutter des Volkes. Die Päpste knüpften daran an, als Männer bedienten sie sich einer weiblichen Symbolik, als sie die Autorität des Kaisers in Rom übernahmen. Dadurch wurde eine historische Kontinuität begründet und auch die Kontinuität des Papsttums – ein Papst gebar den nächsten.

Aber warum zwei Stühle? »Schauen Sie sich Bischof Burchard an«, empfahl mir der Professor. Neben seinem bereits erwähnten Bericht über den Vicus Papissa hatte Burchard, der päpstliche Zeremonienmeister, auch über die Amtseinführung von Innozenz VIII. im September 1484 geschrieben:

> Der Papst wurde zum Eingang der Kapelle von Sankt Sylvester geleitet, neben dem zwei schlichte steinerne Stühle standen. Im ersten, der rechts von der Tür stand, nahm der Papst Platz, als wolle er sich niederlegen. Und als er sich gesetzt hatte, reichte ihm der Prior des Laterans einen Stab, zum Zeichen dafür, daß er herrsche und strafe, sowie die Schlüssel der Basilika und des Lateranpalastes, zum Zeichen dafür, daß er die Macht besitze, zu schließen und zu öffnen, zu binden und zu lösen. Dann erhob sich Innozenz und setzte sich in den zweiten Stuhl, von dem aus er die Schlüssel zurückgab, die damit bereit waren für seinen Nachfolger.[10]

Öffnen und Schließen, Binden und Lösen. Das konnte man zweifellos auch auf die Geburtswehen beziehen. Und die Vorstellung, daß der Stab und die Schlüssel zum Amt gehörten, nicht dem jeweiligen Amtsinhaber, war bereits seit der Zeit Leos I. (440–461) üblich, des ersten Papstes, der erkannt hatte, daß die Autorität des Papsttums stärker und dauerhafter sein müsse als die eines Menschen, der zur Ausübung dieses Amtes bestellt wurde.

Burchard ist ein eindrucksvoller Zeuge, doch die Vorstellung von der Mutterkirche – des Laterans oder der gesamten Christenheit – wird in seinem Bericht nirgendwo explizit formuliert. Außerdem sind ihm die Berichte anderer Zeugen entgegenzuhalten, die davon sprechen, daß die Geschlechtsteile des Papstes betastet wurden.[11] »Ein Symbolismus kann sich im Laufe der Zeit verwischen«, sagte der Professor, »und ich würde sicher sein wollen, daß die Autoren wirklich Augenzeugen waren. Ist es wahrscheinlich, daß es in einem solch intimen Moment eine Menge von Zuschauern gab?«

Uns beide befremdete die Vorstellung, in solch ein öffentliches Schauspiel verwickelt zu sein. Ich mußte unwillkürlich an die Szene in dem Film *Crocodile Dundee* denken, in der der australische Buschranger Paul Hogan eine angesagte New Yorker Bar aufsucht, mit einem männlichen Transvestiten ins Gespräch kommt, schließlich schockiert seinen Irrtum erkennt und später darauf besteht, sich bei jeder Frau, die er kennenlernt, mit einem Griff in den Schritt ihres Geschlechts zu vergewissern.

Doch der Professor erwies den Augenzeugen dieser seltsamen Zeremonie, bei der angeblich die Männlichkeit des Papstes überprüft wurde, einen schlechten Dienst. Durch das Studium verschiedener Berichte hatte ich herausgefunden, daß Hadrian VI. (1522–1523) die Verwendung der *sedia stercoraria* abschaffte. Der 1644 verfaßte Bericht eines schwedischen Reisenden namens Lorenz Banck, den ich bei meinem ersten Rom-Besuch entdeckt hatte, erschien mir daher mittlerweile zweifelhaft. Doch die Darstellungen des Mailänder Historikers Bernardino Coreo und von Adam von Usk, die detailliert über die päpstlichen Amtseinführungen von 1492 beziehungsweise 1401 berichteten, lassen sich nicht so leicht abtun. Wollte der Professor andeuten, daß sie sich dieses außergewöhnliche Ritual nur ausgedacht hatten oder in gutem Glauben davon ausgingen, daß es am anderen Ende einer überfüllten Basilika durchgeführt wurde?

Professor d'Onofrio blätterte eifrig in einem seiner Bücher, das vor ihm lag. Er wechselte das Thema und begann, mir nicht enden wollende Darstellungen von Geburtsstühlen zu zeigen. In früheren Zeiten hätten sich Frauen aus höheren Schichten bei der Geburt ihrer Kinder solcher Stühle bedient, meinte er. »Auch im British Museum bei Ihnen zu Hause befindet sich ein solcher Stuhl. Er ist aus blauem Stein.«

Er mußte meine Zweifel gesehen haben und versuchte mich zu überzeugen. »Später versuchte der Vatikan, die beiden Stühle als Symbole seiner Autorität über den Lateran auszugeben. Dies war die Zeit von Martinus Polonus, als die Päpste aus Avignon zurückkehrten und der Vatikan und der Lateran um die Vorherrschaft kämpften. Der Kampf ging teilweise auch um den Besitz der Stühle. Sie dürfen nicht vergessen, daß zur damaligen Zeit der Besitz von heiligen Reliquien bedeutete, daß man Autorität besaß und über Einnahmen verfügte.«

Der Lateran behauptete die Stühle für sich, während der Vatikan dessen Macht an sich riß. Erst unter Pius VI. (1775 bis 1799) wurden die Stühle schließlich über den Tiber gebracht (vielleicht über den Vicus Papissa? überlegte ich). Bis dahin hatte der Vatikan – und hier erging sich der gute Professor in Spekulationen – die Bedeutung der Stühle herunterzuspielen versucht. Er habe die Legende von Johanna erfunden, um ihnen und damit dem Lateran jede Bedeutung abzusprechen. Doch die Schöpfung des Stuhlbrauches hätte allmählich ein Eigenleben entwickelt und sich schließlich gegen die Kirche gewendet.

In diesem Szenario war der Vatikan Martinus Polonus' unbekannte Quelle, das offizielle Sprachrohr in einer Auseinandersetzung mit dem Lateran. Nur daß diese Strategie auf spektakuläre Weise nach hinten losging.

Mir war bereits früher aufgefallen, daß der Professor den Ausdruck »Legende« verwendete. Und jetzt hatte er ihn wieder benutzt. Er schien darin eine Bestätigung seiner Skepsis zu sehen. Wollte er damit sagen, daß die Päpstin nichts weiter als eine erfundene Geschichte war? »Nein, sie ist keine Geschichte, sondern eine *storiella*.« Ich war verblüfft. »Ein Mythos, eine Legende.« Ich fragte, ob beides denn dasselbe sei, da meiner Auffassung nach ein Mythos eine Wahrheit zum Ausdruck bringt, während eine Legende oft nicht mehr als eine erfundene Geschichte ist. »In Mythen«, sagte Professor d'Onofrio, als verkünde er eine päpstliche Erklärung, »sind immer die Götter involviert. Legenden dagegen haben mit dem Volk zu tun, sind volkstümliche Geschichten.« Und die Päpstin Johanna? »Eine Legende – keine Götter.«

Der Professor spürte meine Verärgerung darüber, daß er für seine Spekulationen keine handfesten Anhaltspunkte zu liefern vermochte. Daraufhin änderte er die Taktik. »Aber selbst wenn es sich um eine erfundene Geschichte handelt«, sagte er im beruhigenden Tonfall eines Arztes, der am Bett eines kranken Kindes steht, »sind alle einzelnen Elemente wahr.«

Darauf sei ich auch schon gekommen, erwiderte ich und begann, von meinem ergebnislosen Spaziergang über den Vicus Papissa am vorangegangenen Nachmittag zu erzählen. »Ach ja«, unterbrach er mich, »dafür kann die Topographie Roms eine Erklärung liefern. Der Weg wird ›Vicus Papissa‹ genannt, weil er am Haus einer Familie mit dem Namen Pape vorbeiführte. Es gibt Aufzeichnungen, die belegen, daß diese Familie dort lebte.«

Er griff abermals nach seinem Buch und zeigte mir die entsprechenden Seiten und die Quellenverweise.[12] Auf alten Stadtplänen Roms, von denen einige bis ins 10. Jahrhundert zurückreichten, waren die Papes verzeichnet. »Zu dieser Zeit betrachteten es wohlhabende Familien als ihre ehrenvolle Aufgabe, Teile der Straße, durch die der Papst zog, zu schmücken. Die Papes waren im Mittelalter eine reiche Familie. Wir wissen, daß Giovanni Pape mit seiner Familie bis zu seinem Tod 973 gegenüber Santi Quattro Coronati lebte und eine eigene Kapelle besaß. Es war nicht ungewöhnlich, eine Straße nach einer solchen frommen Familie oder auch nach einem ihrer weiblichen Verwandten zu benennen.«

Der Vicus Papissa war demzufolge nicht die »Straße der Päpstin«, sondern die »Straße der Frau Pape«.

Gerade als ich den Eindruck hatte, daß Professor d'Onofrio sein abschließendes Urteil über Päpstin Johanna fällen wollte, machte er eine interessante Zwischenbemerkung. Ob ich in Sankt Peter gewesen sei, fragte er. Und ob ich Berninis *baldacchino* über dem Hauptaltar untersucht hätte? Das solle ich tun. »Papst Urban VIII. (1623–1644) verstand den alten Symbolismus der Kirche. Er war ein sehr intelligenter, kultivierter Papst. Er bat Bernini, in seinem *baldacchino* der Vorstellung Ausdruck zu verleihen, daß das Papsttum die Mutter Kirche repräsentierte und ein Papst den nächsten hervorbrachte.«

Ob dies belegt sei, fragte ich den Professor. Seine Antwort blieb vage. Wie viele seiner Theorien sei es eine Vermutung, Teil einer persönlichen Volkskultur, die er um seine Stadt herum geschaffen hatte. »Gehen Sie hin, und schauen Sie es sich selbst an. Es war ein Geheimnis. Nur Bernini und Urban wußten, was es bedeutet. Sie haben nicht einmal die Handwerker eingeweiht.«

Ich war noch nie ein besonderer Fan des bedeutendsten Schreins der katholischen Kirche. Der Petersdom, der täglich von Heerscharen von Touristen überschwemmt wird, vermittelt nicht die Atmosphäre eines Gotteshauses. Er ist ein Museum, ein Siegesdenkmal Roms, dem es im Mittelalter gelungen war, Europa seinen Willen aufzuzwingen. Er inspiriert genausowenig zum Gebet wie das Empire State Building. Es ist alles nur eine Frage der Größe.

Die Fassade des Doms, der zu Beginn des 17. Jahrhunderts von Carlo Maderno entworfen wurde, illustriert diese Annahme. Der Dom bemüht sich so sehr, imposant zu wirken, daß er jegliche Proportionen verliert. Er ist zu lang für seine Höhe – er sieht aus, als seien beide Seiten einer einstmals ausgewogenen Vorderfront mit Erweiterungsbauten versehen worden. Die Einzelheiten stimmen, doch der Gesamteindruck tut dem Auge weh.

Dafür ist nicht Maderno verantwortlich zu machen. Er wollte den Dom kleiner bauen. Die beiden Erker an den Seiten wurden auf Anordnung eines späteren Papstes hinzugefügt, der sich von Berninis ehrgeizigen Plänen für zwei Türme beeindrucken ließ. Aber der Meister des Barock hatte sich verkalkuliert. Nachdem man mit dem Bau begonnen hatte, erwiesen sich die Türme als zu schwer für Madernos Fundamente, so daß man auf sie verzichten mußte. Ihre Sockel blieben als ungewollte und häßliche Ergänzungen der Vorderfront erhalten. Später wurde der Schaden behoben, allerdings durch übermäßige Erweiterungen des bereits Vorhandenen.

Einige große Kathedralen sind mit dem Namen eines einzigen Achitekten verbunden. Sankt Peter dagegen hatte viele Architekten. Michelangelo wird die berühmte Kuppel zugeschrieben, sie wurde jedoch von Bramante entworfen und von Domenico Fontana, Madernos Onkel, fertiggestellt. Nach Michelangelos Vorstellungen sollte das Hauptschiff die Form eines einfachen griechischen Kreuzes erhalten, mit vier gleich langen Seitenteilen, doch Maderno entschied sich für die gängigere Form eines lateinischen Kreuzes. Am auffälligsten bei der Annäherung an die Basilika wirkten auf mich die ausgestreckten Arme von Berninis Kolonnade.

Berninis *baldacchino*, der den Hauptaltar des Petersdoms krönt, an dem nur der Papst die Messe lesen darf, dominiert alle anderen Kostbarkeiten, die der Besucher beim Eintritt hier erblickt. Weil das Grab des ersten Papstes unter dem Altar liegt, legte Bernini seinem Entwurf den Originalbaldachin zugrunde, der über dem Grabmal des Märtyrers in der ersten Peterskirche gestanden hatte.

Je näher ich herankam, desto überdimensionierter erschien mir der *baldacchino*, der sich über den schweren Marmorpfeilern erhebt wie eine monumentale und deplazierte viktorianische Torheit in einer friedvollen grünen Hügellandschaft. Alles in Sankt Peter muß das Größte und das Beste sein, doch sogar unter der größten Kuppel und über dem besten Altar stellt dieser Baldachin einen Superlativ dar und übertrumpft jede andere Kathedrale.

Manche meinen, es laste ein Fluch auf ihm. Um eine solche Konstruktion abstützen zu können, mußten tiefe Fundamente gelegt werden – Bernini hatte nach dem Debakel mit den Türmen seine Lektion gelernt –, doch das bedeutete, daß man alte Gräber und Überreste beseitigen mußten. Dies rief Proteste der Bewohner in der Umgebung hervor, die zwar im Schatten des Zentrums der katholischen Kirche lebten, nichtsdestotrotz aber ihren alten heidnischen Aberglauben behielten und fürchteten, den Zorn der Toten auf sich zu ziehen. Unter der umfassenden Kontrolle, die Rom Europa mit Hilfe seiner Inquisition und seinen Scheiterhaufen auferlegte, überlebten viele ältere Glaubensformen. Als mehrere der Arbeiter starben, wurde der *baldacchino* von einigen Kritikern zu einem Sakrileg erklärt.

Obwohl auch er selbst von einer geheimnisvollen Krankheit befallen wurde, die viele Beobachter Berninis Grabschändung anlasteten, verlor Papst Urban VIII. nicht den Glauben an seinen Architekten. Um das Projekt zu beschleunigen – und dadurch den Protesten schneller ein Ende zu setzen –, erlaubte er Bernini, sich einen Teil der Bronze, die er benötigte, aus dem Säulenvorbau des Pantheons zu beschaffen. Dieses Zugeständnis Urbans, der zu den Barberini-Päpsten gehörte, empörte die

Römer. »Was die Barbaren nicht getan, taten die Barberini«, lautete ein geflügeltes Wort.[13]

Die Millionen Besucher, die jedes Jahr bewundernde Blicke hinauf zum Deckengewölbe werfen, wissen nur wenig von seiner bewegten und unheilvollen Vergangenheit. Einst das unbeliebteste Element im Petersdom, zählt es heute zu den bekanntesten und am wenigsten umstrittenen.

Wenn sich aus Professor d'Onofrios Theorie über den *baldacchino* eine Erkenntnis gewinnen ließ, dann die, daß eine enge Beziehung bestand zwischen Papst und Architekt. Der *baldacchino* war ein sehr wichtiger Auftrag für den damals noch jungen (bei der Fertigstellung war er 34 Jahre alt), unerfahrenen und bei seinen Kollegen unbeliebten Architekten. Seine Gegner wiesen auf seine fehlerhafte Berechnung bei den Türmen hin und behaupteten, er werde unverdientermaßen gefördert. Er antwortete darauf mit überheblicher Mißgelauntheit und kalkulierter Verachtung für seine Rivalen und ihre Arbeit.

Urban erschwerte sich das Leben durch sein Festhalten an Bernini. Doch der Papst sah in ihm ein Genie, das in späteren Zeiten schon noch entsprechend gewürdigt werden würde. Als Literaturkenner und Besitzer einer ausgezeichneten Bibliothek, der in seinen Mußestunden Gedichte schrieb und Hymnen komponierte, war Urban ein sehr talentierter und ungewöhnlicher Mensch. Dieser weitgesteckte geistige Horizont ermöglichte es ihm, mit solch originellen und herausfordernden Denkern Umgang zu pflegen wie etwa mit Galilei, dem Vater der modernen Wissenschaft (wenngleich er später zuließ, daß dieser der Inquisition in die Hände fiel).

Professor d'Onofrios Lobeshymne auf diesen Papst legte nahe, daß Urban und Bernini sich geistig in vielerlei Hinsicht nahestanden. Doch führte dies soweit, daß der Architekt und sein Schutzpatron einen geheimen Code für die Gestaltung des *baldacchino* entwarfen, sich sozusagen einen privaten Spaß erlaubten?

Ich wartete eine Weile, bis sich in der Menschenmenge eine Lücke auftat, und ging dann sorgfältig um den *baldacchino* herum. An den beiden äußeren Seiten jedes der vier Pfosten, die die Decke stützen, prangt das Wappen der Barberini in der Mitte eines kunstvollen, fast herzförmigen, mattweißen Marmor-Reliefs von Borromini. Als ich um den Altar ging, wurden mir die gemeinsamen Merkmale dieser acht Verzierungen sofort bewußt. In der Mitte waren jeweils die drei Bienen des Barberini-Emblems abgebildet. Oben befand sich bei allen die Papstkrone, unten der Stab und der Schlüssel von Petrus, die Symbole des höchsten Amtes der katholischen Kirche.

Das waren die wiederkehrenden Merkmale. Bei meinem zweiten oder dritten Rundgang entdeckte ich die Unterschiede. Wo sich der Stab mit dem Schlüssel kreuzte, zeigte sich im Hintergrund das Gesicht einer Frau. Ihr Gesichtsausdruck veränderte sich von Sockel zu Sockel. An einem wurde sie durch einen Cherub ersetzt. Und ganz unten, wo das Wappen in einer Fülle von Schnörkeln und Beiwerk auslief, erfuhren die Konturen dieser dreieckigen Stelle eine gewisse Umformung.

Dies waren zugegebenermaßen nur kleine Details. Vor allem letzteres war nicht zu sehen, sofern man nicht über eine besondere Beobachtungsgabe verfügte. Die übrigen Besucher zeigten sich davon unbeeindruckt und konzentrierten sich auf die Gesamtansicht – die Hälse nach hinten gebogen, um hinauf zur Kuppel zu sehen, die Augen fasziniert vom Prunk des *baldacchino*. Eine ältere Amerikanerin jedoch wurde aufmerksam, als sie mich bei meiner eingehenden, prüfenden Untersuchung beobachtete, schloß sich mir an und imitierte meine Gestik. Ich lächelte. In meinem Kopf formte sich eine Theorie, und ich wollte sie jemandem mitteilen. Ich hatte das Gefühl, etwas entdeckt zu haben, was jahrhundertelang unbemerkt geblieben war – abgesehen natürlich von Professor d'Onofrio. Dieser Gedanke jedoch hielt mich zurück. Meine Begleiterin hatte inzwischen das Interesse verloren und war umgekehrt, um sich wieder ihrer Gruppe anzuschließen, die gerade die schmale Treppe zum Petrus-Grab hinabzusteigen begann.

Die Gesichter hatten in der Tat eine Geschichte zu erzählen. Der Ausgangspunkt schien das Emblem links vom Hauptaltar zu sein, das dem Eingang gegenüberlag. Hier wirkte das Gesicht der Frau friedvoll, fast glücklich, obwohl oberhalb der Papstkrone, an der Spitze des Wappens, eine Fratze bedrohlich aus ansonsten harmlosen Verzierungen hervorlugte. Beim dritten Wappen war dieser Dämon verschwunden, doch die Frau schien nun beträchtliche Schmerzen zu erleiden, ihr Mund stand offen, ihre Augen waren verdreht. Vom vierten bis zum siebten Emblem verzerrte sie das Gesicht auf verschiedene Weise, oft fielen ihr auch die Haare darüber. Im achten wurde sie durch etwas ersetzt, was auf den ersten Blick ein Cherub zu sein schien, sich bei näherem Hinsehen jedoch als pausbackiger, lächelnder Säugling entpuppte. Die Schnörkel am unteren Rand des Wappens sahen zunächst aus wie der Schlund einer wilden Kreatur, zogen sich dann jedoch zusammen, als würde irgend etwas Großes aus dem Hohlraum herauskommen. Im letzten Wappen schließlich, dem mit dem Babykopf, kehrten die Schnörkel wieder zu ihrer ursprünglichen Form zurück.

Dies war die Geschichte einer Schwangerschaft. Die Frau lag in den Wehen, und im achten Emblem wurde sie durch ein Baby ersetzt. Die Schnörkel am unteren Rand repräsentierten ihre Vagina, die kontrahierte, um ein Kind zu gebären, und schließlich wieder in ihren ursprünglichen Zustand zurückkehrte. Die bedrohliche Fratze über dem ersten Bild und der Schlund im unteren Teil machten deutlich, daß es sich um eine verruchte Geschichte handelte und um eine böse Frau, die ihre Sexualität zu irgendeinem Zweck eingesetzt hatte. In diesem Kontext konnte man auch die Form und die Anordnung des Barberini-Emblems – rund, aufgequollen und zentral – als den Bauch einer Schwangeren betrachten.

Für Professor d'Onofrio sprach dieser private Code von der *mater ecclesia*, der Kirche als der Mutter Erde. Da er keine Beweise hatte, die seine Theorie hätten stützen können, hatte er ein weiteres Mal spekuliert. Doch unter diesen Umständen sah ich darin etwas anderes: die Päpstin Johanna mit ihrem Kind. Das Bild einer Mutter, die von den Symbolen des Papsttums umgeben ist und durch die bedrohliche Fratze eine unheilverkündende Note erhält, war weder erbaulich, noch wäre es gebilligt worden. Mutter Erde wäre nicht dämonisiert und mit dem Schlund eines wilden Tieres ausgestattet worden – selbst wenn sich Bernini und Urban einen kleinen Scherz hätten erlauben wollen.

Damit blieben zwei Möglichkeiten: Entweder war die Darstellung ein Verdammnisurteil über alle Frauen, deren Geschlechtsteile man als reißende Bestien und deren Sexualität man als teuflisch brandmarken wollte, oder es handelte sich um die Geschichte einer bestimmten Frau. Ersteres war durchaus denkbar. Die mittelalterliche Kirche brachte, wie ich bereits herausgefunden hatte, Frauen nur wenig Respekt, aber viel Abscheu entgegen. Diese Bilderserie verwies zuallererst auf die gängige Vorstellung von den Inkuben – männliche, häufig als Tiere verkleidete Dämonen, die mit Frauen Geschlechtsverkehr hatten, welche später die Jünger des Teufels auf die Welt brachten.

Doch Urban war ein kultivierter Mann, und Mitte des 17. Jahrhunderts verlor die Kirche mit dem allmählich abklingenden Hexenwahn langsam das Interesse an derartiger Metaphorik. Und selbst wenn dies nicht der Fall gewesen wäre, weshalb hätte sie die Warnung vor den Frauen in einem Geheimcode im *baldacchino* verstecken sollen? Die Geschichte von den Inkuben wurde zur damaligen Zeit von jeder Kanzel verkündet. Es gab keinen Grund, sie verschämt in irgendwelchen Wappen an Stützpfeilern neben dem Altar unterzubringen.

Ohne hieb- und stichfeste Beweise für Berninis Absichten mußten diese Bilder im Bereich der Spekulation verbleiben, und ich hielt es für wahrscheinlicher, daß es sich um die Geschichte einer Frau handelte, die mit dem Papsttum eng verbunden war. In Anbetracht der Insignien der päpstlichen Macht jedoch schien die Botschaft eindeutig zu sein. Dies war nicht die Mätresse eines Papstes, sondern eine Frau, die selbst Papst gewesen war. Es ist durchaus möglich, daß Bernini hierbei die Päpstin Johanna im Sinn hatte, die auch in den 40er Jahren des 17. Jahrhunderts noch unvergessen war, wenngleich man sie mißbilligte. Bernini war schließlich ein Mann mit einem besonderen Sinn für Humor, welcher seine Kollegen beunruhigen oder sogar verstören konnte. So behauptete er zum Beispiel allen Ernstes, die beschädigte hellenistische Pasquino-Gruppe sei die vollkommenste aller antiken Statuen – was damals als unerhört galt. Zudem war er ein Mensch voller Widersprüche – er besuchte jeden Tag zur Vesper die Chiesa del Gesù und beichtete gewissenhaft, besaß jedoch auch einen unstillbaren, fast gesundheitsgefährdenden Appetit auf Frauen.

Auf welche Weise hätte er seinen zynischen Humor, die zwei Seiten seiner Persönlichkeit, besser zum Ausdruck bringen können als dadurch, daß er in der Hauptkirche der Christenheit, unmittelbar neben dem päpstlichen Altar, mit einem zweideutigen Bild spielte? Oberflächlich betrachtet, illustrierte er mit diesen Bildern eine der ältesten Anmaßungen der Kirche, nämlich die *mater ecclesia* zu sein, zugleich jedoch versteckte er in ihnen eine Anspielung auf eine Geschichte, die unter den Teppich zu kehren sich seine Auftraggeber nach Kräften bemüht hatten. Urban dürfte über den ersten Teil dieses Unterfangens im Bilde gewesen sein, nicht jedoch über den zweiten.

Außerdem kam mir plötzlich das umstrittene Werk *Mirabilia Urbis Romae* aus dem Jahr 1375 wieder in den Sinn[14], in dem es hieß, Johanna sei in der Peterskirche bestattet worden. Hatte Bernini eine weitverbreitete falsche Vorstellung aufgegriffen und in seiner Darstellung darauf hinweisen wollen?

Als ich nach London zurückflog und auf die Gipfel der Alpen hinabblickte, die durch die Wolken lugten, konnte ich mir gut vorstellen, wie Bernini dort oben saß mit seiner Harfe, auf Rom und den Petersdom schaute und sich diebisch darüber freute, wie ein Papst nach dem anderen an diesem Altar die Messe las, ohne sich der versteckten Anspielungen in den verschlungenen Strukturen seines *baldacchino* bewußt zu sein.

ZWEITER TEIL

Der Künstler und das Bildnis

10. Kapitel

Ein Porträt, mit Gefühl gemalt, ist immer ein Porträt des Künstlers, nicht des Modells.
Oscar Wilde

Meine Untersuchung trat nun in eine neue Phase. Johanna geschichtlich einzuordnen, die Ereignisse und Darstellungen in ihren Einzelheiten zu überprüfen und den Hinweisen nachzuspüren, die sie möglicherweise hinterlassen hat, war der erste Teil. In der nächsten Stufe ging es darum, zu begreifen, weshalb die Erinnerung an sie weiterlebte, trotz der Feindseligkeit, die die Kirche und viele Historiker ihr gegenüber an den Tag legten.

Papst Johannes Paul II. wurde ein feindseliger Empfang bereitet, als er im Juni 1996 Deutschland besuchte. Nach fast zwei Jahrzehnten im Amt hatte sich der vielreisende Papst an gedämpfte Begrüßungen und Kritik an seinen konservativen Moralbotschaften gewöhnt. Die aufgeregte Stimmung der späten 70er und frühen 80er Jahre, als der Anblick eines Papstes, der sich des Düsenflugzeugs bediente, um die Grenzen des Vatikans hinter sich zu lassen, noch bei jeder Landung eine Massenhysterie auslöste, war dem Gefühl gewichen, daß die Reisen des Pontifex den Geist einer vergangenen Epoche atmeten, den Geist von Weltausstellungen, Jahrhundertfeiern und stolzem Kolonialismus.

Aus Deutschland kamen in diesem Sommer neue Töne. In Berlin nahmen Tausende von Menschen an einem Schwulen- und Lesbenfestival auf der Friedrichstraße teil und sandten dem Besucher die unmißverständliche Botschaft, daß er unwillkommen sei und sie seine Auffassungen zur Homosexualität, die laut Vatikan mit moralischer Verderbtheit einhergeht, als Angriff verstanden. Um ihren Protest zum Ausdruck zu bringen, stellten sie die formelle Amtseinführung eines Papstes nach, bei der eine Hamburger Prostituierte die Päpstin Johanna spielte. Der Berliner Erzbischof Georg Sterzinsky verurteilte diese Verhöhnung des Papstes auf das schärfste.

Daß man in Deutschland öffentlich der Päpstin Johanna gedachte, daß sie zu einem Bezugspunkt für die Gegner Roms werden konnte und daß das Gedenken an sie den Widerspruch der Kirche provozierte, ist höchst bedeutsam. Das Rätsel um die Päpstin Johanna ließ sich in all den Jahrhunderten nicht aus der Welt schaffen und fasziniert Kritiker und Abweichler noch heute.

Deutschland war das Hauptschlachtfeld der Reformation, und hier wurde die Gestalt der Päpstin, mit der sich in den beiden Jahrhunderten nach dem Erscheinen von Martinus Polonus' Chronik die meisten Kirchenhistoriker und Kirchgänger beschäftigten, zu einem Gegenstand der Auseinandersetzung zwischen den Reformatoren und den Kräften der Gegenreformation.

Die Kritik Martin Luthers – der die Statue Johannas 1510 im Vicus Papissa gesehen hatte[1] – entzündete sich zum großen Teil an der Frage nach dem Wesen und der Rolle des Papsttums. Er und andere führende Verfechter der Reformation versuchten, den universellen Herrschaftsanspruch der Päpste und ihre Behauptung, in der unmittelbaren Nachfolge von Petrus (und damit von Gott) zu stehen, in Zweifel zu ziehen. Sie verwiesen deshalb darauf, daß einst auch eine Frau – eine Angehörige des, wie man damals glaubte, schwächeren Geschlechts – das Amt des Pontifex ausgeübt habe.

Beide Seiten beschuldigten sich daraufhin, ein falsches Spiel zu treiben. Nachdem Rom Johanna jahrhundertelang zähneknirschend akzeptiert hatte, brandmarkte es sie jetzt als eine protestantische Erfindung und ignorierte damit die zahlreichen Chronisten aus den Reihen des Dominikaner-Ordens, die ihre Geschichte verbreitet hatten. Die Päpstin galt nun als das Werk antikatholischer Fälscher, die, so behaupteten die Verfechter dieser päpstlichen Linie, in Bibliotheken eingedrungen seien und Schlüsselwerke der Geschichte durch Hinzufügungen verändert hätten.

Doch wie wir gesehen haben, konnten die Reformatoren diese Anschuldigung recht schnell widerlegen. Sie konterten mit der Behauptung, daß die wirkliche Lüge, die durch die Geschichte Johannas nur allzu offensichtlich werde, im Anspruch des Papsttums auf unumschränkte Macht von Gottes Gnaden liege. Es sei eine Lüge, sagten die Protestanten, daß der jeweilige Inhaber des Stuhles Petri irgend etwas mit dem ersten Apostel von Jesus Christus gemein habe. Es sei eine Lüge, daß der Papst in den ersten Jahrhunderten des Christentums irgend etwas anderes als ein Bischof unter vielen gewesen sei. Und es sei eine Lüge, schlossen sie, daß es eine unmittelbare göttliche Nachfolge gebe, die vom amtierenden Papst bis zum Apostel Petrus zurückreiche.

Johanna stand mitten in diesem Kreuzfeuer. Heerscharen katholischer Historiker schossen sich auf sie ein und versuchten, sie im Interesse Roms aus dem Feld zu räumen. Die seriöseren und überzeugenderen päpstlichen Propagandisten – die erkannt hatten, daß die These von der protestantischen Fälschung nicht haltbar war – suchten nach komplexeren Erklärungen für die Verbreitung dessen, was sie als eine Erfindung betrachteten. Sie boten eine verwirrende Vielfalt von Lösungen für dieses verzwickte Problem an, von denen keine für sich überzeugte, die jedoch allein durch ihre Zahl und ihr gebündeltes Gewicht den Glauben an Johanna zu erdrücken vermochten.

Wie unehrlich und ungerecht dieses Vorgehen auch war, es bildete einen der wenigen Erfolge der Gegenreformation. Genau wie spätere Generationen den Beitrag von Frauen an der Verbreitung des Christentums zu mindern suchten, wurde Johanna unter einem Mantel des Schweigens und der historischen Lügen begraben.

Kernstück dieser Demontage bildete die Verdammung von Johannas Sexualität. Man konzentrierte sich auf ihren schließlichen Sturz – auf die Falschspielerin, die aufflog, als sie auf der Straße einen Bastard gebar. Ihre Sexualität war ihr wunder

Punkt. Mittels Johannas konnten die Frauen allgemein als lüstern, betrügerisch und unfähig zur Ausübung verantwortungsvoller Ämter diskreditiert werden. Typisch Frau, riefen Johannas Feinde, führt die Männer in die Irre, geht ihren Lastern nach und bekommt schließlich ein Kind. Wenn es eine Vorstellung gab, die imstande war, die verschiedenen Strömungen des Christentums – die Lutheraner, die Protestanten und die Katholiken – zu einigen, dann diese. Trotz aller ursprünglichen Gegensätze entwickelten am Ende alle ein gemeinsames Interesse an der Unterdrückung der Geschichte von der Päpstin Johanna. Dies verfestigte ihre grundlegende Frauenfeindlichkeit und trug dazu bei, sie in die Zukunft fortzuschreiben.

Wenngleich die Geschichte Johannas in der Zeit zwischen der ersten Veröffentlichung von Martinus Polonus' Chronik und der Reformation weit verbreitet war, wäre es ein Trugschluß, zu glauben, sie wäre mit großer Begeisterung weitergegeben worden. Der berühmte Historiker Bartolomeo Platina, Leiter der Vatikan-Bibliothek unter Papst Sixtus IV. (1471–1484) und damit ebenfalls einer der Vorgänger von Pater Boyle, bringt die Stimmung der Zeit gut zum Ausdruck. In seinem Werk *Leben der Päpste* (1479) liefert er eine Zusammenfassung der Geschichte der Päpstin und fügt abschließend hinzu: »Was ich hier dargestellt habe, wird weithin verbreitet, wenngleich von zweifelhaften und wenig vertrauenswürdigen Autoren; deshalb bin ich nur kurz und knapp darauf eingegangen, damit man mir nicht vorwerfen kann, ich würde hartnäckig Dinge außer Betracht lassen, die von jedermann als wahr erachtet werden.«[2]

Eine weitere einflußreiche Persönlichkeit aus der vorreformatorischen Zeit, deren Interesse an Johanna nicht geringzuschätzen ist, war Bernard Gui, leitendes Mitglied der Inquisition unter Papst Johannes XXII. (1316–1334) und Bischof von Galizien. Ganz zu Beginn meiner Untersuchung hatte mich Pater Boyle auf diesen geheimnisumwitterten Großinquisitor hingewiesen, einen Mann, der sich rühmte, stets die Wahrheit herauszufinden, und der die Geschichte von Johanna »im

Raume stehengelassen« habe. Gui halten die Historiker zugute, daß er in den Chroniken früherer Autoren viele Irrtümer entdeckte und korrigierte, doch den Wahrheitsgehalt der Geschichte der Päpstin zog er explizit nicht in Zweifel. Der Historiker Friedrich Spanheim führt in seinem erschöpfenden Überblick über alle mittelalterlichen Dokumente, in denen Johanna erwähnt wird, eine Quelle aus der Bibliothek von Leyden auf, die heute verschollen ist, anscheinend aber in Guis Handschrift verfaßt war.[3] Darin heißt es: »Ich las und verglich eine Reihe von Chroniken, um eindeutig und unwiderlegbar die Wahrheit herauszufinden über die Umstände«, die die Päpstin Johanna betreffen. Widerwillig wird in dem Werk der Schluß gezogen, daß man sie zwischen Leo IV. und Benedikt III. einordnen könne.

Manche Kräfte nutzten Roms Verunsicherung aus. So etwa zur Zeit der Renaissance, die der Reformation vorausging und letztere mit inspirierte. Die Renaissance verwarf die Düsternis und Mutlosigkeit des Mittelalters und förderte ein neues Vertrauen in die Fähigkeiten des Individuums, in Wissenschaft und Gedankenfreiheit. Das Verhältnis zwischen den Verfechtern der Renaissance und den kirchlichen Behörden gestaltete sich daher verständlicherweise schwierig und war nicht selten gespannt. Die Forderung nach mehr Bildung und geistiger Emanzipation konnte kaum auf den Beifall der Kleriker hoffen, vor allem wenn sie auch an die Gläubigen gerichtet war. Es stand den Menschen nicht an, den Willen Gottes verstehen zu wollen, betonten die Kirchenmänner, sie hätten sich den unergründlichen Wegen des Herrn zu fügen und ihr Schicksal zu tragen.

Der Historikerin Marina Warner zufolge übte in der Renaissance die Legende von den Amazonen große Faszination aus – überlebensgroße Frauen, die die Konventionen und die Geschlechterrollen auf den Kopf stellten und trotz ihrer Geschlechtszugehörigkeit Großes zu leisten imstande waren. Sie wurden, wie Warner schrieb, »ein überaus beliebtes und unwiderstehliches Motiv im Europa der Renaissance«.[4] Warner dachte dabei an die Spätrenaissance, als man mit Hilfe der Legende von den Amazonen einen Kontext zu schaffen versuchte, in dem Johanna von Orléans als »natürlich und erklärbar, wenngleich nach wie vor außergewöhnlich« erscheinen konnte.

Ähnliches gilt für die Päpstin Johanna und die Faszination, die sie auf die Dichter Petrarca und Boccaccio ausübte, zwei der berühmtesten »Renaissancemenschen«. Petrarca (1304 bis 1374) war früher Diakon gewesen, aber weder er noch Boccaccio (1331–1375) empfanden viel Respekt für die Kirche des späten Mittelalters. Petrarca, der durchaus einen dauerhaften Wert in einer organisierten Religion sah, zog sich nach Venedig zurück, wo er eine Chronik der Päpste und römischen Kaiser verfaßte. Darin werden die üblichen Einzelheiten zu Johannas Pontifikat rasch abgehandelt. Nachdem er von ihrer Wahl berichtet hat, schreibt er lediglich, sie sei »entlarvt worden« (als Frau).[5] Anschließend jedoch läßt er seiner Phantasie freien Lauf und fabuliert über Gottes Zorn über diese Entweihung des Apostolischen Stuhles, der schließlich am Tage von Johannas Tod losgebrochen sei: »... in Brescia regnete es drei Tage und drei Nächte lang Blut. In Frankreich erschienen wunderliche Heuschrecken, die sechs Flügel und sehr kräftige Zähne besaßen. Sie flogen auf gespenstische Weise durch die Luft und ertranken schließlich alle in der Britischen See. Die goldenen Leiber wurden von den Wellen des Meeres zurückgewiesen und verpesteten die Luft, so daß viele Menschen starben.«

Joan Morris betrachtete diese apokalyptischen Zeilen als den Versuch des Dichters, seinen Abscheu vor Johannas Täuschung zum Ausdruck zu bringen, sie zu geißeln »als eine Abweichung vom Natürlichen, die Petrarca in gewisser Weise mit dem Entsetzen vor Johannas unnatürlichem Verhalten verbindet.«[6]

Solche Anklänge an die Plagen des Alten Testaments und an die Nachwirkungen des Kreuzestodes von Jesus Christus fehlen in Boccaccios etwas verspielterem Bericht über Johanna im 101. Kapitel seines Werkes *De claris mulieribus*[7], das sich der Rolle der Frauen in der Geschichte widmet. Der Autor des

Decamerone ignoriert alle Verbindungen zwischen Johanna und Deutschland und läßt sie direkt von England nach Rom reisen. Wie der französische Historiker Alain Boureau in einer 1984 veröffentlichten, sehr fundierten Abhandlung über Johanna[8] bemerkte, wollte Boccaccio hervorheben, daß es sich »um die Geschichte einer Frau handelte, die Papst wurde, nicht um die Geschichte eines Papstes, der als Frau entlarvt wurde.« Er weist auf die Schmach hin, die das Papsttum durch diese Irreführung erlitt, läßt Johanna jedoch – deren griechisch geprägte Bildung ihn sehr für sie einnahm – relativ würdevoll im Kerker sterben statt auf der Straße.

Boureau betrachtete diese Abwandlung des üblichen Gerüsts von Johannas Geschichte durch Boccaccio als ein Mittel, der Päpstin jene klassische Größe und Tragik zu verleihen, die die Autoren der Renaissance faszinierte. Sie ermöglichte Boccaccio zudem, Parallelen zu ziehen zwischen der Päpstin und Semiramis, einer seiner antiken Heldinnen, die sich als Mann gekleidet hatte, um die Macht ihres verstorbenen Gemahls zu bewahren, bis ihr kleiner Sohn volljährig wurde. Dies gelang ihr nur zu gut, doch schließlich wurde sie entlarvt, als sie Inzest mit ihrem Sohn beging.

Boccaccios wichtigstes Vermächtnis für künftige Generationen von Forschern, die sich mit der Suche nach der Wahrheit über die Päpstin Johanna beschäftigten, waren jedoch die zahlreichen Illustrationen und Holzschnitte zu ihrer Geschichte, die spätere Ausgaben seines stets sehr populären Werkes zierten.

Ein erhellendes – was Johannas Glaubwürdigkeit in dieser vorreformatorischen Zeit betraf – und gut dokumentiertes Ereignis war das Konzil von Konstanz, das 1413 einberufen wurde, um über Jan Hus, den selbsternannten und beliebten »Apostel Böhmens« zu richten, der die Autorität des Papstes zurückgewiesen hatte. Hus wurde in Ketten vor ein Gericht aus 20 Kardinälen, 49 Bischöfen und 272 Theologen geführt, vor dem er sich wegen Ketzerei rechtfertigen mußte. »War denn die Kirche in den zwei Jahren und fünf Monaten, in denen Johanna auf dem Heiligen Stuhl saß, nicht ohne einen

Kopf und ohne einen Herrscher?« fragte Hus.[9] In seinen weiteren Ausführungen bezog er sich auf Johanna als Beispiel für Sündenhaftigkeit und Irrtum und behauptete, daß eine Wahl allein nicht genüge, um aus jemandem einen Papst zu machen. Der Betreffende müsse auch des Amtes würdig sein. Mit diesen Aussagen konnte Hus allerdings kaum jemanden für sich einnehmen und wurde schließlich zum Tode verurteilt. Doch nicht ein einziges Mal während dieses Verhörs widersprach ihm die erlesene Versammlung in bezug auf Johanna oder verlangte von ihm, keine erfundenen Geschichten vorzutragen.

Jan Hus war ein Vorläufer der Reformation. Die Abfolge von Ereignissen, die Martin Luther im Oktober 1517 durch seine Wittenberger Thesen auslöste, beeinflußte entscheidend die Reputation der Päpstin Johanna. So wie Jan Hus versucht hatte, sich Johannas Geschichte, die Achillesferse Roms, zunutze zu machen, bemühten sich auch andere Reformatoren, durch den Verweis auf sie eine Institution der Lächerlichkeit preiszugeben, die für sich gewissermaßen göttliche Autorität in Anspruch nahm.

Der jesuitische Historiker Bower, Professor für Rhetorik, Geschichte und Philosophie an den Universitäten Rom, Fermo und Macerata, wies in seiner *History of the Popes* (1759) freimütig darauf hin, daß die Reformation die Wahrnehmung der Geschichte der Päpstin veränderte: »Sie verdankt ihre Existenz und ihre Verbreitung dem Heiligen Stuhl, der römisch-katholischen Kirche. Von ihr wurde die Legende erfunden, von ihren Priestern und Mönchen wurde sie vor der Reformation verbreitet und erlangte Glaubwürdigkeit dank ihrer Autorität, selbst durch einige, die besonders eng mit dem Heiligen Stuhl verbunden waren, wozu auch der heilige Antonius, der Erzbischof von Florenz, zählte. Erst als die Protestanten sie ihnen vorwurfsvoll entgegenhielten, begannen sie, sie zu bestreiten.«

Die Reformation führte zu heftigen geistigen Auseinandersetzungen. In England zeigte der Krieg der Worte zwischen John Jewel, der zur Zeit von Königin Elisabeth I. Bischof von Salisbury (1560–1571) war, und dem im Exil lebenden katholischen Polemiker Thomas Harding, daß die Päpstin Johanna zu einem Standardthema der Debatten geworden war. Harding bestritt in seiner *Confutation* aus dem Jahre 1565 ihre Existenz mit den mittlerweile gängigen Argumenten der katholischen Seite.[10] Zwei Jahre später wies Jewel in seiner Schrift *Defence of the Apology of the Church of England* die katholischen Argumente zurück:

> Und weshalb sollte Päpstin Johanna als Frau nicht einen genauso wohlbegründeten Anspruch auf den Bischofssitz von Rom erheben können wie später Johannes XIII., der, nachdem er zum Papst gewählt worden war, in lasterhafter Gemeinschaft mit zweien seiner Schwestern lebte; oder andere, die aufgrund ihrer schrecklichen Laster und ihrer Verkommenheit von Platina als *monstra et portenta* bezeichnet wurden, als »Ungeheuer und mißgestaltete Kreaturen«? ... Keiner der zahlreichen Chronisten hätte darüber berichtet und die Welt hätte nicht allgemein all diese Behauptungen über den Papst geglaubt, viel eher als über irgendeinen anderen Bischof, hätte es nicht diesen atemberaubenden Sittenverfall gegeben, die Zersetzung des Lebens, den unverhüllten Schrecken und den Schmutz in diesem bestimmten Bischofssitz.[11]

Solch wenig überzeugende Beweise hätten vor keinem Gericht Bestand, doch zur damaligen Zeit stießen sie auf eine breite Resonanz. Alexander Cooke wiederholte in seinem 1625 veröffentlichten Pamphlet *Pope Joan: A Dialogue between a Protestant and a Papist* all die alten Argumente und ließ die Protestanten in einem sehr guten Licht erscheinen. Diese Schrift wurde außerordentlich populär. »Mein Ziel«, so schrieb Cooke, »besteht darin, die Schmach der katholischen Autoritäten offenzulegen, die allgemein bekannte Wahrheiten abstreiten ... Am unverhülltesten zeigt sich ihre Dreistigkeit in der Leugnung der Geschichte der Päpstin Johanna, die in dieser Abhandlung durch eine Vielzahl von Zeugen belegt wird, denn sie sehen sich dazu veranlaßt, zu täuschen, zu fälschen, den Narren zu spielen und, um es deutlich zu sagen, sich aller Arten von Lügen zu bedienen, um die Schmach nicht eingestehen zu müssen, die sie dadurch erlitten haben.«[12] Cooke ging es darum, »den einfachen Menschen (und ich schreibe nicht für die Gebildeten) einen Eindruck zu vermitteln von der Aufrichtigkeit oder, besser gesagt, Unaufrichtigkeit der Papisten im Umgang mit umstrittenen Themen ... Papisten oder Katholiken, nennt Euch, wie Ihr wollt ... ich offeriere Euch hier eine Abhandlung über Päpstin Johanna (sofern Ihr sie zu lesen wagt, da Ihr doch befürchten müßt, den Bannstrahl Eures Papstes auf Euch zu ziehen), und ich werde Euch beweisen, daß sie Päpstin war.«

Sein 140-Seiten-Pamphlet war der letzte einer Vielzahl von Angriffen, die sich die in England weitverbreitete Auffassung zunutze machten, daß die Katholiken Gegner der Krone und Agenten einer fremden Macht seien. Eine Reihe von Verschwörungen, die darauf zielten, wieder einen Katholiken auf den Thron zu bringen, verfestigten diese Überzeugung nur noch. Von der Pulververschwörung von 1605 über die Niederlage Jakobs II. bei Boyne 1690 bis zu den Aufständen der Jakobiten 1715 und 1775 – stets wurden die Katholiken verächtlich gemacht und verfolgt. Sogar als im Zuge des ersten Relief Acts von 1778 religiöse Toleranz gewährt wurde, strömte bei den Gordon-Unruhen der Pöbel auf die Straßen und rief: »Wir wollen keine Pfaffen!«[13]

Zu dieser Zeit hatte sich auf dem europäischen Festland die Trennlinie zwischen den beiden Konfessionen in bezug auf die Bewertung von Johanna eher verwischt. 1647 scherte der protestantische französische Geistliche David Blondel aus und argumentierte auf der Grundlage der historischen Beweise gegen Johanna.[14] Später wurde er von seinem Landsmann Pierre Bayle zurechtgewiesen: »Es liegt im Interesse der Protestanten, daß die Geschichte von Johanna wahr ist.«[15]

Im folgenden Jahrhundert begannen auch Katholiken von ihren alten Positionen abzurücken. Abbé Lenglet-Dufresnois schrieb in seiner *Méthode pour étudier l'histoire* von 1729: »Mich erstaunt, mit welcher Hartnäckigkeit die Katholiken unserer Tage die Existenz von Johanna bestreiten. Man sollte statt dessen mit allen Mitteln versuchen, diese Geschichte zu beweisen, denn Johanna machte dem Heiligen Stuhl große Ehre, da sie allen Historikern zufolge das Amt des Papstes mit Frömmigkeit und Weisheit ausübte.«

Wenn Lenglet-Dufresnois die weiße Fahne hißte, so arbeiteten andere Katholiken durch eine mißglückte Taktik ihren Gegnern in die Hände. Englische Katholiken, die in Antwerpen im Exil lebten, verfaßten 1566 gemeinsam das Werk *Dialogi Sex Contra Summi Pontificatos*, in dem sie die Behauptung aufstellten, Johanna habe zwar existiert, sei aber ein Hermaphrodit gewesen.[16] Dies setzte einen kleinen Publikationswettlauf in Gang, denn die protestantischen Propagandisten wollten es sich nicht nehmen lassen, diese Theorie zu widerlegen. Kaum eine dieser Schriften war vernichtender als *The History of Pope Joan and the Whores of Rome*, die 1687 in London von einem anonymen Autor veröffentlicht wurde, aus Angst, der katholische Stuart-König Jakob II., der zu dieser Zeit den Thron innehatte, wolle den Anhängern des Papstes wieder Einfluß am Hof verschaffen:[17] »Kann irgendein vernünftiger Mensch glauben, daß ein solch kluges Volk wie die Römer derartig getäuscht werden könnte oder daß es so einfältig oder dumm sein könnte, daß nicht ein einziger von ihnen eine Frau von einem Mann zu unterscheiden verstünde, sei es durch die Stimme, die Haltung oder die Kleidung?«

Wie sehr sich die unterschiedlichen Positionen im Laufe der Jahrhunderte vermischten, aber wie groß auch das Interesse an diesem Thema blieb, zeigt sich am Beispiel eines Vertreters einer reformierten Kirche. Jener ging so weit, die offensichtliche Lüge zu stützen, die Geschichte von Johanna sei von Protestanten erfunden worden, die in Bibliotheken einbrachen. Dies war auch die Lieblingstheorie des anglikanischen Geistlichen Reverend Sabine Baring-Gould, der Ende des 19. Jahrhunderts in seinen *Curious Myths of the Middle Ages* schrieb: »Es bedarf kaum der Erwähnung, daß die ganze Geschichte der Päpstin Johanna eine Legende ist und nicht auf einer einzigen historischen Tatsache beruht. ... Über dieses Thema wurde ein Papierkrieg geführt, und am Ende wurde schlüssig nachgewiesen, daß die gesamte Geschichte jeder historischen Grundlage entbehrt. Die großen Verfechter dieses Mythos waren die Protestanten des 16. Jahrhunderts.«[18] Baring-Gould betrachtete, ähnlich wie Petrarca, Johannas Geschichte gewissermaßen als eine Ergänzung zur Offenbarung des Johannes: »Ich hege kaum einen Zweifel daran, daß Johanna die Verkörperung der großen Dirne aus den Offenbarungen darstellt, die auf den sieben Hügeln sitzt, und daß sie der volkstümliche Ausdruck einer Vorstellung ist, die vom 12. bis zum 16. Jahrhundert vorherrschte, nämlich daß das Mysterium der Schändlichkeit in irgendeiner Weise auch im Vatikan anzutreffen sei.«

Ein weiteres Kennzeichen der fortdauernden Debatte über die Päpstin war die Neigung der Historiker, sich immer wieder kollektiv diesem Thema zuzuwenden. Wenn sich ein Autor positiv äußerte, beeilte sich stets ein anderer, ein Verdammungsurteil zu fällen. 1844 zum Beispiel veröffentlichte der holländische Professor Kist sein Werk *De Pausin Joanna*, in dem er die Theorie vertrat, Johanna sei die Witwe Papst Leos IV. gewesen und habe das Amt ihres verstorbenen Gemahls übernommen.[19] Im folgenden Jahr reagierte darauf Professor J.H. Wensing, ebenfalls ein Holländer, mit einer mißbilligenden Schrift, die sich direkt an seinen Kontrahenten richtete.[20] Nicht zu vergessen der Italiener Antonio Bianchi-Giovani, der im selben Jahr seine *Kritische Untersuchung der Dokumente betreffend Päpstin Johanna* herausbrachte.[21]

In den nachreformatorischen Schlachten um Päpstin Johanna ragen neben vielen anderen aber vor allem drei Namen besonders heraus: Friedrich Spanheim, Kardinal Baronius und Ignaz Döllinger – der erste ein Protestant mit enzyklopädischem Wissen, der zweite ein päpstlicher Propagandist mit tadellosem Ruf in den inneren Zirkeln des Vatikans und der dritte ein wackerer deutscher Professor, der das Papsttum grundsätzlich bejahte, aber mehrere Inhaber dieses Amtes mißbilligte und entschlossen war, die Debatte über die Päpstin Johanna ein für allemal zu beenden.

Der erste, Friedrich Spanheim, ein aus der Schweiz stammender Calvinist und Professor an der Universitat Leyden, konzentrierte sich darauf, alle Hinweise auf die Päpstin Johanna zu sammeln, die er finden konnte. Er ließ die Fakten – die zwei Bände füllten und aus mehr als 500 Quellen bestanden – für sich sprechen. Seine Forschungsarbeit wurde erstmals 1691 veröffentlicht und im Laufe des 18. Jahrhunderts mehrmals nachgedruckt, vor allem in Frankreich. Zum Leidwesen der Historiker sind einige seiner Quellen heute verschollen, während seine Hinweise auf andere zu wenige Einzelheiten enthalten, um ihnen mit einiger Aussicht auf Erfolg nachgehen zu können.[22]

Der zweite, Kardinal Baronius (1538–1607), soll den Papst und die Behörden von Siena dazu gebracht haben, die Büste von Johanna aus ihrer Kathedrale entfernen zu lassen. Er studierte Johannas Geschichte bei seinen Forschungen für die *Annales ecclesiastici* und verwarf in einem kurzen Abschnitt seines Buches die meisten Beweise, weil sie historisch unzuverlässig seien. Doch obwohl Baronius von jenen, die Johannas Existenz bestritten, als unangreifbar bezeichnet wurde, wies seine Arbeit manche Schwachstelle auf. So behauptete er zum Beispiel in seinem ansonsten sehr gut recherchierten Buch, die Zerstörung des Friedenstempels in Rom sei zeitlich mit der Geburt Christi zusammengefallen, in Köln seien im Jahre 237 rund 11 000 Jungfrauen den Märtyrertod gestorben und der Schlaf der sieben Epimeniden von Ephesus habe fast zwei Jahrhunderte gewährt.[23]

Das dritte Mitglied dieser Dreifaltigkeit, Ignaz Döllinger, war Professor für Theologie an der Universität München. Laut seinen Bewunderern verfaßte er im 19. Jahrhundert das abschließende und alle Fragen klärende Werk über Johanna.[24] Der Jesuit Pater Herbert Thurston, der aus Döllingers gewichtigem Buch eine jener schmalen Broschüren der Catholic Truth Society destillierte, die in den Vorhallen aller englischen

Kirchen auslagen, gestand freimütig sein Plagiat ein: »Seit seiner (Döllingers) Zeit hat kein Gelehrter, der einen Ruf zu verlieren hatte, die historische Existenz der Päpstin Johanna zu verteidigen versucht.«[25] (Thurston verfaßte seine Schrift übrigens 1929, auf dem Höhepunkt einer neu aufgenommenen Beschäftigung mit Johanna, die vor allem in den Werken *When Joan Was Pope* von Richard Ince[26] und *The Woman Who Was Pope* von Clement Wood[27] ihren Ausdruck fand. Dieses langanhaltende Interesse läßt seine Behauptung, Döllinger habe alle Zweifel über Johannas Existenz ein für allemal ausgeräumt, zumindest fraglich erscheinen.)

Döllingers Schrift *Die Papstfabeln des Mittelalters* erschien 1863 und ist eine wohlbekannte Darstellung der gängigen historischen Quellen, die aber auch deren Fehler wiederholt. Seine Behauptung, Jean de Maillys *Chronica Universalis*, die möglicherweise Martinus Polonus als Quelle diente, sei verschollen, ist nicht nachvollziehbar, denn das Werk ist bis heute verfügbar. Obwohl Döllinger vollmundig verkündet, an Johanna zu glauben sei eine »Vergewaltigung aller Prinzipien der historischen Kritik«, gelingt es ihm bei seiner Überprüfung des Beweismaterials nicht, eine Erklärung dafür zu liefern, weshalb so viele Chronisten zu solch falschen Ergebnissen kamen. Er führt eine Reihe von Gründen auf, erweckt jedoch den Anschein, als könne er sich selbst nicht völlig überzeugen. Und er landet schließlich wieder bei der altbekannten Behauptung, es seien protestantische Fälscher gewesen, die die Legende in die Welt gesetzt und verbreitet hätten, obwohl Martinus Polonus als erster darüber berichtete.

Es drängt sich die Vermutung auf, daß Döllinger eigentlich ein ganz anderes Ziel verfolgte und daß seine abgewogenen, aber seltsam unentschiedenen Aussagen dieser Absicht untergeordnet waren. Joan Morris bietet in einer Anmerkung in ihrem Archiv dafür eine Erklärung an: »Die Meinung Döllingers ist nicht von großer Bedeutung. Er distanzierte sich von der (katholischen) Kirche, weil er nicht imstande war, an die Unfehlbarkeit zu glauben, so wie sie 1870 vom I. Vatikanischen Konzil formuliert worden war. Er schrieb sein Buch, um zu zeigen, wie fehlbar die Päpste, die Theologen und die kirchlichen Behörden sein konnten.«[28] Trotz all seiner Bemühungen, die Integrität des Papsttums zu verteidigen, wurde Döllinger 1871 exkommuniziert und lehnte auf dem Sterbebett das Angebot eines katholischen Geistlichen ab, ihm die Sterbesakramente zu spenden. Döllinger eignet sich also kaum als Fürsprecher der katholischen Orthodoxie und kann nur schwer als seriöser Forscher betrachtet werden, dem es allein um die Wahrheit über Johanna ging.

Baronius war einfallsreicher als Döllinger und hatte andere Erklärungen parat für die Verbreitung und langanhaltende Popularität der Geschichte von Johanna. Er entwickelte zwei Theorien. Die erste besagte, daß Päpstin Johanna ein Name sei, den man dem »wirklichen« Papst Johannes VIII. verliehen habe, welcher laut des offiziellen Papstkatalogs das Amt von 872 bis 882 ausübte. Man habe ihn, so meinte Baronius, wegen »seines umgänglichen und nachgiebigen Wesens« eine Frau genannt, vor allem im Hinblick auf die Auseinandersetzung mit dem Patriarchen der Ostkirche, der in Konstantinopel residierte.[29] Abgesehen davon, daß diese Bemerkung einiges aussagt über Baronius' Frauenbild, widerspricht sie den wenigen Fakten, die über Johannes VIII. bekannt sind – daß er vor allem ein aggressiver Staatsmann und Politiker gewesen sei, der viel dafür tat, die Sarazenen, die Rom bedrohten, zurückzudrängen.

In seiner zweiten Theorie, die Johannas Existenz widerlegen sollte, berief sich Baronius auf Berichte, denen zufolge ein anderer, angeblich verweichlichter Kirchenführer, ein Patriarch von Konstantinopel aus dem 9. Jahrhundert, der Ursprung dieses Rätsels gewesen sei. Um die Schmach zu vertuschen, daß sie eine gewisse Zeit von einem weibischen Oberhaupt geführt worden sei, habe die Ostkirche, die seit dem 8. Jahrhundert von Rom getrennt war, die Geschichte der Päpstin Johanna erfunden, um den Stuhl Petri zu diskreditieren und ein Täuschungsmanöver zu fahren – »ein Gewebe aus Fabeln ohne Beweise, in allen Teilen erlogen, verrückt, absurd, frivol, unhaltbar, widersprüchlich und bar jeglichen Wahrheitsgehalts« –, das von ihrer eigenen Leiche im Keller ablenken sollte.

Baronius war nicht die einzige Quelle für diese Richtung der Auseinandersetzung mit der Geschichte von Johanna. Die aus dem 10. Jahrhundert stammende *Chronik von Salerno*, von der eine Ausgabe aus dem 15. Jahrhundert erhalten ist (die 200 Jahre älter ist als Baronius' Schrift und der man daher nicht unterstellen kann, seine Vorgaben übernommen zu haben), berichtete von einem ansonsten gerechten und guten Patriarchen aus dem 9. Jahrhundert, der eine starke Zuneigung zu seiner Nichte entwickelte.[30] Damit sie bei ihm leben konnte, befahl er ihr, sich in Männergewänder zu kleiden, sich als sein Neffe auszugeben und in Konstantinopel als sein Sekretär zu arbeiten. Als er im Sterben lag, empfahl der Patriarch seine Nichte als Nachfolgerin, ohne jedoch ihre Geschlechtszugehörigkeit preiszugeben. Die junge Frau wurde ordnungsgemäß gewählt, doch entlarvt, nachdem der neapolitanische Prinz Arichis von Benevento durch einen Traum auf diese Täuschung aufmerksam geworden war. Der Prinz segelte nach Konstantinopel, um Untersuchungen anzustellen, und enthüllte den Skandal. Daraufhin wurde die betrügerische Patriarchin aus dem Palast vertrieben, dessen sie sich bemächtigt hatte.

Diese Geschichte aus der *Chronik von Salerno* gewinnt auch Glaubwürdigkeit durch andere Quellen, die davon sprechen, daß Papst Leo IX. 1054 einen langen Brief an seinen Amtsbruder aus der Ostkirche, den Patriarchen Michael Kerullarius schickte. Es war ein in diplomatischem Ton gehaltenes, aber kritisches Schreiben, das darauf zielte, die eigene Position in einem günstigeren Licht erscheinen zu lassen. Leo erwähnte in diesem Brief die Erhebung einer Frau zum Patriarchen, obgleich er anschließend versuchte, die darin enthaltene Beleidigung abzumildern, indem er hinzufügte, er könne nicht glauben, daß diese schreckliche Sache wirklich wahr sei.

Die früheste Erwähnung dieses Schreibens findet sich in einer Anthologie aus dem 18. Jahrhundert, wurde jedoch von

Dositheus, dem Patriachen von Jerusalem, in seinem Werk *Histoire des Patriarches de Jerusalem* als Fälschung abgetan. Darüber hinaus gibt es keinen Chronisten der Ostkirche, der auf solche Begebenheiten hinweist, und auch keine Erwähnung eines Patriarchen jener Epoche, der seines Amtes enthoben worden wäre.

Im Krieg der Worte zwischen den sich entfremdeten Schwestern des Christentums läßt sich nur schwer herausfinden, wer hier mit falschen Karten spielte. Zweifellos gibt es gewichtigere Beweise für eine Päpstin im Vatikan als für eine Patriarchin in Konstantinopel.

Der englische Historiker Edward Gibbon, der im 18. Jahrhundert lebte, schloß sich während seines Studiums in Oxford kurzzeitig der römisch-katholischen Kirche an, kehrte ihr jedoch nach 14 Monaten wieder den Rücken, »geheilt«, wie er sagte, durch einen calvinistischen Geistlichen. Den Rest seines Lebens verbrachte er als unbeugsamer Agnostiker. Wollte man ihm Vorurteile bei seiner Interpretation der Geschichte Johannas unterstellen, dann müßten dies antikatholische Vorbehalte gewesen sein, doch in seinem sechsbändigen Werk *Decline and Fall of the Roman Empire*, das zwischen 1776 und 1778 veröffentlicht wurde und noch heute zur Standardliteratur mancher Geschichtskurse an britischen Universitäten gehört, wischte er verächtlich jedes Gerede über eine Päpstin vom Tisch. Statt dessen bot er eine alternative Erklärung für die Entstehung dieser Geschichten an:

> Der Einfluß der beiden Schwestern Marozia und Theodora, zweier Prostituierter, beruhte auf ihrem Reichtum und ihrer Schönheit sowie ihren politischen und amourösen Intrigen. Die unermüdlichsten ihrer Liebhaber wurden mit der römischen Mitra belohnt, und ihre Herrschaft mag in dunkleren Zeiten die Legende von der Päpstin hervorgerufen haben. Der Bastard, der Enkel und der Urenkel von Marozia – eine seltene Ahnenreihe – gelangten allesamt auf den Stuhl Petri.[31]

Für Gibbon war die Päpstin Johanna ein verschlüsselter Hinweis auf die Macht, die zwei Frauen und ihre Abkömmlinge von Ende des 9. bis Mitte des 11. Jahrhunderts auf das Papsttum ausgeübt hatten. Gibbons Behauptung, das Rätsel um Johanna gelöst zu haben, wird allerdings durch die Tatsache ganz erheblich in Zweifel gezogen, daß er das wichtigste Detail falsch darstellte: Theodora und Marozia waren Mutter und Tochter, nicht Schwestern.

Ihre Geschichte jedoch ist sehr bemerkenswert und zeigt, wie tief das Papsttum nur 35 Jahre nach Johannas Tod gesunken war. Theodora tauchte mit ihrem Mann Theophylakt erstmals um 890 in Rom auf. Theophylakt gewann viel Macht und Einfluß, stieg zum Senator und Richter auf und kümmerte sich als Herzog um die päpstlichen Finanzen und die römische Miliz, bis er 920 starb. Auch seine Gemahlin wurde in den Senat berufen, hatte jedoch ehrgeizigere Pläne. Sie war entschlossen, eine Dynastie zu begründen und ein Mitglied des Hauses Theophylakt auf den Thron des römischen Kaisers zu hieven. Dabei stand ihr das Papsttum, das de facto als Beschützer und Verwalter Roms fungierte, im Weg. So machte sie mit ihrem Gemahl gemeinsame Sache, um im Jahr 904 ihren Kandidaten als Sergius III. zum Papst wählen zu lassen. Sergius erhielt Marozia, die fünfzehnjährige Tochter des Paares, zur Frau und schwängerte sie vereinbarungsgemäß. Sie gebar einen Sohn namens Johannes.

Nach kurzer Zeit hatte Theodora den Heiligen Stuhl voll im Griff. Nach Sergius' Tod 911 sorgte sie dafür, daß wiederum ihre Favoriten in das Amt gewählt wurden – zunächst Anastasius III. (911–913), dann Lando (913–914). Als dessen Nachfolger installierte sie ihren Geliebten, Johannes X. (914–928). Wie unschicklich diese Thronbesteigung auch sein mochte, Johannes zeigte, daß er Größeres vorhatte. Er bemühte sich zusammen mit Theophylakt und dem neuen Gemahl Marozias, einem deutschen Glücksritter namens Alberich, Markgraf von Camerino, unter Führung des Vatikans ein Bündnis italienischer Herrscher zu schmieden. Diese Allianz nahm sich vor, Rom zu verteidigen, und erwies sich als erstaunlich schlagkräftig, als die Sarazenen 924 einen Vorstoß auf die Stadt unternahmen. Für die folgenden beiden Generationen war die Bedrohung, die von diesen Ungläubigen ausging, gebannt.

In dieser Zeit starben beide Eltern Marozias, und trotz aller Bemühungen von Papst Johannes wurde sie zur eigentlichen Herrscherin Roms. Sie hatte Alberich einen Sohn geboren, war jedoch bekannt dafür, daß sie ihre Gunst sehr großzügig verteilte. Sie war schön, kalt und intelligent, doch die Bürger hielten zu ihr, weil sie deren Streben nach der Wiedererlangung einstiger Größe nährte. Der Sieg über die Sarazenen wurde als jüngster in einer langen Reihe großer römischer Triumphe gefeiert, die bis in die Antike zurückreichten. Zu Marozias Plan gehörte es, das Papsttum vererblich zu machen. Blind gegenüber dessen geistiger und universeller Bedeutung, sah sie im Apostolischen Stuhl lediglich ein Abzeichen für den Erfolg ihrer Familie. Sie versuchte durch Intrigen Papst Johannes X. zu stürzen, um Johannes, ihren gemeinsamen Sohn mit Papst Sergius, an seine Stelle zu setzen.

Als der Papst militärische und moralische Unterstützung bei Hugo aus der Provence suchte, manövrierte sie ihn ins Abseits und heiratete Hugos Bruder Guido, einen Feudalherren aus der Toskana. Er erwies sich als der stärkere und gewieftere der beiden Brüder, und mit Hilfe seiner Privatarmee eroberte Marozia Castel Sant'Angelo, das Tor zum Vatikan, und belagerte schließlich Sankt Peter. Papst Johannes harrte zwei Jahre unter der Belagerung aus, kapitulierte am Ende aber, weil Marozia die Bevölkerung für sich zu mobilisieren verstand. Er wurde eingekerkert und später ermordet.

Marozia begnügte sich zunächst mit zwei Platzhaltern – Leo VI. (928) und Stephan VII. (928–931) –, doch diese sollten nur den Thronsessel für ihren Sohn Johannes warmhalten. 931, im Alter von 20 Jahren, wurde er als Johannes XI. zum Papst gekürt. Doch allmählich wurden Marozias Machenschaften auch den Römern zuviel. Als sie sich von ihrem Ehemann Guido trennte und dessen Bruder heiratete, ihren früheren Feind aus der Provence, erhob sich die Bevölkerung unter

Führung eines ihrer anderen Söhne, den sie von Alberich hatte – und der ebenfalls Alberich hieß –, und stürzte sie.

Der junge Alberich übernahm die Zuständigkeit für alle weltlichen Angelegenheiten und überließ seinem zügellosen, ausschweifenden Halbbruder nur die zeremoniellen Aufgaben. Nachdem Johannes 936 gestorben war, kamen vier Päpste, die Alberich untertan waren. Auf dem Sterbebett rang Alberich 954 den römischen Adeligen und der Geistlichkeit das Versprechen ab, seinen jungen Sohn Octavian zum Papst zu wählen, wenn der Stuhl Petri das nächste Mal vakant werden würde. Und im folgenden Jahr wurde der achtzehnjährige Octavian als Johannes XII. rechtmäßig zum Papst gekürt.

Seine schärfsten Kritiker behaupteten, er habe den Vatikan in ein Bordell verwandelt und sei eine Art christlicher Caligula gewesen. Aufgrund der Bedrohung durch die Hunnen ging Johannes 961 ein Bündnis mit dem deutschen König Otto dem Großen ein, doch sobald die Gefahr abgewehrt war, brach er die Abmachung. Erzürnt ließ Otto, der sich 962 in Rom zum Kaiser hatte krönen lassen, ein Jahr später eine Synode einberufen, um über die Verfehlungen des Papstes zu urteilen. Als Johannes sich gegen die Untersuchung sträubte, wurde er für abgesetzt erklärt und durch Ottos Kandidaten Leo VIII. abgelöst. Doch die Römer erhoben sich gegen die Selbstherrlichkeit des Kaisers und ermöglichten es Johannes, sich noch bis 964 im Amt zu halten, als er schließlich von einem gehörnten Ehemann umgebracht wurde, der ihn in flagranti mit seiner Frau erwischt hatte.

Im folgenden Jahrhundert gelangten die letzten Bewerber aus dem Haus Theophylakt auf den Stuhl Petri. Benedikt VIII. (1012–1024) und Johannes XIX. (1024–1032) waren beide Urenkel von Marozia. Benedikt IX. (1032–1048), bei seiner Amtsübernahme noch keine 20 Jahre alt, war Marozias Ur-Ur-Enkel.

Die Ära des Hauses Theophylakt zählt zu den unerfreulichsten Abschnitten in der Geschichte des Papsttums.[32] Über die Jahrhunderte hinweg wetteiferten die Kommentatoren darin, die schärfsten und härtesten Verdammungsurteile zu fällen. Für Kardinal Baronius war es eine Zeit der »Pornokratie«, als

Marozia und Theodora als »dünkelhafte Messalinas, erfüllt von Fleischeslust und Heimtücke in allen Arten der Verkommenheit, über Rom herrschten und den Stuhl Petri für ihre Günstlinge und Liebhaber prostituierten.«[33]

Doch Baronius lieferte nicht den geringsten Anhaltspunkt für die Theorie von Gibbons, der Johanna mit der Ära von Theodora und Marozia in Verbindung brachte. Keiner der späteren Chronisten des Papsttums scheute sich, die beiden zu erwähnen und die wohlwollenderen kamen lediglich zu dem Schluß, daß Theodora und Marozia in einer Zeit der Korruption schlicht die am meisten korrumpierten Menschen waren. Obwohl die *Encyclopaedia Britannica* in dieser Frage sklavisch dem großen Historiker folgte, scheiterten Gibbons und seine Theorie daran, daß kein ernst zu nehmender Autor, der über das Papsttum schrieb, die Päpstin Johanna als Code brauchte, um auf die Theophylakten einzugehen. Deren Geschichte war gut belegt und durch zahllose offizielle und halboffizielle Chronisten bezeugt. Zudem erlebte Luitprand von Cremona, der die beiden Frauen als »schamlose Dirnen« brandmarkte, als zeitgenössischer Chronist all ihre Missetaten mit, so daß kein Zweifel daran bestehen kann, daß die Beschuldigungen gegen sie der Wahrheit entsprachen.[34]

Ein schwacher Abklatsch von Gibbons These war die Vermutung von Onuphreus – einem der fleißigsten Gegner Johannas während der Gegenreformation –, daß Papst Johannes XII., der Enkel von Marozia, so starke weibliche Züge besessen habe, daß spätere Autoren ihn für eine Frau gehalten hätten. Aus den Geschichtsbüchern jedoch geht hervor, daß Johannes bei der Anklage vor der Synode von 963 unter anderem folgender Vergehen bezichtigt wurde:

> ... mit zweien seiner Schwestern Inzest begangen zu haben; dem Würfelspiel zu frönen und den Teufel anzurufen, der ihm gewinnen helfen solle; Jungfrauen geschändet zu haben; den geheiligten Palast in einen Harem verwandelt zu haben; mit der Metze seines Vaters verkehrt zu haben, mit einer ge-

wissen Königin Dowager und mit einer Witwe namens Anna sowie seiner eigenen Nichte; seinem Beichtvater die Augen ausgestochen zu haben; öffentlich auf die Jagd gegangen zu sein; stets bewaffnet aufzutreten; Häuser in Brand zu setzen, in der Nacht Fenster einzuschlagen ...[35]

Bislang vermochte keiner der alternativen Erklärungsversuche zu überzeugen. Sie alle hatten lediglich das Papsttum im schlechtestmöglichen Licht gezeigt und im Vergleich dazu die Geschichte von Johannas Täuschung weniger schockierend und glaubwürdiger erscheinen lassen. Die Annahme allerdings, ihr Auftauchen und wiederholtes Erscheinen in den Schriften von Martinus Polonus und seiner dominikanischen Ordensbrüder könne etwas mit einer Auseinandersetzung zwischen diesem Orden und dem Papsttum zu tun haben, beschäftigte mich seit meinem ersten wegweisenden Gespräch mit Pater Boyle.

Ignaz Döllinger bestand darauf, daß die Lösung des Rätsels der Päpstin Johanna bei diesem Orden zu suchen sei, der 1216 von dem Spanier Dominikus Guzmán gegründet worden war.[36] Die Dominikaner hätten die Geschichte in die Welt gesetzt, weil sie mit dem Papsttum rivalisierten und dem Amt schaden wollten. Sie habe sich dann gehalten und weiterverbreitet aufgrund der »lüsternen Frivolität italienischer Literaten und der dumpfen Gleichgültigkeit der kirchlichen Würdenträger«.

Döllinger wies richtigerweise darauf hin, daß es im Verhältnis zwischen dem Heiligen Stuhl und den Dominikanern einmal eine ziemlich unerfreuliche Phase gegeben hatte. Guzmáns Anhänger stammten ursprünglich überwiegend aus den gebildeten Schichten der Kaufleute und der Adeligen und neigten daher eher als die Mitglieder anderer Orden dazu, sich den Anmaßungen des Papsttums zu widersetzen, das in dieser Zeit den Gipfel seiner weltlichen Macht erreichte.

In jener Zeit, als Autoren des Dominikanerordens Johanna erstmalig erwähnten – Jean de Mailly 1225, Martinus Polonus 1265 und 1277 und Etienne de Bourbon 1261 – war dieser Orden Döllinger zufolge in eine Reihe von Auseinandersetzungen mit Rom verstrickt. Der Orden und Papst Innozenz IV. (1243–1254) gerieten höchst spektakulär aneinander, als die dominikanischen Vorrechte bei der Besetzung von Professorenstellen an der Pariser Universität fraglich wurden. Andere Orden waren mittlerweile neidisch auf die Macht der klugen und ehrgeizigen Dominikaner. Innozenz (die höchste Autorität dieser kirchlichen Universität) entschloß sich, die Dominikaner in die Schranken zu weisen. Er unterstützte die Umsetzung eines Beschlusses, der jedem Orden nur mehr eine Professorenstelle zugestand, und verwarf ein Gesuch der Dominikaner, in dem sie um Vorzugsbehandlung baten. Er verschärfte diese Kränkung sogar noch, indem er durch die 1254 veröffentliche Bulle *Etsi animarum* weitere sorgsam gehütete Privilegien der Dominikaner abschaffte.

Innozenz starb kurz darauf – das Ergebnis dominikanischer Gebete, wie man damals sagte – und wurde durch Alexander IV. (1254–1261) ersetzt, der den Dominikanern größeren Respekt entgegenbrachte. Doch die Spannungen blieben bestehen, und im weiteren Verlauf des Jahrhunderts verbündete sich der Orden mit den weniger intellektuell, sondern eher praktisch veranlagten Franziskanern, um sich dem Versuch von Papst Bonifatius VIII. (1294–1303) zu widersetzen, ihren Besitz seiner Kontrolle zu unterstellen. Später standen die beiden Orden an der Seite des französischen Königs Philipp IV. (genannt der Schöne) – eines skrupellosen Autokraten, der die Juden verfolgt und den Templerorden zerschlagen hatte –, als dieser Papst Bonifatius zu inhaftieren und ihm den Prozeß zu machen versuchte.

In vielen zentralen Fragen der Politik und der Durchsetzung des christlichen Glaubens vertraten die Dominikaner in dieser Zeit andere Auffassungen als der Heilige Stuhl. Doch es gab in der Literatur, wie es mir schien, eine gewisse Neigung, den Konflikt zwischen den Dominikanern und dem Papst aufzubauschen. So ernannte Innozenz IV. selbst während des Streits um die Besetzung der Professorenstellen im Laufe nur eines

Jahrzehnts 35 Bischöfe, neun Erzbischöfe, einen Patriarchen und einen Kardinal aus den Reihen des Dominikanerordens. Außerdem ist die Idee, die Dominikaner hätten aus Erbitterung über die Zurücksetzung durch den Vatikan eine Geschichte über einen weiblichen Papst aus dem Hut gezaubert, schlicht unglaubwürdig. Falls sie entweder einen einzelnen Papst oder das Amt insgesamt der Lächerlichkeit hätten preisgeben wollen, hätte ihnen die Wirklichkeit genügend Munition geliefert; den Rückgriff auf Fälschungen hatten sie gar nicht nötig. Die Exzesse des Hauses Theophylakt auszuschlachten hätte vollauf genügt, enthielten diese doch Ausschweifungen, Unmoral, politische Korruption und die Gefahren des weiblichen Geschlechts. Bezüglich des Anspruchs der Päpste, in der unmittelbaren Nachfolge von Petrus zu stehen, hätte zur Entkräftung schon der Verweis auf das Dunkle Zeitalter ausgereicht, in dem viele dubiose und widerwärtige Gestalten das höchste Amt der Kirche ausgeübt hatten. Wenn die Geschichte der Päpstin allerdings stimmte, dann verhielt es sich anders. Daß die Dominikaner sie immer wieder aufgriffen und sie anderen schockierenden Berichten vorzogen, ist ein gewichtiges Argument für die historische Existenz Johannas.

Döllingers Überzeugung, die Päpstin Johanna sei ein Phantasieprodukt der Dominikaner gewesen, überstrapazierte selbst die Gutgläubigkeit seiner glühendsten Bewunderer. Der Jesuit Pater Herbert Thurston, der in einer Schrift von 1929 größtenteils Döllingers Argumente wiedergab, rückte in dieser Frage von seinem Mentor ab und vermutete, die Dominikaner hätten die Geschichte vielleicht nur deshalb erfunden, weil sie eine sensationelle, aufsehenerregende Story brauchten, um die Leute auf sich aufmerksam zu machen – gewissermaßen eine mittelalterliche Variante der Sensationsberichterstattung.

Doch die Verbindung zwischen dem Auftauchen Johannas im 13. Jahrhundert und den innerkirchlichen Auseinandersetzungen zu jener Zeit beschäftigte auch später noch die Historiker. Der französische Autor Alain Boureau lenkte in einer 1984 erschienenen Arbeit erneut die Aufmerksamkeit auf den

Zwist zwischen Philipp dem Schönen von Frankreich und Papst Bonifatius VIII. Bonifatius' Vorgänger auf dem Apostolischen Stuhl war Cölestin V., ein Einsiedlermönch, der bei seiner Wahl 1294 schon 85 Jahre alt war und als Kompromißkandidat aufgestellt worden war, um einen Konflikt zwischen den zerstrittenen Gruppierungen des Konklaves beizulegen, der zu einer 27 Monate dauernden gegenseitigen Blockade geführt hatte.[37] (Für die Papstwahl hatte sich inzwischen ein Prozedere herausgebildet, das in den Grundzügen noch heute gilt: Ein neuer Papst benötigt zur Wahl eine Zweidrittelmehrheit im Konklave, das aus den Kardinälen besteht, die noch nicht 80 Jahre alt sind.) Cölestin erkannte schnell, daß er seinem Amt nicht gewachsen war, dankte nach ein paar Monaten mit dem Einverständnis der Kardinäle ab und wurde damit der letzte Papst, der sein Amt aufgab, bevor er starb.

Philipp versuchte in seiner anschließenden Auseinandersetzung mit Bonifatius dessen Legitimation anzuzweifeln und ihn in ein schiefes Licht zu rücken, indem er das Gerücht in Umlauf setzte, Bonifatius habe Cölestin durch eine Intrige gestürzt und später ermorden lassen. Deshalb wurde die Frage, ob ein Papst abdanken könne und ob die Kardinäle eine solche Entscheidung akzeptieren dürften, zu einem Diskussionsgegenstand. Nach Boureaus Auffassung wurden die Dominikaner als Verbündete Philipps in diese Auseinandersetzung hineingezogen.

Das Wahlkollegium der Kardinäle werde, so argumentierte man in Rom, vom Heiligen Geist geleitet und könne daher nicht fehlgehen bei der Wahl eines Papstes oder der Billigung des Rücktritts eines Papstes. Boureau zufolge ersann Philipp im Gegenzug, unterstützt von seinen dominikanischen Verbündeten, die Geschichte von einer Frau auf dem Heiligen Stuhl, um zu zeigen, wie fehlbar das Konklave in der Vergangenheit gewesen sei. Diese Argumentation Boureaus besitzt jedoch einen offensichtlichen Makel. Johanna wurde damals nicht von Kardinälen gewählt, und daß sie ein völlig anders zusammengesetztes Wahlkollegium täuschte, hatte für Cölestins

Fall nur wenig Aussagekraft. Kluge Dominikaner hätten diesen Schwachpunkt bestimmt erkannt.

Boureau argumentierte ferner, daß Cölestins Abdankung zeitlich sowohl mit der Veröffentlichung einer weiteren Version von Martinus Polonus' Chronik (1294) zusammenfiel als auch in den Schriften eines dominikanischen Mystikers namens Robert von Uzès ihren Niederschlag fand. Sein *Liber Visionum* von 1296 war eine Sammlung von Visionen über die Zukunft der Kirche und enthielt einen Abschnitt, in dem sich der Autor vor einem Stuhl wiederfand, »an dem, wie es hieß, die Männlichkeit des Papstes bewiesen wurde«. Über Johanna sagte Robert von Uzès jedoch nichts.[38]

Mit Boureaus Theorie verhält es sich ähnlich wie mit Döllingers Vorstellung, die Dominikaner hätten die Päpstin Johanna erfunden, um den Vatikan in Verlegenheit zu bringen. Hätte Philipp der Schöne die Absicht verfolgt, die Ansprüche des Papsttums in Zweifel zu ziehen und den Vorgang der Wahl eines neuen Papstes der Lächerlichkeit preiszugeben, hätte auch er nur auf die gut dokumentierte, skandalumwitterte Zeit von Marozia und Theodora zu verweisen brauchen. Alle Spekulationen darüber, Johanna sei ein verschlüsselter Hinweis auf diese Frauen oder auf andere Verfehlungen des Vatikans gewesen, stammen von Gegnern des Papsttums, die es einerseits nicht wagten, diese Verfehlungen auszusprechen, sich andererseits aber nicht scheuten, zu unterstellen, daß es einer Frau in Männerkleidern gelungen sei, in das höchste Amt der Kirche aufzusteigen. Das paßt nicht zusammen. Eine eingehende Untersuchung des Beweismaterials weist vielmehr in die entgegengesetzte Richtung. Wenn Feinde des Papsttums Johanna gegen diese Institution ins Feld führten statt den gut belegten Fall von Marozia und Theodora, dann mußten sie zutiefst davon überzeugt sein, daß sie auf der Seite einer Siegerin standen.

11. Kapitel

Orlando war eine Frau geworden – das ist nicht zu leugnen. Aber in jeder anderen Hinsicht blieb Orlando genauso, wie er gewesen war. Der Wechsel des Geschlechts, wenn er auch die Zukunft der beiden änderte, tat nicht das geringste, ihre Identität zu ändern. Ihre Gesichter blieben, wie ihre Porträts beweisen, praktisch dieselben. Seine Erinnerung – aber in Zukunft müssen wir der Konvention zuliebe »ihre« statt »seine« und »sie« statt »er« sagen –, ihre Erinnerung also reichte durch alle Ereignisse ihres bisherigen Lebens zurück, ohne auf ein Hindernis zu stoßen.

Virginia Woolf, *Orlando*[1]

Durch Zufall entdeckte ich, daß sich auch die feministische Theologin Sara Maitland für die Päpstin Johanna interessierte. Wir saßen beide in einem dieser seelenlosen und ihren Namen zu Unrecht tragenden Gästeräume in einem Fernsehstudio in Liverpool und warteten auf unseren Auftritt in einer religiösen Talkshow, die frühmorgens für Leute ausgestrahlt wird, die unter Schlaflosigkeit leiden und sich für religiöse Themen interessieren, sowie für Schichtarbeiter, die regelmäßige Kirchgänger sind. Während ich auf meinen Aufruf wartete, las ich in Donna Woolfolk Cross' Roman *Die Päpstin*[2], der gerade frisch aus den Vereinigten Staaten eingetroffen war.

»Ach, diese alte Kamelle!« rief Sara, als sie mir über die Schulter spähte. »Das ist doch eine Quatschologie.« In ihrer Stimme schwang ein gewisser Abscheu mit.

»Eine was?« fragte ich verhalten.

»Eine Quatschologie«, wiederholte sie, diesmal noch ein bißchen aggressiver. »Eines dieser Bücher über religiöse Themen, die eine Menge Wirbel machen und Thesen in die Welt setzen, die sie hinten und vorn nicht beweisen können.« Wahrlich ein großes Lob. Es klang nicht gerade so, als wäre die Beschäftigung mit einem solchen Thema eine Tätigkeit für einen Menschen, der etwas auf sich hielt. Zum Glück blieben mir weitere Anwürfe erspart, weil wir dann ins Studio gerufen wurden, um vor laufender Kamera mit einem evangelischen Vikar über die Zukunft der Sexualmoral zu diskutieren.

Später, vielleicht ein wenig besänftigt dadurch, daß wir gegenüber unserem intoleranten Gesprächspartner mehr oder weniger dieselben Positionen vertreten hatten, schlug Sara versöhnlichere Töne an. »Wenn ich sage, daß es sich bei der Päpstin Johanna um eine aufgebauschte Sache handelt, dann trifft dieser Vorwurf genauso mich selbst, denn auch ich habe eine Kurzgeschichte über sie geschrieben. Ich schicke Ihnen gern eine Kopie, wenn Sie wollen.«

»The Dreams of the Papess Joan«, erstmals veröffentlicht Anfang der 70er Jahre in der feministischen Zeitschrift *Spare Rib*, wurde später in die Anthologie *Telling Tales* aufgenommen, eine Sammlung von Saras Kurzgeschichten.[3] Sie greift darin einige Einzelheiten aus Johannas Leben auf, die in einer Reihe zunehmend verstörender Träume behandelt werden. Im ersten Traum erinnert sie sich an ihre Kindheit in England und an ihre wilde Entschlossenheit »all das zu tun, was sie wollte«, eine Haltung, die ihren Aufstieg zum Papsttum ermöglichte, aber auch dazu führte, daß sie sich mit einem »sabbernden, schwabbeligen Kardinal mit fetten Fingern« einließ und »dadurch die Bezeichnung ›Eure Heiligkeit‹ zu einem der obszönsten Witze der ganzen Christenheit wurde.«

Im zweiten Traum ringt Johanna mit einer Entscheidung darüber, was sie mit dem Kind tun soll, das sie erwartet. »Sie werden wohl bald Verdacht schöpfen ... Seiner Heiligkeit ist jeden Morgen übel, er erleidet im Konzil manchmal Schwächeanfälle, hat an Gewicht zugelegt, weint, wenn er Kinder segnet, sorgt sich plötzlich um arme Mütter, was bis vor wenigen Monaten noch nicht so war. Aber bis jetzt sind sie noch nicht mißtrauisch geworden.« Darin schwingt eine gewisse Verzweiflung mit, der Wunsch, daß die Umwelt endlich ihr Geheimnis entdecken möge.

Als sie erneut eingeschlafen ist, erlebt sie, wie sie zu ihrem Ausgangspunkt zurückgleitet, und sieht sich wieder als junges Mädchen, das ein Mann sein wollte. »Warum, so frage ich mich, aber Johanna kann ich nicht mehr fragen, weil es sie nicht gibt; ich bin zu weit gegangen, jetzt gibt es kein Zurück mehr.« Im vierten Traum lebt sie in einem Frauenkloster in

England, ist von ihren Pflichten in Rom entbunden worden und erzieht ihre Tochter. Und in einem kurzen letzten Traum bringt Johanna während einer Prozession einen Sohn auf die Welt und wird daraufhin zu Tode gesteinigt.

Es war also alles nur ein Traum, doch wie passen die heiligen Frauen, die sich in Männertracht kleideten, in diese Geschichte? »Keine Ahnung«, erwiderte Sara Maitland und lachte. Als Romanautorin, so erklärte sie, sei es nicht ihre Aufgabe, eine Antwort zu finden. Doch die Fragen der Geschlechtszugehörigkeit und der Verwischung der Unterschiede faszinierten Sara Maitland auch in anderer Hinsicht. Zu ihren bekanntesten Büchern gehört die Lebensbeschreibung von Vesta Tilley, einem Star der Music Halls und des Volkstheaters um die Jahrhundertwende, die als Transvestit auftrat. Sie war damals eine der erfolgreichsten und bestbezahlten Künstlerinnen in Europa, heute aber ist sie fast völlig vergessen. »Vielleicht war ihr Problem, daß sie, anders als die Päpstin Johanna, die durch die Jahrhunderte weiterlebte, kein böses Ende fand. Vesta Tilley zog sich von der Bühne zurück, heiratete einen konservativen Parlamentsabgeordneten, der später zum Ritter geschlagen wurde, und stieg dadurch zur ›Lady‹ auf. Aber«, fuhr Sara fort und schien sich nun zusehends in das Thema hineinzusteigern, »es gibt noch einen weiteren wichtigen Unterschied zur Päpstin Johanna – Vesta versteckte nie ihre Geschlechtszugehörigkeit. Als Mann aufzutreten war Schauspielerei, und nach ihrem Auftritt kam sie als Frau aus der Tür des Theaters. Auch Johanna von Orléans verbarg ihre Geschlechtszugehörigkeit nicht, obwohl sie nie aus den Männerkleidern schlüpfte, selbst nicht, als sie verbrannt wurde. Sie war ein Paradigma der Umkehrung: das falsche Geschlecht, die falsche Klasse und so weiter.«

Daß die Päpstin Johanna ihre Geschlechtszugehörigkeit zu verbergen versuchte, könne, so meinte Sara Maitland, ein Grund dafür gewesen sein, daß ihre Geschichte Anstoß erregte. »Die Leute mögen es nicht, wenn sie an der Nase herumgeführt werden. Natürlich, auf der rationalen Ebene sollte es keine Rolle spielen und unsere Empfindungen nicht beeinflussen, aber es ist interessant, wie fremd und beunruhigend uns Androgynität bei Erwachsenen vorkommt. Wir können uns damit nicht auseinandersetzen und finden sie bedrohlich.«

Das sei doch bestimmt ein Grund dafür gewesen, daß Johanna auf Romanciers eine so große Anziehungskraft ausübte? Sara überlegte eine Weile, bevor sie mir eine umfassende Antwort lieferte. »Die vielen unterschiedlichen Aspekte der Geschichte verstärkten zweifellos ihre Attraktivität – und wir lieben nun mal anrüchige Stories über die Kirche. Anrüchigkeit ist nicht dasselbe wie Schmutz, und diese Geschichte ereignete sich vor so langer Zeit, daß niemand, der daran beteiligt war, heute noch wichtig wäre. Und dann gibt es auch noch das Element der Vertuschung. Ein Vertuschungsversuch und eine anrüchige Geschichte. Das ist natürlich Stoff für eine Verschwörungstheorie.«

Aber sie wolle sich doch nicht auch selbst den Verschwörungstheoretikern zuordnen? Als Theologin und Verteidigerin des Christentums, die erst vor kurzem zum katholischen Glauben übergetreten ist, versteht sich Sara Maitland beileibe nicht als antikirchliche Rebellin, aber sie kann eine sehr strenge Kritikerin der törichten und sexistischen Exzesse der Kirche sein. »Was mich an dieser Geschichte besonders fasziniert, ist, daß man nur gerade soviel bekommt, daß der Appetit angeregt wird. Es ist ein bißchen so wie mit dem Tod von Papst Johannes Paul I. im Jahr 1978. Wir erfuhren nur gerade soviel, daß wir Verdacht schöpfen und vermuten konnten, es sei nicht alles mit rechten Dingen zugegangen, aber wir wußten nicht genug, um diese Vermutungen entweder zu beweisen oder zu entkräften. Und so bot sich genügend Stoff für eine kleine Publikationsindustrie.«

Abermals fand Sara den Vergleich mit Johanna von Orléans sehr erhellend. »Wir glauben, alle nötigen Informationen über sie zu besitzen – durch die Verhörprotokolle. Aber obwohl sie eine wirkliche Stimme hat, ist sie offen für alle möglichen Interpretationen. Die Päpstin Johanna besitzt im Gegensatz dazu keine Stimme, aber in ihrem Fall wissen wir genug, um den Versuch zu unternehmen, ihr eine zu geben.«

Sara Maitland war beileibe nicht die erste Autorin, die sich von der Päpstin faszinieren ließ. In den tausend Jahren, die seit der Zeit vergangen sind, in der Johanna dem Vernehmen nach auf dem Stuhle Petri saß, und den sechshundert Jahren, seit sie zu einem Gegenstand der mittelalterlichen Chroniken wurde, hat die Gestalt der Päpstin in regelmäßigen Abständen neu erwachendes Interesse auf sich gezogen. Oder zumindest die dramatischen Ereignisse ihres Lebens. Ihre Irreführung der römischen Autoritäten und ihre brutale Entlarvung wurden für sich berühmt und immer wieder aufgegriffen und lösten sich im Laufe dieses Prozesses vom Medium, vom Umfeld und sogar von der Person, die sie ursprünglich hervorgebracht hatte. Die zentrale Gestalt Johanna wurde beiseite geschoben und in dem Bemühen, ihre Motive zu verstehen, mit einer Vielzahl modischer Ursachen in Verbindung gebracht und von unterschiedlichen Interessengruppen vereinnahmt. Am stärksten fühlten sich Autoren zu ihr hingezogen, die mit Hilfe Johannas ihren antiklerikalen oder feministischen Sichtweisen Ausdruck verleihen wollten.

Betrachtet man sie unter diesem Gesichtspunkt, hat die Figur der Päpstin auf eine Weise überdauert, die den meisten Frauen in der Geschichte versagt blieb. Obwohl sie in keine der herkömmlichen Kategorien paßt, die Frauen Unsterblichkeit verliehen – sie war weder eine berühmte Königin, Kurtisane, Schönheit, Mutter, Künstlerin noch eine Heilige –, hat sie allen Versuchen getrotzt, sie in der Versenkung verschwinden zu lassen, und wahrte ihre Faszination über die Generationen und die Jahrhunderte hinweg.

Dieser Ruhm, den Johanna durch kreative und eigensinnige Autoren erlangte, hatte jedoch seinen Preis. Da kaum etwas über sie bekannt war, erlaubten sich die Polemiker, recht großzügig mit den wenigen Tatsachen umzugehen, die von den mittelalterlichen Chronisten überliefert wurden. Lucy

Hughes-Hallett, die eine Biographie über Kleopatra verfaßte, eine andere, ebenfalls stark manipulierte Frauengestalt der Geschichte, beobachtete, wie dieser Prozeß eine Distanz schuf zwischen der Frau und dem um sie herum entstandenen Mythos. »Eine Geschichte ist eine proteische Angelegenheit, die ihr Wesen wie auch ihre Gestalt verändert, je nachdem aus welchem Blickwinkel man sie betrachtet. Ein paar schlichte Tatsachen können, wenn man sie in einer bestimmten Weise arrangiert oder rearrangiert, zu einer Vielzahl gegensätzlicher Schlußfolgerungen führen – selbst die schlichteste Information läßt sich so zu polemischen Zwecken ausschlachten. Der Geschichtenerzähler ist, ob er will oder nicht, immer auch eine Art Propagandist.«[4]

In der unmittelbaren nachreformatorischen Zeit war die Kanzel die Hauptarena für diese Art von Propaganda, doch als die protestantischen und katholischen Autoritäten nach neuen Mitteln suchten, um die Ansprüche der jeweils anderen Seite zu konterkarieren, verlagerte sich die Auseinandersetzung auch auf die Gebiete der Literatur, der Kunst und des Theaters. Und dies galt auch für die Päpstin Johanna. Dorothea McEwan hatte bereits Dietrich Schernbergs *Ein schön' Spiel von Frau Jutta* erwähnt, das 1565 entstand. 25 Jahre später erschien in England das erste überlieferte Theaterstück über die Päpstin – *Poope Jone*, das am Londoner Rose Theatre aufgeführt wurde. »Bei Poope Jone am 1. März 1591«, notierte Philip Henslowe in seinem Tagebuch.[5] Die Darsteller waren alle Männer, wie es in der elisabethanischen Zeit üblich war, was dem Drama eine zusätzliche pikante Note verlieh: Der männliche Papst, der in Wirklichkeit eine Frau war, wurde von einem Mann gespielt.

Der Text des Stücks ist jedoch verschollen, und erst 1680 erschien mit *The Female Prelate* von Elkanah Settle, das am Londoner Theatre Royal aufgeführt wurde, ein Theaterstück, das überliefert ist.[6] Im Einklang mit der antikatholischen Stimmung im protestantischen England zeichnete Settle Johanna als eine mörderische und lüsterne Intrigantin, die nichtsdestotrotz in das höchste Amt der römischen Kirche gelangte. Die Bühne wird mit den Leichen ihrer verflossenen Liebhaber gepflastert, bevor Johanna schließlich ihr übliches Ende ereilt. Im Epilog versammeln sich die Kardinäle und einigen sich darauf, einen Test einzuführen, um künftige Päpste auf ihre Männlichkeit überprüfen zu können:

> Sodann brachte man den Porphyr-Sessel,
> Auf welchem Rom den Bischof in das Amt einführte,
> Und der Leutnant des Himmels machte sich an seine große
> Aufgabe,
> Und sorgte für die Schaffung dieser kleinen Aushöhlung,
> Durch welche die Hand eines ehrwürdigen Kardinals …

Die unverhüllte Abneigung gegen Johanna und den Katholizismus, die aus diesem Stück spricht, ist sein auffälligstes Merkmal. Der unverwirklichte Plan des englischen Okkultisten Montague Summers, der in den 1920er Jahren eine Wiederaufführung dieses Stückes erwog, unterstreicht nur die enge Verbindung, die im Denken nachfolgender Generationen zwischen der Päpstin Johanna, dem Wirken des Teufels und der Opposition gegen die katholische Kirche bestand.

Doch die Engländer können nicht für sich in Anspruch nehmen, die Erinnerung an die Päpstin Johanna am eifrigsten ausgeschlachtet haben. Diese Ehre teilen sich die Franzosen und die Deutschen, wobei der ursprüngliche Vorteil letzterer von ersteren im Laufe der Zeit langsam wettgemacht wurde. Die Französische Revolution von 1789 wurde auch aus einer antiklerikalen Stimmung gespeist, und unter den Helden und Heldinnen der Aufständischen tauchte unweigerlich auch der Name Johannas auf. Voltaire, einer der geistigen Wegbereiter der Revolution, erwähnte sie flüchtig in seinem *Essai sur l'histoire générale et sur les moeurs et l'esprit des nations* (1756), doch es war vor allem Charles Bordes' 1777 erschienene erzählende Dichtung über Päpstin Johanna, die den größten Eindruck in den gebildeten Schichten und bei den *philosophes* hinterließ. Bordes, ein Rebell aus der Provinz, der seinen literarischen Ruhm in erster Linie Jean-Jacques Rousseaus wohlwollender Beurteilung seines 1736 veröffentlichten Werkes *Blanche de Bourbon* verdankte, brachte nicht nur den antiklerikalen Zeitgeist zum Ausdruck, sondern griff auch die erotischen und burlesken Elemente auf, die der Geschichte der Päpstin in dieser Zeit anhafteten.[7]

Bordes' Dichtung beginnt mit einem himmlischen Konzil, bei dem sich Engel und Heilige versammeln, die sich über den schlechten Ruf des Papsttums Sorgen machen. Vor allem die weiblichen Heiligen drängen darauf, daß nun eine Frau den Stuhl Petri besteigen solle. Sie verweisen auf Johanna, eine Frau mit großer Bildung und geistiger Reife, die als Mann verkleidet bei Tivoli, außerhalb Roms, lebe, wo sie um ihren verstorbenen Geliebten René trauere. Dank des geschickten Eingreifens der Engel wird Johanna rechtmäßig zum Papst gekürt, obwohl die Kardinäle über ihr wahres Geschlecht nicht im Bilde sind. Kardinal Marcel wird beauftragt, Johanna die Nachricht zu überbringen, doch Marcel ist in Wirklichkeit René, der nicht gestorben ist, sich aber, da er nicht mehr darauf hoffte, Johanna jemals wiederzusehen, für das Leben eines Geistlichen entschieden hatte.

Die beiden erkennen sich, sind überglücklich und lassen ihre Leidenschaft wieder aufleben, bevor sie sich nach Rom begeben. Marcel/René weiß, daß einige Kardinäle einen Geschlechtstest für den neuen Papst vorbereitet haben, daher ersinnen er und Johanna einen Trick, um die heikle Untersuchung auf dem Stuhl zu bestehen:

> In den bekanntesten Frauenklöstern,
> Trotz all ihrer Umzäunungen und Keuschheitsgürtel,
> Gibt es eine Kunst des Nachahmens von Juwelen:
> Erdbeeren und Kirschen sind stets bei uns,
> Und was die Geschlechtsteile betrifft, sind sie allemal so gut wie ein Apfel.

So wie Christian Davies im 17. Jahrhundert einen silbernen Dildo getragen hatte – »eine silberne Röhre, die bemalt und mit Lederriemen an ihrem Körper befestigt war« –, um ihre Aufnahme in die britische Armee zu erschleichen und an der Schlacht von Boyne teilzunehmen[8], so überlistete Bordes' Päpstin Johanna jene, die ihre Männlichkeit überprüfen sollten, durch die geschickte Verwendung von Obst.

Bordes erzählte diese theatralische Geschichte in Form eines Gedichts, weil es im vorrevolutionären Frankreich verboten war, sich auf der Bühne über religiöse Bräuche lustig zu machen. Durch die Ereignisse von 1789 wurden diese Zensurvorschriften beseitigt, und in der Folge entstand eine ganze Reihe von Komödien und Varietéstücken, die auf der Päpstingestalt beruhten. 1793 muß man als das Jahr der Päpstin Johanna bezeichnen, denn allein im Januar wurden auf den Pariser Bühnen drei verschiedene Versionen ihrer Lebensgeschichte aufgeführt.[9]

Zwar hatte sich der Heilige Stuhl ursprünglich geweigert, die Revolution offen zu verurteilen, doch 1793 wurde er zu ihrem erklärten Gegner. Pius VI. erklärte 1791 die »Zivilverfassung des Klerus«, durch die die französischen Priester zu Staatsbediensteten wurden, für schismatisch. Später verdammte er die Erklärung der Menschenrechte und segnete die fremden Heere, die nach Frankreich einmarschierten, um die Revolutionäre zu stürzen und die Monarchie der Bourbonen zu restaurieren. Während die Revolutionsarmee das neue Regime auf dem Schlachtfeld verteidigte, drehten Autoren und Schauspieler in Paris seinen Verleumdern eine lange Nase, indem sie Johanna hochleben ließen.

Pierre Léger lieferte 1793 mit seiner Darstellung der Päpstin Johanna, die ihren langjährigen Jugendfreund Florello auf den Apostolischen Stuhl holte und mit ihm als gleichberechtigtem Partner lebte, eine politisch korrekte Moralgeschichte, die der ehefeindlichen und von der Gleichheit der Geschlechter geprägten Atmosphäre des revolutionären Frankreich entsprach. Hier gebe es ein Modell dafür, wie ein reformiertes Papsttum handeln könne, wollte Léger seinem Publikum sagen. Sein

Stück trug zweifellos auch Züge einer Burleske, aber Defauconprets Version der Päpstin, die im Stil einer »Laßt-die-Hosen-runter«-Farce gehalten war, legte es von vornherein darauf an, Lacher zu provozieren. Die Kardinäle, die für Johannas Wahl verantwortlich waren – einer war der Führer der jungen Fraktion, einer der Führer der alten und beide ihre Liebhaber –, verbrachten ihre Zeit überwiegend damit, aus Betten und durch Fenster zu springen. Für den Begleiter/Erzähler stellt sich der Augenblick der Enttarnung Johannas auf dem Vicus Papissa in der Erinnerung als eine komische Szene dar:

Wie die Leute grinsen und rufen,
Wenn diese Geschichte schließlich endet,
Wir näherten uns San Giovanni, wir waren fast da,
Als ein schreckliches Ereignis uns in Verzweiflung stürzte.
Die Prozession kam zum Halten, Füße rutschten umher,
Plumps! Der Papst stürzte zu Boden.

Der Heilige Vater stöhnte und schrie auf.
Die Furcht in der Menge war offensichtlich;
Wer konnte ihm helfen? Gab es denn niemanden hier?
Doch plötzlich ... gebar der Papst einen Sohn.

Das dritte Stück in dieser bemerkenswerten Trinität stammte von Carbon Flins des Oliviers, doch sein Text ist verschollen, und seine Hommage an Johanna wird nur flüchtig erwähnt in den Tagebüchern des Autors, Soldaten, Diplomaten und christlichen Apologeten Chateaubriand, als dieser davon berichtete, daß sich der Dramatiker in seine Schwester verliebt habe.

Als Napoleon Bonaparte 1799 die Macht im revolutionären Frankreich übernahm, wich die unverblümt antiklerikale Haltung der vergangenen Dekade einer kontrollierteren, eher politischen oder zynischen Einstellung. Ein letztes Mal flackerte dieser im Verschwinden begriffene Geist der Anarchie und der Rebellion 1801 in einem Werk des Dramatikers Theodore

Desorgues auf. Sein Stück *Le Pape et le Mufti ou la Réconciliation des cultes* präsentierte Johannas Geschichte in einer neuen Sichtweise. Er griff in seinem Stück ein damals modisches orientalisches Thema auf – Napoleon hatte sich gerade vor der Küste von Ägypten mit Nelson eine Schlacht um die Vorherrschaft im Nahen Osten geliefert – und ließ die Türken unter Mufti Ali im 9. Jahrhundert Rom belagern. Der Papst war eine junge türkische Frau namens Azemis, die sich als Mann verkleidet hatte und die Karriereleiter im Klerus emporgestiegen war, um mit ihrem Geliebten, Kardinal Azolan, zusammensein zu können.

Als Mufti Ali in Rom einzog, kam es zur Konfrontation mit Azemis, die den Zusammenstoß des Islam mit dem Christentum symbolisierte. Mufti Ali fand bitterböse Worte, nicht nur über die Geschichte des Katholizismus und das Papsttum, sondern auch über den Anspruch des Christentums, auf einer göttlichen Offenbarung zu beruhen. »Um Weisheit zu lehren«, sagte Mufti Ali, »übersetzt euer Gott die Worte der weisen Männer des alten Griechenlands in schlechtes Griechisch und behauptet anschließend, was er verkünde, sei etwas Neues. Ohne ihre Predigten würden die Geistlichen wohl kaum ihre Lungen anstrengen und einen Dieb, der am Galgen starb, zur Leitfigur ihrer Mission erheben. Er starb öffentlich, wurde aber heimlich wieder zum Leben erweckt. Er wurde zum Sohn Gottes, dieser Sohn eines Zimmermanns. Die Welt hätte weniger zu leiden gehabt, wäre er bei diesem Gewerbe geblieben.«

Abgesehen von seiner missionarischen Botschaft stand dieses Stück auch mit seinem komischen und absurden Schluß in der Tradition von 1793. Azemis entpuppte sich schließlich als Mufti Alis verlorene Tochter. Sie war vor ihm geflohen, um bei Azolan zu sein, nachdem ihnen ihre Liebe untersagt worden war. Am Ende heiratete das Paar mit Mufti Alis Segen, nicht jedoch mit dem der Bevölkerung Roms, die sie aus der Stadt jagte und aus der Kirche ausschloß. Der Islam wurde hier als weise und weitsichtig dargestellt, der Katholizismus dagegen als intolerant und bigott.

Während die Gestalt der Päpstin stets eine Faszination auf Polemiker ausübte, wurde sie im 19. Jahrhundert von einer Woge sentimentaler Romantik überrollt. Die deutlichen erotischen Anspielungen in den Stücken, die zur Zeit der Französischen Revolution entstanden, wurden in dieser wesentlich prüderen Epoche zurückgenommen.

Emmanuil Roidis' Roman aus den 80er Jahren des 19. Jahrhunderts, der eine der wenigen gut recherchierten Darstellungen Athens zu Johannas Zeit ist, kann als Beispiel für dieses Genre gelten. In Roidis gespreizter romantischer Vorstellungswelt erscheint Johanna als das klassische unschuldige Mädchen in fremden Landen, als ein Opfer des Schicksals, das sich in die starken Arme von Männern flüchtet, die ihr versprechen, sie zu retten, um dann bitter enttäuscht zu werden, wenn sie sie im Stich lassen. Roidis jedoch gleicht die Verfehlungen dieser Männer wieder aus und umsorgt Johanna mit übertriebener Zärtlichkeit. Es gibt gelegentlich Hinweise auf sexuelle Annäherungen, doch diese sind, wie es sich zur damaligen Zeit gehörte, nur dezent angedeutet.

Roidis' Werk fand später das Interesse des englischen Romanciers Lawrence Durrell, der den Roman in den 1950er Jahren aus dem Neugriechischen ins Englische übersetzte. Durrell betrachtete Johanna als eine späte Inkarnation des Liebesgottes in einer Zeit, die mit einer solchen Figur nicht mehr viel anfangen konnte. »*Pope Joan* ist eine Art kurzgefaßte Darstellung der Geschichte und der Mißgeschicke des Eros, nachdem das Christentum aus diesem Gott eine Widerstandsbewegung im Untergrund gemacht hatte.«[10]

Trotz allen romantischen Beiwerks war Roidis jedoch, wie viele Verfechter der Johanna-Legende in früheren Jahrhunderten, entschieden antiklerikal eingestellt. Diese Heldin gefiel ihm wahrscheinlich auch deswegen so sehr, weil sie ihm ein Ventil bot, um seine Abneigung gegen die organisierte Religion zum Ausdruck zu bringen. Nach der Veröffentlichung des Romans wurde Roidis von der orthodoxen Kirche in seiner griechischen Heimat exkommuniziert. Der Roman war anschließend dort viele Jahre verboten, doch in der aufgeheizten Atmosphäre, die um die Jahrhundertwende in Europa herrschte, konnte man sich stets eines interessierten Publikums sicher sein, wenn man gegen die Verfügungen klerikaler Zensoren verstieß. Für Radikale und Autoren in allen Teilen des Kontinents wurde Roidis das, was heute Schriftsteller sind, die unter totalitären Regimen leiden. Er war eine *cause célèbre*. In Frankreich, wo Staat und Kirche über das Bildungswesen stritten und die Regierung den Einfluß der Kleriker auf das geistige Leben zurückzudrängen versuchte, wurden 100000 Exemplare seines Romans verkauft.

Doch Roidis war nicht der berühmteste Name, der im Frankreich des 19. Jahrhunderts mit Johanna in Verbindung gebracht wurde. Diese Ehre gebührt dem Romanautor Stendhal. Der Italien-Liebhaber verbrachte mehrere Jahre in diesem Land und berichtete über seine Beobachtungen und Erlebnisse in seinen *Voyages en Italie*.[11] Auch Johanna wurde darin eine eingehendere Auseinandersetzung zuteil. Zunächst brachte Stendhal sein Erstaunen darüber zum Ausdruck, daß sich Johannas Legende so lange hatte halten können. »Wer hätte geglaubt, daß man auch heute noch Menschen in Rom findet, die der Geschichte von Päpstin Johanna große Bedeutung beimessen?« Doch als er sich in einem Gespräch mit einem »Johanna-Apologeten« in der römischen Barberini-Bibliothek gezwungen sah, die Beweise in Augenschein zu nehmen, gelangte er zu der Schlußfolgerung, daß der schockierende Inhalt der Geschichte die Leser nicht davon abhalten dürfe, sich mit den Tatsachen zu beschäftigen. »Es wäre sinnlos, die Existenz der Päpstin Johanna zu bestreiten, indem man darauf hinweist, daß so etwas höchst unwahrscheinlich sei. Auch die Heldentaten der Jungfrau von Orléans widersprechen allen Annahmen des gesunden Menschenverstands, und dennoch besitzen wir Tausende von Beweisen dafür.«

Stendhals Aufgeschlossenheit mag durch seine antiklerikale Einstellung beeinflußt worden sein. In *Le Rouge et le Noir*, seinem berühmtesten Roman, zeichnet er ein äußerst kritisches Bild des geistlichen Lebens in den höheren Rängen des Klerus.

Doch Stendhal wurde zu seinen Lebzeiten nur wenig gelesen und erlangte erst nach seinem Tod Berühmtheit. Roidis' Schriften wurden in ihren französischen Übersetzungen erst populär, nachdem sie in Griechenland verboten worden waren. Das größte Publikum fand die Päpstin im 19. Jahrhundert jedoch in illustrierten Groschenheften wie G. W. M. Reynolds *Pope Joan*, das den Untertitel »Volksausgabe« trug und 1888 veröffentlicht wurde.[12] Weitere Titel in dieser Serie waren *Wagner the Wehr Wolf* und eine süßliche Darstellung von Grace Darling.

Reynolds – möglicherweise ein Pseudonym, weil über diesen Autor sonst nichts bekannt ist – läßt sein Werk wie einen Groschenroman über Fulda beginnen: Auf dem Weg von Deutschland nach Rom verbringt die junge, schöne und heimatlose Johanna in der Burg Calatrava eine Nacht mit ihrem Geliebten. Dort wird sie in eine gruselige Horrorgeschichte verwickelt, bis sie sich auf den letzten Seiten retten kann, nach Rom eilt und in Männergewändern in das höchste Kirchenamt gewählt wird. »Kardinal Johannes Somanois (alias Johanna) war bemerkenswert gutaussehend und von einer gewissen Feinheit des Ausdrucks und der Haltung. Seine Gesichtszüge sind wohl männlich, doch das Fehlen eines Bartes verleiht ihnen eine weibliche Note.«

Reynolds' Schrift war angereichert mit Illustrationen im Stile der Präraffaeliten – seit dem späten Mittelalter eines der wenigen Beispiele dafür, daß Johannas Leben auch Künstler inspirierte. Groß, mit ovalem Gesicht und irgendwie entrückt wirkend, hatte sich Johanna hier von den Rundungen, Rüschen und tiefen Ausschnitten der früheren Illustrationen verabschiedet und ein eher androgynes Erscheinungsbild angenommen. Doch ihre Figur, ihr Gesichtsausdruck und ihre Ringellocken wurden nur schwach kaschiert, als wollte man darauf hinweisen, wie töricht die Männer des Papstwahlkollegiums gewesen seien, daß sie Johanna für einen Mann gehalten hatten.

Reynolds und seine Illustratoren hatten Verständnis für die

Vorurteile des viktorianischen England gegenüber dem Papsttum. Obwohl 1778 der erste »Catholic Relief Act« und 1829 das Gesetz zur Katholikenemanzipation in Kraft getreten waren, vermochte die vordergründige Toleranz nicht immer das Mißtrauen und die Feindseligkeit gegenüber den »Linksfüßlern«, wie die Katholiken im Volksmund hießen, zu verbergen. Diese Unterströmung kam an die Oberfläche, als zum Beispiel 1850 der Vatikan erstmals seit der Reformation einen katholischen Kardinal zum Erzbischof von Westminster ernannte. Der britische Premierminister Lord John Russell geißelte dieses »unverschämte und heimtückische« Vorgehen des Apostolischen Stuhls. Königin Victoria soll so ungehalten gewesen sein, daß sie ausrief: »Bin ich Königin von England oder nicht?« Auch die *Times* stimmte in die Empörung ein: »Falls diese Ernennung nicht ein dummer Scherz sein soll, können wir sie nur als eine der größten Torheiten und Unverschämtheiten betrachten, die sich der Vatikan erlaubt hat, seit die Krone und das Volk von England sein Joch abgeschüttelt haben.«[13]

Solch heftiger Protest der herrschenden Schichten verhallte in der Öffentlichkeit rasch, doch im privaten Bereich äußerte sich die Abneigung gegen die Katholiken in alltäglichen Dingen wie zum Beispiel einem Kartenspiel. »Pope Joan« wurde damals zu einem beliebten Spiel, das man mit Karten auf einem tablettähnlichen drehbaren runden Brett spielte, das in verschiedene Felder mit Bezeichnungen wie »Päpstin Johanna«, »Ehe«, »Intrige«, »As«, »König«, »Dame«, »Bube« und »Spiel« unterteilt war. Manche Spielbretter waren aufwendig mit einer Lackschicht überzogen oder mit Perlmutt besetzt. Für die unteren Schichten gab es eine Billigausgabe, ein bedrucktes Blatt mit denselben Unterteilungen und Kategorien wie bei der dreidimensionalen Version. Man benutzte ein normales Päckchen Spielkarten, allerdings ohne Joker, und dreißig Spielmarken oder Streichhölzer. Die Karo-Neun repräsentierte die Päpstin Johanna, und das Ziel bestand darin, die Karten so zu spielen, daß man so viele Spielmarken wie möglich einheimste.

Historiker glauben, daß »Pope Joan« auf dem deutschen Karten- und Brettspiel »Poch« beruhte, das im 16. Jahrhundert entstand. Das Spiel könnte, so vermutete man, mit den Königen des Hauses Hannover nach England gekommen sein. Es tauchte erstmals in den Salons im georgianischen England auf und wurde besonders in der viktorianischen Ära geschätzt, als es der wohlhabenden Oberschicht und dem Bürgertum als nachmittäglicher Zeitvertreib diente.

Wie viele andere scheinbar harmlose Spiele verfolgte auch »Pope Joan« einen durchaus fragwürdigen Zweck, worauf Caroline Goodfellow, eine Historikerin am Londoner Museum of Childhood hinwies. »Ein Kartenspiel, in dem man tricksen und täuschen muß, nach Päpstin Johanna zu benennen«, sagte sie, »zeugte von den unausgesprochenen antikatholischen Vorurteilen in der viktorianischen Ära. Es war als schlichtes, unterhaltsames Kartenspiel aufgemacht, brachte jedoch eine tief verwurzelte Abneigung gegen eine bestimmte Gruppe zum Ausdruck. Ganz ähnlich verhält es sich mit dem Antisemitismus, wenn man zum Beipiel einem Spiel um Geld schlicht und einfach den Namen ›Jude‹ gibt.«[14]

Auch im 20. Jahrhundert faszinierte die Gestalt der Päpstin die Autoren von Liebesromanen, wobei die Geschichte in dieser Epoche dem Zeitgeist entsprechend mit erotischen Zutaten angereichert wurde, die nicht selten die Grenzen des Pornografischen streiften. Und wie schon in früheren Phasen ihrer langen Geschichte artikulierte sich das Interesse an Johanna in unvorhersehbaren plötzlichen Ausbrüchen. Eine besonders fruchtbare Dekade waren die 30er Jahre des 20. Jahrhunderts. In dieser Zeit wurde Johanna so berühmt, daß sogar G.H.K. Chesterton – ein frommer katholischer Konvertit, der nicht im mindesten der antiklerikalen oder antikatholischen Vorurteile der meisten ihrer Bewunderer verdächtig war – sie zum Schlüssel für die Lösung des Rätsels in *Das Verhängnis der Darnaways* machte, einer seiner Detektivgeschichten um Pater Brown. Doch Chesterton nahm Johanna gegenüber eine eher ablehnende Haltung ein, denn die Handlung der Geschichte beruht auf der Annahme, daß einem »kultivierten Menschen« klar sein müsse, »daß es eine Päpstin Johanna nicht gegeben hat.«[15]

Richard Inces *When Joan Was Pope* (1931) war der zahmste der verschiedenen Versuche in diesem Jahrzehnt, sich der Päpstin zu bemächtigen, nahm jedoch die extravaganteste romantische Quelle für sich in Anspruch – ein Manuskript mit dem Titel *Disquisitio historica de Johanna, Papa Foemins docta Graecis Literis*, das von »Nikophorus, einem Mönch und Mystiker von Monte Cassino« verfaßt und, wie Ince behauptete, »in einer abgeschiedenen Bibliothek auf den Hebriden zwischen verrottenden Stapeln von Tapeten und eingetrockneten Farbeimern, die von den Handwerkern stehengelassen worden waren« entdeckt worden sei.[16]

Ince hielt sich in bezug auf Sex zurück, schmückte Johannas Leben dafür aber mit neuen Elementen aus, die dem Publikumsgeschmack entgegenkamen. Auf ihren Reisen begegnet sie dem Gott Pan, der sie die Freuden der »alten Religion« lehrt, die Ince anschließend der Dekadenz Roms gegenüberstellt, der Johanna bei ihrer Ankunft in der Ewigen Stadt begegnet. In den 30er Jahren erlebten die alten vorchristlichen Glaubensformen allgemein einen neuen Aufschwung, der durch akademische, aber vieldiskutierte Forschungen über die Ursachen und die Existenz von Hexerei ausgelöst wurde. Zu den bekanntesten Propagandisten dieser Strömung gehörte der englische Okkultist Aleister Crowley, der sich darin gefiel, sich als Antichrist zu bezeichnen und sich mit dem satanischen Epigramm »Tier 666« zu schmücken.[17] Wie eine Hommage an Crowley, genauer betrachtet jedoch an die *Offenbarung des Johannes*, mutet der Schluß von Inces Roman an, wenn Johanna auf der Straße einen Jungen entbindet, auf dessen Handflächen die Zahl 666 steht und der sofort getötet wird, da man ihn als eine Reinkarnation des Antichristen betrachtet.

Auch in Clement Woods Roman *The Woman Who Was Pope*,

der im selben Jahr erschien, tauchten Teufel und Dämonen auf[18], doch den meisten Wirbel verursachte Renée Dunans *Pope Joan*, das zuerst 1930 in Frankreich, kurz darauf in englischer Übersetzung herauskam.[19] Der Roman beginnt damit, wie die junge Johanna, als Novize verkleidet, an der Abtei von Fulda erscheint. Ihr lüsterner Blick fällt als erstes auf Bruder Wolf, doch als dieser sie zurückweist, verführt sie Bruder Guntram:

> Schon beim Gedanken an Guntram erbebte ihr Körper, als werde er in flüssigem Feuer gebadet, und vergeblich flehte sie zu Gott, sie von ihrer Sünde zu erlösen. Schließlich versuchte sie ihren vor Leidenschaft glühenden lustvollen Leib zu bändigen, doch dieser befahl ihr, dem Verlangen des Weiblichen nachzugeben. Sie weinte und züchtigte sich streng wegen ihrer Sünden. Sie verbrachte viele Nächte in der Kapelle, lag ausgestreckt in Form eines Kreuzes auf dem Boden und sandte lateinische Gebete an den Schöpfer. Doch es war alles vergeblich. Als sie sich erhob, einer Bacchantin gleich, eilte sie zurück in ihre Zelle, voll des ungeduldigen Verlangens, sich Guntram in die Arme zu werfen.

Dies mag nach heutigem Verständnis ziemlich harmlos klingen, doch zu Dunans Zeit unterlagen zum Beispiel Leinwandküsse noch der Zensur. Im weiteren Verlauf des Romans wird Johanna eng umschlungen mit Guntram überrascht und zum Tod auf dem Scheiterhaufen verurteilt. Doch sie entkommt und gelangt nach mehreren Umwegen schließlich auf ein arabisches Schiff, wo sie vom Kapitän und der Mannschaft als sexuelles Spielzeug benutzt wird, was Dunan recht freizügig schildert. Nachdem sie in Afrika von Bord gegangen ist, begibt sie sich in einen Harem – was wiederum sehr detailliert beschrieben wird –, doch später macht sie sich auf nach Rom, wo sie aufgrund ihres Verstandes, nicht ihrer körperlichen Reize die Gunst von Papst Leo IV. gewinnt. Doch geistige Dinge allein vermögen ihrer abgründigen Seele nicht die erwünschte Erfüllung zu bieten, so daß sie sich bei Nacht nach

Neapel davonstiehlt, wo sie vor und nach ihrer Wahl zum Papst als Prostituierte arbeitet.

Dunan reicherte die übliche antiklerikale Stoßrichtung der Berichte und Romane über Johanna mit einer neuen, leicht pornografischen Note an. Johanna diente dem Autor als Mittel für seinen von einem freizügigen Standpunkt aus vorgetragenen Angriff auf die strenge katholische Sexualmoral. Der ironische Kern des Romans, der deutlich herausgearbeitet wurde, lag darin, daß hier ein Papst nicht nur als eine Frau in Männerkleidern, sondern auch als eine Nymphomanin dargestellt wurde.

Auch in diesem Fall liefert der Zeitpunkt des Erscheinens einen Hinweis zum Verständnis des Werkes. In den 30er Jahren begannen die wichtigsten protestantischen Kirchen damit, ihre restriktive Sexualmoral im Zuge einer sich öffnenden und sich liberalisierenden Gesellschaft allmählich etwas abzumildern. Die »Anglican Communion«, der Zusammenschluß der englischen Staatskirche mit ihren selbständigen Tochterkirchen in anderen Teilen der Welt, beschloß zum Beispiel bei ihrer Versammlung 1930 in Lambeth, die Frage der Empfängnisverhütung der individuellen Gewissensentscheidung der Gläubigen zu überlassen, nachdem sie sie bislang als Sünde verdammt hatte. Damit setzte eine Entwicklung ein, die im Laufe der Zeit zu der heutigen Situation führte, in der die Katholiken als einzige christliche Glaubensgemeinschaft noch derartige Praktiken ablehnen.

In fast jedem Jahrzehnt des 20. Jahrhunderts erschien mindestens ein neuer Roman über die Päpstin Johanna. In den 40er Jahren lieferte ihn der Chirurg George Borodin mit *The Book of Joanna*[20], einem Werk, das »in der dunkelsten Ecke der neunundneunzigsten Grotte der Hölle« angesiedelt war und das große anatomische Verrenkungen unternahm, um das herkömmliche Ende der Geschichte umzuschreiben. Johanna bricht auf dem Vicus Papissa zusammen, doch ihr aufgeblähter Bauch ist die Folge eines Geschwürs. In den 80er Jahren kehrte Claude Pasteurs *La Papesse*[21] auf das übliche romantische Terrain zurück mit der Geschichte »eines geheimnisvollen Pilgers mit einem wunderschönen Gesicht, der zwischen 840 und 855 über die Straßen Frankreichs zieht« und schließlich als Benedikt III. zum Papst aufsteigt. Und in den 90er Jahren setzte Donna W. Cross mit dem Bestseller *Die Päpstin*[22] ihren literarischen Anspruch – sie verglich ihre Hauptfigur mit Dorothea in George Eliots *Middlemarch*, Jane Austens Emma und anderen Heldinnen, die gegen Fesseln kämpfen, die ihre Seele nicht hinzunehmen bereit ist – in einer geradlinigen Liebesgeschichte um, die den Chroniken entnommen ist, in denen Johanna als eine der großen Visionärinnen der Geschichte dargestellt wird.

Nach dem erfolgreichen Pariser Theaterstück von 1793 blieb die Päpstin größtenteils den Romanautoren vorbehalten. Dies beginnt sich jetzt zu verändern. Zum Ausgang des 20. Jahrhundertes wird ihre Verwertbarkeit für das Theater wiederentdeckt und liefert den wichtigsten Beitrag zur literarischen Auseinandersetzung mit der Päpstin Johanna.

Zu den Wegbereitern dieser Entwicklung gehörte Bertolt Brecht. 1921, als er 23 Jahre alt war und sich seinen Ruf als einer der größten Dramatiker unseres Jahrhunderts erst noch erwerben mußte, spielte Brecht mit dem Gedanken, ein Stück über die Päpstin zu schreiben. »Ich war bei Matisse, ich gehe zu Cézanne. Ich mache ein Stück ›Päpstin Johanna‹ für die Tilla. Ich bearbeite drei verschiedene Filmaussichten«, schrieb er an seinen Freund und Mitarbeiter, den Bühnenbildner Caspar Neher.[23]

»Tilla« war die Schauspielerin Tilla Durieux, damals ein großer Star, die früher auch einmal für Renoir Modell gesessen hatte, mit deren Karriere es aber 1921 schon langsam abwärts zu gehen begann. Brecht bewunderte sie sehr und wollte durch dieses Stück ihre Talente wieder zur Geltung bringen. Doch schon zwei Monate vor seinem Brief an Neher bekam er mit diesem Projekt erste Probleme. Er stellte sich Johanna als starkes, stämmiges Bauernmädchen vor, das aussieht, als wäre ihr

Gesicht aus Erde gemacht, und das sich gut auskennt mit Fakten, Summen, Macht und Zynismus. Diese Beurteilung ihres Charakters, die auf seiner Lektüre der mittelalterlichen Chroniken beruht, ist sehr bemerkenswert, denn ihr fehlt gänzlich der Romantizismus, in dem sich die meisten seiner Zeitgenossen, die sich mit Johannas Geschichte befaßten, ergingen.

Doch schon bald war Brecht enttäuscht über den Mangel an erläuternden Informationen, wie er am 26. Oktober 1921 in seinem Tagebuch vermerkte, in dem auch ein allgemeines Problem zum Ausdruck kam, das Gestalten aus dem Dunklen Zeitalter wie die Päpstin Johanna für Romanciers und Dramatiker aufwarfen:

> Nachdem ich den Plan zu den Begebenheiten gemacht habe, die meinem festen Willen gemäß ums Jahr 860 in Rom sich zutrugen, krame ich, aus einer gewissen kindischen Neugier und um Wörter, Irrtümer, Sachlichkeiten in die Hände zu kriegen, nach einer Literatur über Johanna. Es gibt nichts. Diese Bauernlümmel und Abschriftsteller, die von der Gutmütigkeit erwachsener Volksschüler leben, diese impotenten Quellenknaben, die alles kennen und nichts wissen, die fünfhundertmal politische Geschichte schreiben mit etwa fünf Standpunkten drin und niemals ein Bild der Epoche vermitteln, daß man etwa sähe, was der Papst aß, trank, wie er liebte und bedient wurde, sich kleidete, ob er sich wusch, wie oft und wie es mit dem Rauchen war! Und keine Geschichte der Kleidermoden, der Handwerke, der Geschäfte, der gesellschaftlichen Stellung der Kaufleute, Soldaten, Pfaffen. Da gab es keine Romane, und die Geschichtswissenschaft vermag nicht im entferntesten in vielen Wälzern soviel Extrakt des öffentlichen Lebens zu geben wie eine einzige Zeitung. Wo man hinsieht, findet man nichts, nichts, nichts als ideologische Spintisierereien und schäbige Versuche, einen Sinn in den ganz äußerlichen Kalender der öffentlichen europäischen Sensationen hineinzupraktizieren.[24]

Das Projekt wurde nie zu Ende geführt. Nur ein paar Fragmente blieben erhalten. Romantisierende Vorstellungen waren vermutlich der einzige Weg, um die Lücke zu schließen, von der Brecht sprach, doch er erwarb sich seinen Ruhm gerade dadurch, daß er ein Theater entwickelte, das seinem Publikum die Befriedigung versagte, die sich durch emotionale Einbeziehung und Identifikation einstellte. Sein »episches« Theater wollte die Distanz zum Zuschauer.

Ein halbes Jahrhundert später kehrte die Päpstin Johanna nach langer Abwesenheit wieder auf eine Londoner Bühne zurück, als Caryl Churchills Stück *Top Girls* 1982 im Royal Court Theatre mit Selina Cadell in der Rolle der Päpstin uraufgeführt wurde. Im Laufe des Jahres wurde die Produktion von Joe Papps Public Theatre in New York übernommen.

Im ersten der drei Akte wird die Hauptfigur Marlene eingeführt, eine moderne berufstätige Frau, die in einer von Männern beherrschten Welt um ihr Überleben kämpft und darum, ihre Prinzipien von Chancengleichheit zu bewahren. Sie nimmt an einem Diner mit historischen Frauenpersönlichkeiten teil, die alle neue Wege abseits der überlieferten Normen gingen – Isabella Bird, eine schottische Reisende, die Ende des 19. Jahrhunderts lebte; Nijo (geboren 1258), eine japanische Kurtisane, die später eine buddhistische Wandernonne wurde; Dull Gret, eine in Schürze und Rüstung gewandete Heldin aus einem Brueghel-Gemälde, die sich durch die Hölle kämpft und sich gegen Teufel verschiedenster Art behauptet; Griselda, die gehorsame Ehefrau in »The Clerk's Tale« in Chaucers *Canterbury Tales*; und zu guter Letzt Päpstin Johanna.

Churchills Johanna ist eine sehr ernste, nachtragende, maskuline Figur unbestimmten Alters, die ein bißchen zuviel trinkt und in der Vergangenheit schwelgt. Auf die Frage, was sie dazu bewogen habe, sich als junges Mädchen um Bildung zu bemühen, antwortet sie: »Weil Engel keine Materie haben, sind sie keine Individuen. Jeder Engel ist eine Spezies.« Aber als sie sich ihren Canneloni und dem Salat zuwendet, entspannt sie sich ein wenig und bezeichnet sich leichthin als wandelnde Ketzerei. Zu ihrem Sturz, so erzählt sie den anderen Frauen, sei es gekommen, weil »ich vergessen habe, daß ich alles nur vortäuschte«. Nachdem sie zum Papst gekürt worden war, habe sie die Bedeutung dieses Amtes überwältigt – »Ich würde Gott erkennen. Ich würde alles wissen« –, aber bald habe sie begriffen, daß Gott sie als Schwindlerin durchschaut hatte.

Ebenso wie die übrigen historischen Gestalten, die Marlene in Churchills Stück um sich versammelt hat, wird Johanna als schlechtes Vorbild dargestellt, als eine traurige, enttäuschte Frau, die ihr Geschlecht verleugnet und am Ende des Diners betrunken ist und in einen Kübel erbricht.

Dagegen war Christopher Moores Musical *Pope Joan* eine einzige Verherrlichung der Päpstin. Nachdem es im März 1995 von der Bailiwick Repertory Company in Chicago erstmals aufgeführt worden war, wurde es von Michael Butler übernommen, einem Broadway-Produzenten, der auch Hits wie *Hair* produziert hat. Er stellte in Chicago eine Produktion in größerem Rahmen auf die Beine und erwog, das Stück auch in New York aufzuführen. Die Bailiwick-Produktion errang 1995 eine Reihe von Jeff Awards, gewissermaßen die Chicagoer Version des Oscars; unter anderem erhielt David Zak die Auszeichnung für die beste Regie.

Zak sah den Reiz der Päpstin-Gestalt in den Parallelen, die sich daraus für heutige Frauen ergeben. »Für mich ist sie das Gegenstück einer modernen Frau, die voll im Berufsleben steht und feststellen muß, daß ihre Karriere, ihr Weg nach oben durch eine gläserne Decke blockiert wird«, sagte er.[25] »Tausend Jahre nach Päpstin Johanna hält man Frauen aufgrund ihres Geschlechts noch immer für ungeeignet, Top-Positionen zu besetzen, vor allem in der katholischen Kirche.«

Das Musical orientierte sich am Bericht von Martinus Polonus, verwob ihn jedoch, wie es viele seiner Vorläufer getan hatten, in eine Liebesgeschichte – Johanna verliebt sich in König Ludwig von Frankreich, was in der vielfach ergänzten Pariser

Ausgabe des *Buches der Päpste* angedeutet wurde, die Joan Morris entdeckte. Zak war davon überzeugt, daß die Päpstin eine historische Realität gewesen war, gab jedoch zu, daß jener Teil des Musicals, in dem sie als Sozialrevolutionärin dargestellt wird, die die Reichtümer der Kirche an die Armen verteilt, frei erfunden war: »Ich sehe sie als jemanden, der an den Mächtigen und den Reichen in der Kirche scheitert. Und ich glaube, damit haben wir unserem Publikum aus der Seele gesprochen. Wir hatten Besucher aus allen möglichen Gruppen, von Feministinnen über Nonnen bis zu Vertretern des örtlichen katholischen Erzbischofs. Das Musical wurde in einer Zeit produziert, in der in den USA gerade Vorwahlen liefen, und ich glaube, daß auch dieser Aspekt der Herausforderung des Establishments eine besondere Wirkung ausübte.«

Erstmals in der langen Geschichte der Darstellung des Themas auf der Bühne wurde der Päpstin Johanna in diesem Musical gewissermaßen eine eigene Hymne geschrieben. »Die Nummer, die meines Erachtens später einmal berühmt werden wird«, sagte Zak, »ist der Schlußsong, eine große Ballade mit dem Titel ›A Thousand Years from Now‹. Der Refrain handelt davon, daß immer ein Schritt nach dem anderen kommt, ein Tag nach dem anderen, und zeigt, welchen Platz Johanna in dieser Evolutionsgeschichte einnimmt.«

Es gab noch weitere berühmte Theaterversionen des Lebens der Päpstin, darunter zum Beispiel Bruce Stewarts Stück *Pope Joan Lives*, das 1978 für die BBC produziert wurde und in dem die Päpstin als eine Ikone der heutigen Befürworter der Frauenordination in der katholischen Kirche gezeichnet wurde. Die bekannteste jüngere Darstellung des Lebens der Päpstin dürfte jedoch der 1972 gedrehte Film *Papst Johanna* des anglokanadischen Regisseurs Michael Anderson sein, in dem Ingmar Bergmans Muse, die norwegische Schauspielerin Liv Ullman, die Hauptrolle spielte.

Der Film basiert auf dem Roman von Emmanuil Roidis, in der überarbeiteten Fassung des Drehbuchautors John Briley – einem späteren Oscar-Gewinner mit *Gandhi* –, der zu den üblichen Themen Sex und Gewalt die Auseinandersetzung mit dunklen Mächten hinzufügte. Johanna wird von Mönchen vergewaltigt und wird Zeugin heidnischer Zeremonien und einer Reihe von Aderlässen.

Alle weiteren Versuche, die Geschichte Johannas zu verfilmen, scheiterten bislang, doch da die Meryl Streeps und die Jessica Langes stets den Mangel an weiblichen Leitfiguren beklagen, wird die Geschichte der Päpstin bestimmt auch einmal für Hollywood interessant werden.

Päpstin Johanna mag viele Rollen gespielt haben, ihre dauerhafteste jedoch war jene in den Tarot-Karten. Manche meinen, das Tarot beruhe auf dem ägyptischen Buch der Weisheit, wahrscheinlicher jedoch ist, daß seine Ursprünge im Italien der Renaissance und bei der Familie Visconti-Sforza zu suchen sind.[26] Im 15. Jahrhundert ließ diese Adelsfamilie von Bonifacio Bembo ein Kartenspiel entwerfen, das bis heute den Standard-Kartensatz des Tarot bildet. Unter dem Einfluß griechischer und römischer Legenden und vorchristlicher Mythen, für die sich die Mitglieder dieser Familie sehr interessierten, entstand eine Reihe von Bildern, die sich auf Himmel und Erde, auf die Hölle sowie das irdische Leben und das Leben nach dem Tode beziehen – Bilder, die einen Rahmen bieten für Imagination und Phantasie.

Der *Penny Catechism*, mit dem ich in meiner Kindheit traktiert wurde, enthielt eine deutliche Warnung vor den Tarot-Karten. Egal wie oft ich am Pier von New Brighton am Stand von »Gypsy Rose Lee, der Seherin der Zukunft« vorüberkam, ich gab der Versuchung nicht nach, denn ich wußte, daß die Beschäftigung mit der Kristallkugel schnurstracks in die Hölle führen würde.

Wenngleich er gegenüber früheren Ausgaben eine gewisse Verbesserung darstellte, verlor auch der überarbeitete *Catechism of the Catholic Church* für die britischen Katholiken, der 1994 erschien, kein Wort über Weissagung. Obwohl Horoskope heute in den Zeitungen mit den Geburts-, Hochzeits-

und Todesanzeigen um Platz buhlen und in manchen Konzernen zu Tagungen von Führungspersönlichkeiten Menschen mit hellseherischen Kräften hinzugezogen werden, weil die Firmenleitung der Meinung ist, die Einbeziehung gewisser New-Age-Erkenntnisse könnte bei der Entscheidungsfindung hilfreich sein, bleibt Papst Johannes Paul II. in seiner Verurteilung derartiger Praktiken eisern. »Jegliche Formen von Weissagung sind zurückzuweisen ... Sich Horoskopen, Astrologie, Handlesen, der Deutung von Omen und Phänomenen wie Hellseherei oder Medien zu bedienen zeugt von dem Bestreben, Macht über die Zeit und, in letzter Instanz, auch über andere Menschen zu erlangen, ebenso wie von dem Wunsch, verborgene Kräfte zu beschwichtigen. Dies steht im Widerspruch zu der Ehre, dem Respekt und der Ehrfurcht, die wir allein Gott schulden.«[27]

Mit all diesen Ermahnungen im Kopf erwies sich der Besuch bei »Dillie«, die mir die Tarot-Karten legen sollte, als eine gelinde Enttäuschung. Die Wahrsagerin zeigte keinerlei sichtbare Anzeichen, daß es ihr darum ginge, die Herrschaft über die Welt zu erlangen, doch als argwöhnischer Katholik, der ich unter aller zur Schau getragenen Aufgeschlossenheit blieb, war ich auf der Hut. Und als wäre mein Argwohn nur allzu berechtigt gewesen, bestätigte der Eingang zu Dillies »Konsultationsraum« all meine stereotypen Vorstellungen über Bordelle, die ich auch aus Filmen gewonnen hatte: ein vergammelter Laden im Londoner Covent Garden; Weihrauch und Räucherstäbchen, denen es aber nicht gelang, den muffigen Geruch zu vertreiben; eine schmale Wendeltreppe vor dem Hintergrund einer schlecht verklebten, in Toiletten-Grün gehaltenen Rauhfasertapete; ein schmuddeliger Flur, von dem kleine Kabinen abgingen.

In Dillies Kabäuschen war die Rauhfasertapete purpurrot, aber sonst trug nichts dazu bei, den Ort heimelig zu machen. Eine billige Decke lag auf einem Picknicktisch. Die Wahrsagerin holte ihre Tarot-Karten. Aus den Nachbarkabinen hörte ich Murmeln und Keuchen.

Die Karte der Päpstin – üblicherweise eine Frau in sitzender Haltung mit der Papstkrone auf dem Haupt und in geistlicher Tracht, die in einem Buch liest – mag durch Johanna angeregt worden sein, deren Geschichte im 15. Jahrhundert weithin bekannt war. Sie könnte aber auch, worauf manche Tarot-Historiker hinwiesen, auf einen Sprößling der Adelsfamilie zurückgehen, auf die Mystikerin und Nonne Maifreda di Pirovano, die im 13. Jahrhundert lebte. Maifreda leitete in Mailand eine kleine Sekte, die Guglielmiten, die darauf hofften, daß um 1300 ein weiblicher Messias geboren werde. Als dieses Ereignis ausblieb, lösten sie sich schnell wieder auf, doch die Vorstellung hielt sich noch lange in Norditalien und könnte zu dem Kult um Johanna beigetragen haben beziehungsweise später von ihm absorbiert worden sein.[28] (Der Bericht von Martinus Polonus über Johanna entstand ungefähr vierzig Jahre vor der ersten Erwähnung der Guglielmiten.)

Doch die dürren historischen Fakten erschienen mir enttäuschend und unsubstantiell, und Dillie war mir als eine Frau empfohlen worden, die mir etwas erzählen könne über die Bilder, die die Karte der Päpstin bei einer Hellseherin erzeugt. Zu einer derartigen Konsultation, sagte sie, gehöre es aber, mir die Karten zu legen. Ich stimmte zu unter dem Vorbehalt, daß sie nichts Schlimmes enthielten, und beschloß, danach zur Beichte zu gehen. Dillie, so stellte sich heraus, hatte ein paar Semester Psychologie studiert, dann jedoch festgestellt, daß sie eine besondere Gabe besitze, die intuitiv, nicht logisch sei. »Ich kann mir Bilder und Empfindungen beim Umgang mit den Karten vorstellen und sie anschließend in Worte fassen. Ich bin eine Visionärin.«[29] Ich konnte mich des Gedankens nicht erwehren, daß ein Hauch von Blasphemie im Raum hing.

Sie begann die Karten in Form eines »H« zu legen, wobei sie jedoch ein Bein wegließ. In der Mitte lagen die Königin und die Schwertvier. Ich wartete darauf, daß die Päpstin erschien. Schließlich tauchte sie auf.

Für Dillie verkörperte die Päpstin Stille und Vertrauen, war ein Zeichen dafür, daß wir kein bestimmtes Muster erwarten könnten, oder, falls sie am Ende des Legens erschien, ein Hinweis darauf, daß alles, was vorher gekommen war, falsch und unecht gewesen sei. Die Päpstin war wie ein Joker – die besondere Karte im Spiel, unvorhersehbar, ironisch, eine Hüterin von Geheimnissen. Zudem war sie die Karte, die am schwersten zu lesen war.

All dies konnte sich einigermaßen nachvollziehbar auf Johannas Geschichte stützen, doch als sich Dillie den dunkleren Seiten der Päpstin zuwandte, verlor die Interpretation jegliche Subtilität. Zu Beginn der Sitzung war ich aufgefordert worden, vier Karten umzudrehen und auf den Stapel zurückzulegen. Wenn sich Johanna unter diesen befindet, sagte Dillie, könne es bedeuten, daß ich die Verbindung zu mir selbst verloren habe oder sogar meine Sexualität verleugne. Es könne ein Anzeichen für Homosexualität sein, meinte Dillie, oder auch für eine Neigung zum Transvestismus.

Nachdem ich die Überzeugung gewonnen hatte, daß Papst Johannes Paul II. die Macht des Tarot gewaltig überschätzte, schlüpfte ich ein wenig irritiert in meinen Mantel, als Dillie mich fragte, warum ich so abweisend und feindselig sei. Anstatt mir die Mühe zu machen, ihr zu erklären, wie wenig erhellend ihre Darstellung der Päpstin Johanna für mich war, erzählte ich kurz von meiner katholischen Erziehung. Zu meiner Überraschung sagte sie, daß sie in einem Frauenkloster aufgewachsen sei und lange Zeit eine ähnliche Skepsis und Angst empfunden habe. Doch mittlerweile sei sie zu der Auffassung gelangt, daß ihre beiden Glaubenssysteme als komplementär zu betrachten seien. Ich erwiderte, daß ich nicht ganz dieser Meinung sei, und ging.

12. Kapitel

Durch das schwer zu Messende ihres langsamen Voranschreitens, durch seine Töchter, faßt Gott sein Ziel ins Auge.

Thomas Blackburn, *Luna* (1975)[1]

Die Vertreter der Wissenschaft und der Religion kamen nur selten gut miteinander aus, seit die Inquisition im 17. Jahrhundert Galileo zwang, seine ketzerischen Thesen, wonach sich die Erde um die Sonne bewege, zu widerrufen. Doch in jüngerer Zeit hat Tauwetter eingesetzt, und Wissenschaftler beginnen sich für religiöse Phänomene zu interessieren – für Wunderheilungen, mystische Erfahrungen, übernatürliche Erscheinungen –, und zwar nicht aus der altbekannten überheblichen Perspektive, aus der sie diese bislang ins Lächerliche zogen, sondern in dem Versuch, die psychologischen Grundlagen des Glaubens zu verstehen. Es wurden akademische Einrichtungen geschaffen, um die Kluft zwischen Wissenschaft und Religion zu überbrücken, und Erhebungen haben gezeigt, daß zum Beispiel in den USA vier von zehn Wissenschaftlern an Gott glauben.[2]

Diese neue Annäherung, so erschien es mir, könnte auch mir in der letzten Phase meiner Untersuchung des Rätsels der Päpstin Johanna von Nutzen sein. Die Erstellung eines psychologischen Profils konnte mir einen neuen Weg zur Erfassung des Themas eröffnen und mir helfen, die Erkenntnisse der konventionellen Experten, die ich eingeholt hatte, besser einzuordnen. Diese Technik, deren Stärke darin besteht, daß sie ein abgerundetes Porträt aus einer Vielzahl unzusammenhängender Teilinformationen zu erstellen vermag, läßt sich auch sehr gut auf die Geschichte der Päpstin anwenden. Ein psychologisches Profil konnte mir eine neue, stärker empirische Dimension erschließen. Und die Kriminaltechnik ist schließlich von entscheidender Bedeutung für eine gute, erfolgreiche Detektivarbeit. Fußabdrücke und Blutspuren liefern physische Hinweise. Die Erstellung eines psychologischen Profils, was manchmal als die »Detektivarbeit der Zukunft« bezeichnet wird, ermöglicht Rückschlüsse auf das Verhalten der Personen. Trotz Vorbehalten in bestimmten Kreisen wurde diese Technik in den letzten Jahren zu einem wichtigen, wenngleich nicht unumstrittenen Bestandteil bei der Untersuchung von Mordfällen. Wenn die Polizei sich bemühte, schreckliche und scheinbar sinnlose Morde aufzuklären, bediente sie sich häufig der Unterstützung von Psychologen, um Profile der Tatverdächtigen zu erstellen, die auf den oft nur spärlichen Fakten beruhten, die über das Verbrechen bekannt waren.

Läßt sich diese Technik auch auf historische Gestalten anwenden? Professor David Canter ist einer der führenden Experten Großbritanniens auf dem Gebiet der Erstellung von psychologischen Profilen. Ich las seinen Namen in den Zeitungen im Zusammenhang mit mehreren aufsehenerregenden Kriminalfällen und nahm am Psychologischen Institut der Universität Liverpool Kontakt mit ihm auf. Er sei, so gestand er mir zu meiner Überraschung, irgendwie fasziniert von dem, was ich ihm über die Päpstin Johanna erzählte, und erklärte sich schließlich bereit, mir zu helfen.

Als wir uns trafen, gab Professor Canter zu, daß er meine Bitte beinahe abgelehnt hätte. Er gehöre zu den ersten Wissenschaftlern in Großbritannien, die sich mit der Erstellung von psychologischen Profilen befaßten, doch mittlerweile werde diese Technik häufig mißbraucht von ehrgeizigen Leuten, die er als »Sub-Journalisten« und nicht als objektive Wissenschaftler betrachte. Auf der Jagd nach griffigen Schlagzeilen bliebe die nüchterne, leidenschaftslose Analyse oft auf der Strecke.

Und die Päpstin Johanna sei schließlich, so meinte er, keine Kriminelle gewesen. Sie mochte zwar den Vatikan an der Nase herumgeführt haben, aber sie sei keinesfalls in eine Reihe zu stellen etwa mit Myra Hindley oder Charles Manson. Doch Johannas Geschichte hatte etwas an sich, das auch David Canter als Herausforderung empfand. »Sehen wir uns zunächst einmal an, unter welchen Bedingungen sich ihr Täuschungsmanöver vollzog und ob die Tatsachen stimmig sind. Von diesem Punkt aus können wir der Geschichte folgen, wie sie die Betroffenen selbst erzählen, und dann darauf aufbauen.«[3] Diesem Thema, so meinte er, könne man sich besser durch lautes Nachdenken als mit Hilfe eines rigiden akademischen Modells nähern.

Johanna war mir bereits in unterschiedlichstem Licht präsentiert worden – als Vorkämpferin für die Sache der Frauen, als Eindringling, als verborgene Figur der Geschichte, als Opfer ehrgeiziger historischer Revisionisten, als antiklerikales Symbol und als Waffe der Gegner der Katholiken. Aber als Schwindlerin? Wie David Canter zeigte, paßte sie in mehr als einer Hinsicht in dieses Schema. »Zum einen war sie eine Ausländerin. Und von Anfang an war sie eine Außenseiterin. Trotz aller Widrigkeiten Erfolg zu haben, mit einem Handikap zu kämpfen und gegen bestehende Vorurteile anzugehen ist eine klassische Vorstellung. Solche Leute werden von dem Verlangen getrieben, den anderen zu zeigen, daß sie es schaffen können.« Die Frage, was Johanna dazu brachte, ein solch hohes Amt anzustreben, hatte seit meinem ersten Gespräch mit Pater Boyle in der Vatikan-Bibliothek in meinem Hinterkopf genagt.

Professor Canter ordnete Johanna in die gleiche Kategorie ein wie zeitgenössische Schwindler wie zum Beispiel den englischen Pressezaren Robert Maxwell, ebenfalls ein Ausländer (er wurde in der Tschechoslowakei geboren), der sich durch Geschick und das Verbergen seiner Herkunft bis ganz nach oben kämpfte. »Diese Leute sind der Ansicht, daß das System es verdient, in die Irre geführt und unterwandert zu werden. Das ist meist der Ausgangspunkt, aber wenn sie erst in diesem Netz gefangen sind, vergessen sie, worin eigentlich die rationale Erklärung oder die Rechtfertigung für ihr Tun liegt.« Ein starkes Motiv, mit ihrer Schwindelei fortzufahren, zumindest in der ersten Phase, dürfte für Johanna das Beispiel gleichaltriger junger Frauen gewesen sein, die mit zwanzig Jahren schon drei oder vier Kinder hatten oder bei der Geburt eines Kindes gestorben waren.

Das zweite Detail, das Professor Canter in Martinus Polonus' kurzem Abriß von Johannas Leben besonders auffiel, war die Andeutung, sie habe ein Kind gehabt, möglicherweise von einem niederen Kammerherren. »Das ergibt sehr viel Sinn«, sagte er. »Wenn sie eine Affäre hatte mit jemandem in einer sehr einflußreichen Position, konnte dies ihre Autorität mindern. Sie hätte sich also wohl kein Abenteuer mit einem Kardinal oder einem Bischof erlaubt, weil sie das geschwächt hätte, während jemand, der unter ihr stand, keine Gefahr für sie darstellte. Sie sehen also, welches Risiko, welcher Nervenkitzel damit verbunden war.«

Aber weshalb hätte Johanna ein solches Risiko eingehen sollen? Warum sollte jemand, der allen Widerständen zum Trotz bis an die Spitze der Kirche gelangt war und dessen ganzes Leben auf einer Täuschung beruhte, all dies aufs Spiel setzen wegen eines flüchtigen Abenteuers? »Aber genau das ist es«, erwiderte David Canter. »Die klassischen Schwindler genießen es, Risiken einzugehen. Aber dann kommt ein Punkt, ab dem es ihnen nicht mehr genügt, mit ihrer Geschichte durchzukommen und zu wissen, daß ihr Trick funktioniert. Sie wollen den Leuten zeigen, daß sie sie getäuscht und ausgetrickst haben – und davongekommen sind.«

Johanna war demzufolge ein Opfer ihres eigenen Erfolgs. Sie ließ sich davon mitreißen, war möglicherweise desillusioniert, weil alles so einfach geworden war, und fühlte sich vielleicht in ihrer Maskerade gefangen. Befreiung fand sie, wenn sie immer größere Risiken einging. »Bei diesen Schwindlern und Betrügern«, sagte Professor Canter, »beginnt es immer damit, daß sie auszuloten versuchen, mit welchen Tricks und Listen sie durchkommen, wenn ihnen andere Möglichkeiten versagt bleiben. Es fängt auf eine einfache, noch korrigierbare

Weise an, wenn noch nicht viel auf dem Spiel steht. Es macht ihnen Spaß, die Leute zum Narren zu halten, sie genießen das Risiko und die Aufregung, die damit verbunden ist, aber dann gerät die Sache außer Kontrolle, und sie können ihr nicht mehr Einhalt gebieten. Es entsteht gewissermaßen ein Zwang, das Spiel immer weiter zu treiben.«

Das Etikett »Schwindlerin« störte mich. Johanna war, wie die Chroniken berichten, in Deutschland als Kind gottesfürchtiger Missionare aufgewachsen. Sie war in Männerkleidung auf Reisen gegangen, weil sie sich Bildung aneignen, nicht weil sie die christliche Kirche unterlaufen wollte. Ihr Triumph – den sie dank ihrer Gelehrsamkeit und ihres Wissens erlangte – beruhte nicht auf arglistiger Täuschung, sondern darauf, daß im Mittelalter die Führung der Christenheit größtenteils ungebildet und moralisch verkommen war. Sie hatte sich davon abgehoben, war beliebt und wurde verehrt. Ja, sie hatte die Menschen getäuscht, doch dahinter stand nicht jenes böswillige Kalkül, das die Bezeichnung Schwindlerin nahelegt.

»Diese Leute leben mit einander widersprechenden Perspektiven«, meinte Professor Canter. »Das ist eine der Entdeckungen der modernen Psychologie. In den 50er und 60er Jahren haben sich die Psychologen ausführlich damit befaßt, die Kohärenz und die Logik gedanklicher Prozesse zu erforschen, heute aber beginnt die Psychologie zu erkennen, daß die Menschen ganz gut mit widersprüchlichen, unvereinbaren Perspektiven leben können.«

Konnte Johanna also sich selbst davon überzeugen, daß es richtig war, was sie tat, obwohl sie gleichzeitig wußte, daß es falsch war? Aber wie auch immer, warum machte sie damit so lange weiter?

Diese widersprüchlichen Perspektiven brechen auf ganz unterschiedliche Weise zusammen. Wer zum Papst gewählt wurde, ist wahrscheinlich davon überzeugt, ziemlich nahe bei Gott zu sein. Man kann sich einen gedanklichen Prozeß vorstellen, in dem die betreffende Person sich sagt: »Nun, ich habe zwar die ganze Zeit geschwindelt, aber jetzt bin ich Papst. Es muß also etwas Richtiges daran sein, Gott muß auf meiner Seite stehen.« Wir wissen nicht, wie weit Johannes gedanklicher Prozeß ging. Sie mußte wahrscheinlich eine Menge Rechtfertigungsgründe finden, um sich selbst zu überzeugen. So etwas kann man nicht lange durchstehen, wenn man nicht daran glaubt, daß man es aus einem bestimmten Grund tut, daß in der Sache eine gewisse Logik liegt. Alle Interpretationen, die man anstellt, überlagern sich mit Rechtfertigungen dessen, was vor sich geht.

Zwanghaft getrieben, wild entschlossen, messianisch, am Ende auch selbst getäuscht – so sah das Bild von Johannas geistiger Verfassung aus, das sich aus Professor Canters Ausführungen ergab. Sie zeichnete sich im besten Fall durch neutrale, im schlimmsten durch negative Eigenschaften aus. Diese Johanna war nicht die attraktive, romantische Gestalt, die Generationen von Autoren in Bann schlug.

Doch wie alle anderen Experten, die ich bisher um Hilfe bei meiner Suche nach Johanna gebeten hatte, begann auch Professor Canter den romantischen Gehalt der Legende zu schätzen. Vielleicht lag es an der Flasche Wein, mit der wir unsere gedanklichen Prozesse beförderten, die die Päpstin liebreizender erscheinen ließ. Eher jedoch war dafür etwas verantwortlich, das in der Geschichte selbst zu suchen war.

Vielleicht ist es der Romantiker in mir. Ich würde gern wissen, wie böse oder schlecht sie war. Ob sie am Ende wirklich glaubte, daß sie etwas tat, was all die Mühe wert war. Daß eine Gelegenheit war, etwas Bedeutendes zu leisten. Sehen Sie sich Robert Maxwell an – er unterstützte die Labour Party und den Staat Israel und glaubte in einem bestimmten Stadium allen Ernstes, daß die Macht und die Autorität, die er durch seinen beherrschenden Intellekt erlangt hatte, hilfreich seien für andere Menschen. Es gibt starke Anhaltspunkte dafür, daß Maxwell nicht böswillig das System auszubeuten versuchte.

Manche Pensionäre, die heute ums Überleben kämpfen müssen, nachdem Maxwell die Rentenkassen seiner Firmen geplündert hatte, dürften dies vermutlich etwas anders sehen.

Die Geschichte, die Johanna sich zurechtlegte, hatte also durchaus einiges an Wahrheitsgehalt? »Ja, in psychologischer Hinsicht erscheint sie mir durchaus wahr.« Professor Canters psychologische »Unbedenklichkeitsbescheinigung« vervollständigte zusammen mit meinen eigenen Versuchen, die Einzelheiten von Johannas Geschichte auf ihre Glaubwürdigkeit zu überprüfen, und mit Rosalind Miles' soziologischen Erkenntnissen mein Päpstin-Johanna-Puzzle. Doch bevor ich ein Urteil fällte, mußte ich noch einige andere wichtige Fragen klären.

Am ersten Mittwoch eines jeden Monats stellt eine Gruppe von Frauen eine Mahnwache auf dem Vorplatz der Westminster Cathedral auf, John Bentleys byzantinischem Prachtbau aus roten Ziegeln und Marmor, der die Hochburg des englischen Katholizismus darstellt. Die Frauen gehen im Kreis um eine große Kerze herum, auf der das Wort »Erde« steht. Sie salben sich gegenseitig mit Öl, bevor sie in einer schweigenden Prozession zur Mauer der Kathedrale ziehen, an die sie sich sieben Minuten lang klammern. Dann singen sie Hymnen und verlassen den Platz schließlich wieder.

Bei diesen Frauen handelt es sich um Mitglieder der Bewegung Catholic Women's Ordination (CWO). Sie entstand im Gefolge einer Entscheidung der Generalsynode der Anglikanischen Kirche von 1992, durch die Frauen zum Priesteramt zugelassen wurden, und hat sich zum Ziel gesetzt, diesen Gedanken auch in der katholischen Kirche zu verbreiten. Diese Zulassung der Frauen zum Priesteramt bezeichneten manche CWO-Mitglieder als »Quo«.

Durch ihre Mahnwache wollen die Quo-Frauen darauf aufmerksam machen, daß sie vom Priesteramt ausgeschlossen bleiben. Wie einst Johanna fühlen sich auch diese Frauen dazu berufen, eine leitende Rolle in der Kirche zu übernehmen. Sie sind wie sie der Auffassung, daß ihre Geschlechtszugehörigkeit keine Behinderung, sondern ein Geschenk für die katholische Kirche ist.

Die Symbolik ihres monatlichen Rituals ist genau festgelegt. Jede Demonstrantin trägt die Farbe purpur zum Zeichen ihrer Priesterschaft. Das Schweigen soll die Trauer um die verlorene Gabe der Frauen zum Ausdruck bringen. Sie versammeln sich in einem demokratischen Kreis statt in einem hierarchischen Dreieck. Die sieben Minuten, in denen sie sich an die Mauern der Kathedrale klammern, symbolisieren die sieben Sakramente.

Da sie Symbolen so große Bedeutung beimessen, würden die Quo-Frauen, so dachte ich, auch den Symbolgehalt einer Päpstin zu schätzen wissen. Es stimmt zweifellos, daß die Legenden über die Frauen in der frühen Kirche – Hilda, Theodora »episcopa«, Pelagia – in diesen Kreisen bestens bekannt sind, während sie anderwärts ignoriert werden. Sie bilden den Hintergrund für die Kampagne der Quo-Mitglieder, die darauf zielt, die Aufgeschlossenheit der frühen Kirche für die Leistungen und die Begabungen der Frauen wiederzubeleben. Und Ivan May, Joan Morris' Nachlaßverwalter, hatte mir erzählt, daß ihre im Selbstverlag herausgebrachte Schrift über die Päpstin Johanna von katholischen Feministinnen in den USA noch immer rege nachgefragt werde.

Wie würden die Quo-Frauen also mit Päpstin Johanna umgehen? War sie für sie nur ein weiterer Name, den sie ihrer Liste weiblicher Pioniere hinzufügen konnten, betrachteten sie sie wegen ihrer Schwindelei als hinderlich für ihr Anliegen, oder hatte sie keine besondere Bedeutung für sie? Seltsamerweise hatten sich die Quo-Aktivistinnen noch nicht genauer mit der Gestalt der Päpstin befaßt, zeigten sich aber sehr interessiert. Sie baten mich, vorbeizukommen und ihnen mehr zu erzählen.

Wenn irgendwann im nächsten Jahrhundert von einer Behörde Gedenktafeln an Häusern angebracht werden sollten, in denen vor der Jahrtausendwende radikale Gespräche stattgefunden haben, dann hat ein Gebäude südlich der Themse, das der Southwark-Kathedrale gegenüberliegt, mehr Anspruch darauf als jedes Bauwerk im kirchlichen Bereich. Hinter den Mauern dieses Hauses, in dem der Architekt Austin Winkley, seine Frau Lala und ihre beiden Töchter wohnen, haben in den letzten zwei Jahrzehnten zahlreiche Treffen enttäuschter und reformorientierter Christen aus ganz Europa stattgefunden. Und hier trafen sich an einem kalten Novemberabend die Quo-Mitglieder, um über die Bedeutung der Päpstin Johanna für ihren Kampf zu diskutieren.

Am Eßtisch neben dem Kamin saßen die führenden Köpfe der Organisation. Dazu gehörten die Nonne, ehemalige Rektorin einer Klosterschule und jetzige Theologiestudentin Myra, Ianthe, eine treue Anhängerin der Frauenbewegung, die Psychotherapeutin Sue, Lala und ihre Tochter Emma sowie meine alte Freundin Dorothea McEwan vom Warburg-Institut.

Alle gaben zu, daß sie schon einiges über die Päpstin wüßten, vor allem aus dem gleichnamigen Film, aber nur Dorothea, die durch unsere frühere Begegnung vorgewarnt war, konnte mit detallierten Kenntnissen aufwarten. Ich skizzierte die Geschichte in den Grundzügen, fügte einige meiner Untersuchungsergebnisse hinzu und überließ es der gesprächigen Runde, damit zu machen, was sie wollte.

Myra zeigte den größten Enthusiasmus. Die symbolische Bedeutung der Tatsache, daß eine »Frau es den Männern gezeigt hatte«, amüsierte sie. Sie, die offensichtlich Schrammen davongetragen hatte aus ihren Auseinandersetzungen mit den ausschließlich mit Männern besetzten kirchlichen Behörden, erwärmte sich sofort für Johannas Mut, sich einen Weg um eine scheinbar unverrückbare Barriere herum zu suchen. Auch wenn es sich um einen ausgeschmückten Mythos auf der Grundlage einer viel schlichteren, aber im Kern wahren Geschichte handelte, spürte Myra, daß die Legende der Päpstin in all ihren Aspekten eine dauerhafte Bedeutung besaß und für die Arbeit der CWO sehr wichtig sein konnte.

Dorothea bremste die Begeisterung. Sie beharrte darauf, daß man mit Geschichten alles mögliche anstellen könne. Aus der Tatsache, daß Johannas Geschichte sich so lange gehalten hatte, lasse sich keine besondere Bedeutung ableiten. Aber, widersprach Myra, wenn die Geschichte aus verschiedenen Teilen bestehe, wie könne man dann wissen, welche wahr und welche falsch seien? »Vielleicht hat sie die Männer dadurch, daß sie es schaffte, Päpstin zu werden, so wütend gemacht, daß die sich vorgenommen haben, sie in die Pfanne zu hauen und in Mißkredit zu bringen, indem sie sich die Sache mit der Schwangerschaft ausdachten. Dadurch sollte den Frauen die Botschaft übermittelt werden, daß man ihnen, auch wenn sie noch so hoch hinauswollen, immer auf die Schliche kommen wird.« Der Gedanke, daß Frauen zu Fall gebracht oder kleingehalten werden aufgrund ihres Geschlechts, fand ein reges Echo am Tisch. Myra sagte, die Kirche habe stets darauf beharrt, daß die Frauen das schwache Geschlecht seien, und obwohl Johannas Geschichte diese Annahme zu widerlegen scheine, habe sie einen Pferdefuß – sie beweise, daß Frauen ungeeignet seien für Führungspositionen. Wenn hier allerdings eine wahre Geschichte gleichzeitig in eine Warnung und eine Legende verwandelt worden sei, dann handele es sich um ein Meisterstück.

Myra lenkte die Aufmerksamkeit auf den zeitlichen Rahmen, in dem Johanna erstmals in den mittelalterlichen Chroniken erwähnt worden war. »Das war genau die Zeit, als die Auseinandersetzung zwischen Männern und Frauen stattfand«, sagte sie. »Seht Euch Hildegard von Bingen an« – die Nonne und Mystikerin aus dem 12. Jahrhundert, die mit den kirchlichen Autoritäten darum rang, ihre beträchtlichen Talente nutzen zu dürfen –, »sie wollte predigen, aber das haben sie ihr verwehrt. Das bestätigt, was wir schon wissen – daß die Frauen im Mittelalter, egal welche Hindernisse man ihnen in den Weg legte, sehr couragiert und tapfer waren. Johanna hat mit einem maroden System gebrochen.« Dennoch konnte sich dieses System noch ein weiteres Jahrtausend halten. Und jetzt versuchte die CWO dagegen anzugehen. War Johanna für diese Frauen eine Ermutigung?

Obwohl die Geschichte mit dem Kind auch eine Erfindung des Klerus gewesen sein könnte, um ein Warnsignal auszusenden, zeigte sich Sue angetan von der Vorstellung. »Mir gefällt der Gedanke, daß ein Papst ein Kind bekommt«, sagte sie. »Er zeigt, daß zwischen Männern und Frauen ein Gleichgewicht besteht, auch wenn sie Archetypen sind. Ein Kind auf die Welt zu bringen bricht die männliche Seite auf.« Ianthe sah es ähnlich. Vielleicht, so überlegte sie laut, sei die Verzerrung der Geschichte der Päpstin dadurch, daß man ihr ein Kind angedichtet habe, ein früher Fall von »Gebärmutterneid«.

Dorothea blieb unbeeindruckt. »Diese Geschichte war ein derber Scherz – ein Scherz, der zum Teil auf Kosten der Frauen ging. Man nimmt das höchste politische Amt der damaligen Zeit – Kaiser beziehungsweise in diesem Fall Papst – und überläßt es einer Frau. Das erscheint mir als eine ausgemachte politische Posse.«

»Ich glaube nicht, daß es ein Scherz war«, widersprach Myra. »Was hätte es gebracht? Gelacht wurde am Ende über die Männer, die von Johanna an der Nase herumgeführt worden waren.«

»Es gibt einen gewaltigen Unterschied zwischen dem Bestreben, sich Bildung anzueignen, und dem Wunsch, Papst zu werden«, warf Emma ein. »Aber«, so gab ihre Mutter zu bedenken, »hat sie es denn von vornherein darauf angelegt, Papst zu werden – oder hat es sich einfach nur ergeben? Vielleicht ist irgendwann alles außer Kontrolle geraten.«

Die Jury gelangte zu keiner einstimmigen Entscheidung. Die symbolische Bedeutung von Johannas Beispiel, die darin bestand, daß sie ein heruntergekommenes System aufgebrochen und bloßgestellt hatte, mußte abgewogen werden gegen die Zweifel daran, ob die wesentlichen Teile ihrer Geschichte der Wahrheit entsprachen, und gegen die Frage nach Johannas tatsächlichen Motiven, die sie dazu gebracht hatten, sich ihre Verkleidung zuzulegen. War sie eine Wegbereiterin oder nur eine schrille Verirrung? Als sich das Essen dem Ende näherte, waren die Quo-Frauen von Johanna zwar durchaus fasziniert, aber noch lange nicht soweit, sie zu ihrer Schutzpatronin auszurufen.

In einer frühen Phase meiner Untersuchung hatte ich Material über die Priesterweihe von Frauen zu sammeln begonnen, zum Teil wohl auch deshalb, weil die Beschäftigung mit organisatorischen Dingen sehr hilfreich und tröstend sein kann, wenn man bei der großen und entscheidenden Frage – also ob Johannas Geschichte der Wahrheit entsprach – nicht recht weiterkommt. Es gab keine direkte Verbindung zu Johanna – vor allem nach meinem Treffen mit den Quo-Frauen –, doch die Erfahrungen heutiger Frauen, die versuchten die Türen des nur aus Männern bestehenden katholischen Clubs zölibatärer Geistlicher einzurennen, waren vielleicht dazu angetan, so dachte ich, mir Rückschlüsse auf die geistige Verfassung der Päpstin, ihre Frustrationen und ihre Motive zu ermöglichen.

Eine Überschrift in der *International Herald Tribune*, die lautete »Erstmals Frauen formell zu katholischen Priestern geweiht«, war mir dabei ins Auge gefallen, doch die Geschichte hielt nicht ganz, was sie versprach.[4] In Deutschland gab es mehr als ein Jahrhundert lang nicht nur eine katholische Kirche. Ähnliches konnte auch für andere Länder gelten, in denen päpstliche Erlasse bei den örtlichen Geistlichen auf taube Ohren stießen, aber in Deutschland war die Spaltung offensichtlich und auch öffentlich anerkannt. 1870 brach eine Gruppe von Katholiken (darunter auch der bekannte Johanna-Gegner Döllinger) mit Rom, nachdem das Erste Vatikanische Konzil den Anspruch der päpstlichen Unfehlbarkeit verkündet hatte. Dieses berühmte Dogma ist also relativ jungen Datums, obwohl interessierte Kreise häufig versuchen, es als uralt darzustellen. Es hat mit der Tradition der Kirche und der Ausformung organisatorischer Praktiken zu tun, nicht mit gottgebenen Lehren.

1878 schaffte diese Splittergruppe das Zölibat für ihre Priester ab, und im Lauf der Zeit näherte sich die Organisation der anglikanischen Glaubensgemeinschaft an. Heute gehören ihr weltweit etwa 417000 Mitglieder an. Im Juni 1996 weihten diese Altkatholiken, wie sie sich nennen, erstmals zwei Frauen zu Priesterinnen. Beide waren zuvor gewöhnliche Katholikinnen gewesen, hatten sich aber von Rom zunehmend enttäuscht gefühlt. »Ist es nicht schmerzhaft«, sagte Bischof Joachim Vobbe, das Oberhaupt der Altkatholischen Kirche in Deutschland, »daß die Kirche fast 2000 Jahre gebraucht hat, bis sie zu der Erkenntnis gelangte, daß auch Frauen die höchsten Ämter der Kirche offenstehen sollten, ebenso wie den Männern? Zeigt dies nicht einen grundlegenden Irrtum der Kirche auf, einen beängstigenden Mangel an Dynamik?«[5] Ob er damit seine eigene Mini-Kirche meinte oder die eine Milliarde Mitglieder umfassende »eigentliche« katholische Kirche, blieb – vielleicht absichtlich – unklar.

Wenn letzteres der Fall war, hätte er in den USA Unterstützung finden können. 1995 ergab eine Umfrage der *New York Times*, daß 61 Prozent der Gläubigen sich weibliche Priester wünschten.[6] Und in Afrika, im Kongo, spürte ich einen weiteren Verbündeten für Bischof Vobbe auf. Bischof Ernest Komo von der katholischen Diözese Owando schockierte anläßlich einer Synode in Rom seine Glaubensbrüder mit dem Vorschlag, Frauen zu Laienkardinälen zu ernennen und ihnen Führungspositionen in der Kiche anzuvertrauen. Ihre Fähigkeit, »als strahlende Lichter die Welt zu erhellen«, werde durch Regeln und Vorschriften unterdrückt, erklärte der Bischof aus dem Kongo vor den Delegierten.[7]

Der interessanteste Fall in meiner Sammlung von Frauengestalten war jedoch die Geschichte der 66 Jahre alten tschechischen Religionslehrerin Ludmilla Javorova, die als erste Frau der jüngeren Geschichte von einem Bischof, der nicht mit Rom im Streit lag, zur katholischen Priesterin geweiht worden sein soll. Als ich ihre Geschichte las – und vor allem, wie sie ihre Priesterschaft vor den kommunistischen Behörden in ihrer Heimat Tschechoslowakei verheimlicht hatte und wie sie in eine einflußreiche, bischofähnliche Position aufgestiegen war –, wurde mir klar, daß ich es hier möglicherweise mit einer modernen Päpstin Johanna zu tun hatte. Der Film *Papst Johanna* hatte versucht, der Geschichte der Päpstin eine moderne Note zu verleihen. Ludmilla Javorova bot mir dieselbe Gelegenheit. Ich mußte sie treffen.

Ich kam an einem 17. November, dem Tag der Studenten, in der Tschechischen Republik an, einem Tag, an dem die Erinnerung an das bewegte Jahr 1989, das zur sogenannten Samtenen Revolution geführt hatte, besonders lebendig war. An diesem Tag hatten sich protestierende Studenten trotz eines Demonstrationsverbots der Polizei auf dem Prager Wenzelsplatz versammelt. Diese Proteste und Demonstrationen führten schließlich zum Sturz des kommunistischen Regimes.

Brünn, ein industrielles Zentrum Tschechiens, liegt in einer Ecke zwischen der durch die staatliche Trennung neu entstandenen Grenze zur Slowakei und der alten Grenze zu Österreich. Der Ort war so deprimierend, wie eine Industriestadt nur sein kann. Triste Betonblocks, Armut und Entfremdung erstickten die Bewohner, und die Smogwolken, die über den Dächern hingen, taten ein übriges.

Meiner Dolmetscherin und Führerin, die bei der Kälte sinnvollerweise einen Pelzmantel und Stiefel trug, gelang es schließlich, Block 23 ausfindig zu machen, das unscheinbare und anonyme Heim jener Frau, die den Anspruch erhebt, die erste Priesterin der katholischen Kirche gewesen zu sein – oder zumindest die erste in moderner Zeit.

Ludmilla Javorova spähte mißtrauisch hinter der massiven Eingangstür hervor. Es gelang mir, zu erklären, wer ich war, und sie daran zu erinnern, daß wir uns verabredet hatten. Sie hatte ein schmales, dünnes, verkniffenes Gesicht und trug die zurückgekämmten Haare hinten zu einem kleinen Knoten zusammengebunden. Nach anfänglichem Sträuben führte sie uns in ihre kleine Zweizimmerwohnung. Wir könnten nicht lange bleiben, sagte sie und wirkte dabei ziemlich nervös, so als habe sie im Nebenraum jemanden versteckt.

Nachdem ich erklärt hatte, mit welchen Komplikationen ich auf meiner Reise zu kämpfen gehabt hatte, entschuldigte sie sich für den kühlen Empfang, erzählte mir aber auch, daß sie mit Journalisten schon schlimme Erfahrungen gemacht habe. Nachdem sie vor einigen Jahren *Kirche Intern*, einer katholischen Zeitschrift aus Österreich, ein Interview gegeben habe,[8] hätte die Presse sie gejagt wie sonst nur Prinzessinnen und Fürstentöchter. Publicity aber sei das letzte, was sie wolle, betonte sie. »Das schadet der Kirche, mir selbst und dem Andenken an Bischof Davidek.«[9] Sie deutete mit dem Kopf ehrfürchtig zu dem Schwarz-Weiß-Porträt eines grimmig dreinblickenden Geistlichen mit eingefallenen Wangen und kalten Augen, das auf dem Bücherregal stand. »Ich habe mich nur deshalb bereiterklärt, Sie zu empfangen«, sagte sie und kam dadurch meiner nächsten Frage zuvor, »weil Sie ein Buch schreiben.«

Sie deutete zu einem Sofa, wo ich mit meiner Dolmetscherin Platz nahm. Als ich sie nach ihrem außergewöhnlichen Leben zu befragen begann, wurde schnell klar, daß sie es sich nun doch wieder anders überlegt hatte und daß der Unterschied zwischen Journalisten, die von Zeitungen kommen, und solchen, die Bücher schreiben, für sie nicht sehr groß zu sein schien. Sie warf ständig Blicke um sich, als würde sie jede Minute damit rechnen, daß uns irgend jemand störte. Sie saß in einem Lehnsessel aus den 50er Jahre neben einem Fenster, das die gesamte Breite der Wand einnahm.

Gekleidet war sie in eine gelbe ärmellose Bluse und einen dicken bräunlichen Rock, und um ihren Hals hing ein schlichtes Medaillon. Ihr Gesicht wechselte zwischen der Passivität einer Nonne und der Lebhaftigkeit einer Politikerin im Straßenwahlkampf. Als sich letzteres durchzusetzen begann, bemerkte ich einige individuelle Einzelheiten – Ohrringe, eine Spur roter Farbe in ihrem ergrauenden Haar, leuchtend rote Pantoffeln. Anders als Päpstin Johanna unternahm sie keinen Versuch, ihre Weiblichkeit zu verbergen.

In Anbetracht ihrer Empfindlichkeit war der direkte Weg

eine schlechte Wahl. Er führte nur dazu, daß sie noch zurückhaltender wurde. Also nippten wir an unserem Tee und unterhielten uns über das Wetter, ihre Arbeit als Lehrerin, über die allgemeine Lage in der Tschechischen Republik und über die Familie meiner Dolmetscherin. Hatte auch Ludmilla eine Familie? Nein. »Die Kirche ist meine Familie.« Die örtliche Gemeinde? »Nein. Die Kirche im Untergrund. Wir stehen immer miteinander in Verbindung. Die meisten reden über ihre Erfahrungen nicht mit Außenstehenden.« Sie beschwor die Vorstellung einer kleinen Gemeinschaft herauf, die in den turbulenten Zeiten, die wir heute erleben, eng zusammenhält. Doch irgendwie klang das nicht überzeugend, sie wirkte vielmehr wie eine Frau, die völlig allein war mit ihren Erinnerungen und dem Bild des verstorbenen Bischofs.

In den dreißig Jahren vor dem Sturz des Regimes 1989 war Ludmilla eine von Tausenden Katholiken, die die kommunistische Regierung der Tschechosolwakei herausforderten, indem sie heimlich das Evangelium verbreiteten, den Glauben verkündeten und die Sakramente spendeten. Der Staat orientierte sich an der marxistisch-leninistischen Doktrin des »wissenschaftlichen Atheismus«. Die Kirchen blieben zwar geöffnet, doch die Gläubigen wurden verfolgt und die Aktivitäten der Geistlichen von der Geheimpolizei überwacht. Die Kirche unterlag strenger Kontrolle und hatte kaum öffentliche Wirkungsmöglichkeiten. Der Staat löste die Klöster auf, verbot religiöse Orden, beschlagnahmte das Vermögen der Kirche, ließ Geistliche einsperren und nicht selten auch ermorden, erlaubte zunächst den Betrieb von zwei, später nur noch von einem Priesterseminar, das zudem unter kommunistischer Überwachung stand, und kontrollierte die Ausgabe von offiziellen »Priesterlizenzen«.

Der Vatikan reagierte auf diesen Angriff auf zweierlei Art. Vordergründig setzte er sich für eine bessere Verständigung zwischen dem Regime und der offiziellen Kirche ein, bot angesichts von Provokation auch die andere Wange dar, um sicherzustellen, daß am Sonntag weiterhin die Messe gelesen und die Eucharistie gefeiert werden konnte, wenn es auch kein darüber hinausgehendes kirchliches Leben gab. Doch zur gleichen Zeit förderte Rom eine Widerstandsbewegung. Brünn war die Hauptbasis für diese »stumme Kirche«.

Zu den Beiträgen des Vatikans gehörte es unter anderem, daß er den Priestern besondere Rechte zugestand, so daß sie im Untergrund neue Priester weihen konnten. Man nannte sie »mexikanische Fakultäten«, weil ihren Vorgängern während der antiklerikalen Revolution in diesem mittelamerikanischen Land zu Beginn des Jahrhunderts ähnliche Rechte eingeräumt worden waren. Genauso konnten Bischöfe ohne die übliche Abstimmung mit Rom neue Bischöfe weihen, wodurch die Vorschriften umgangen wurden, mit deren Hilfe die staatlichen Behörden kirchliche Ernennungen ohne ihre Zustimmung hatten verhindern wollen.

Felix Davidek war eine zentrale Figur in dieser Untergrundkirche. Er war als Kurat in Ludmillas Heimatdorf in der Nähe von Brünn tätig gewesen und saß von 1948 bis 1962 wegen seines Glaubens im Gefängnis. Der Prager Frühling von 1968 weckte in ihm vorübergehend die Hoffnung auf mehr Toleranz, doch die brutale Niederschlagung des Reformversuchs durch die Sowjetunion zwang ihn, nach alternativen und radikalen Wegen zur Sicherung der Zukunft der Kirche zu suchen, die sich nun erneuter Verfolgung gegenübersah. »Es war eine außergewöhnliche Zeit«, erinnerte sich Ludmilla, die an ihre Arbeit als Widerstandskämpferin im Krieg zurückdachte. »Das müssen Sie begreifen.« Sie schaute mich an in meiner bequemen westlichen Kleidung und mit meinem mitfühlenden, leicht besorgten Blick. »Nein, das können Sie nicht verstehen. Für uns ging es um das Überleben. Wir hatten Angst, die Kirche würde nicht überleben.«

1970 hielt Bischof Davidek – er war 1968 von Bischof Jan Blaha geweiht worden – eine radikale Predigt bei einer geheimen Zusammenkunft der Untergrundkirche. Seine Ideen entzweiten die Gemeinschaft. Er wollte jenen Mitgliedern die Ordination zuteil werden lassen, die die Behörden am wenigsten verdächtigen würden, Priester zu sein – verheiratete Männer und Frauen. Diese Logik hatte einiges für sich. Die Kommunisten mochten die katholische Kirche verachten, aber sie gingen fest davon aus, daß nur zölibatär lebende Männer für das Priesteramt in Frage kamen. Davidek hielt es für vertretbar, die Tradition zugunsten des Überlebens zu opfern.

Seine Vorschläge führten zu Spaltungen in der Untergrundkirche, die bis heute bestehen. Während die meisten ihrer Mitglieder sich heute offen zu ihr bekennen und sich mit jenen zusammengeschlossen haben, die sich trotz der kommunistischen Bedrohung öffentlich für sie eingesetzt hatten, sind die verheirateten Männer, die Davidek zu Priestern geweiht hatte, eine isolierte Sekte geblieben, die sich mit Rom im Konflikt befindet, weil sich der Vatikan weigert, ihre Ordinationen anzuerkennen. Rom schlägt diesen Gläubigen vor, sich den Unierten anzuschließen, einer mit der katholischen Kirche eng verbundenen Strömung der Ostkirche, die Verheiratete als Priester akzeptiert. Die Angehörigen dieser Gruppe weisen im Gegenzug darauf hin, daß sie während der kommunistischen Zeit die Bereitschaft aufgebracht haben, ihr Leben für die katholische Kirche zu opfern. Sie erwarten keine Orden und keinen päpstlichen Ritterschlag, doch zu einer anderen Kirche abgeschoben zu werden erscheint ihnen ungerechtfertigt.

Aber sie haben zumindest eine Wahl. Denn in bezug auf die Frauen – und Ludmilla bekräftigte, daß es auch in der Slowakei einige ähnlich gelagerte Fälle gebe, mit denen sie spreche und korrespondiere, weigerte sich aber, Namen oder eine genauere Zahl zu nennen – bestreitet der Vatikan schlicht, daß sie jemals Priesterinnen waren. Eine Hierarchie aus festgefügten Wahrheiten und Traditionen steht auf dem Spiel. Der Vatikan scheint sich zähneknirschend bereitzufinden, den Verstoß gegen das Zölibatsgebot zu akzeptieren, indem er die verheirateten Priester einer Schwesterkirche zuschlägt, doch keinesfalls ist er bereit hinzunehmen, daß Frauen – noch nicht einmal, wenn sie im Zölibat leben – als Priesterinnen betrachtet werden. Bischof Davidek habe schlicht und einfach nicht die Befugnis besessen, gegen dieses Tabu zu verstoßen, behauptet Rom, ganz gleich wie schwierig die Bedingungen waren, unter denen er zu arbeiten hatte.

Davidek starb 1988 und kann sich nicht mehr dazu äußern. Die verheirateten Priester haben öffentlich ihr Anliegen vertreten, aber von den Frauen hat sich bislang nur Ludmilla aus der Deckung gewagt. Ihr Versuch mutet an wie der Kreuzzug einer einzelnen, auf sich allein gestellten Frau, die den Vatikan dazu bringen möchte, endlich Gerechtigkeit walten zu lassen. Sie sah sich vom Vatikan zugleich eingeschüchtert und zum Widerstand herausgefordert, war manchmal wild entschlossen zu kämpfen, zu brüllen und zornig mit dem Fuß aufzustampfen, zog sich dann aber auch wieder in sich zurück und weigerte sich, ihr Anliegen dem Urteil von Männern in Rom anzuvertrauen, die ihrer Ansicht nach nicht verstehen können, was die Untergrundkirche durchzumachen hatte. »Wir haben gelernt, niemandem zu vertrauen. Wenn uns jemand verraten hätte, wären wir mit dem Gefängnis oder dem Tod bedroht gewesen. Wir haben ein Doppelleben geführt. Tagsüber arbeitete ich als Lehrerin, abends hatten wir unsere Versammlungen. Ich mußte die ganze Nacht wach bleiben, um meinen Unterricht für den nächsten Tag vorzubereiten, damit niemand mißtrauisch wurde. Niemand wußte Genaueres über die anderen Priester, abgesehen von Bischof Davidek.«

Ludmillas Hauptaufgabe bestand darin, weibliche Gefangene zu besuchen – darunter auch Nonnen. Die Behörden verwehrten ihnen den Kontakt mit Priestern und damit auch die Sakramente, aber weil Ludmilla eine Frau war, wurden sie nicht mißtrauisch und ließen sie unbehelligt kommen und gehen. Ihre Tarnung war so erfolgreich, daß sie als Kurier zwischen den Untergrundpriestern und Bischof Davidek zu arbeiten begann. Sie wußte fast genausoviel über die Organisation im Untergrund wie Bischof Davidek. Von ihrer Arbeit hingen Leben oder Tod vieler Männer ab.

Ihre Rolle wurde von ehemaligen Kollegen mit der eines Generalvikars für Bischof Davidek verglichen, aber sie wehrte sich entschieden gegen diese Beschreibung. »Ich habe Bischof Davidek geholfen. Ich war seine Assistentin.« Ihrer Ansicht nach hätten ihre Pflichten eher denen einer Sekretärin geähnelt. Andere – wie zum Beispiel Pater Julius Eyma, der tagsüber Trambahnschaffner war und abends Bischof Davidek bei geheimen Missionen als Chauffeur diente – bezeichneten sie als engste Mitarbeiterin des Bischofs.[10] Und in ihrer Stimme lag unverkennbar eine tiefe Trauer, wenn sie von ihm sprach – sie trauerte um den Verlust seiner charismatischen Führung, seines Mutes, seiner Entschlossenheit, sich zu behaupten. Er hätte die gegenwärtigen Probleme lösen können, schien sie zu glauben. Er hätte den Papst dazu gebracht, Verständnis für ihre Lage aufzubringen. In seiner Abwesenheit nahm sie seinen Platz ein.

Sie kam wieder auf die außergewöhnlichen Umstände der damaligen Zeit zu sprechen, und ich fragte, ob sie sich trotz all der schrecklichen Dingem, die sie erlebt hatte, in der nun freien, offenen tschechischen Gesellschaft nicht verloren vorkomme. Sie widersprach einer solchen Beschreibung. »Heute ist alles anders, aber wir müssen immer noch unsere Geheimnisse für uns behalten. Die Leute, die uns verfolgt haben, leben noch immer unter uns.« Sie deutete zu dem mickerigen Grünstreifen vor ihrem Fenster.

Betrachtete sie sich nach wie vor als Priesterin? »Der Vatikan sagt, daß ich keine Priesterin bin.« Aber wie sehe sie sich selbst? »Der Vatikan sagt, daß ich keine bin, daß die Umstände damals außergewöhnlich waren.« Sie ließ sich nicht aufs Glatteis führen. Freunde aus der Untergrundkirche erzählten jedoch, daß sie in privatem Rahmen noch immer Messen lese. Ob es daran liege, daß der Vatikan Bischof Davidek nicht als einen richtigen Bischof anerkenne? Sie war ungehalten über eine derartige Unterstellung, doch ihr Wunsch, seinen Ruf zu schützen, mag die seltsame Mischung aus Auskunftsbereitschaft und Verschlossenheit erklären. Manche behaupten heute, Davidek sei wahnsinnig gewesen. Andere wollen wissen, daß er nicht rechtmäßig zum Bischof geweiht wurde, doch Bischof Blahas Zeugnis kann nicht in Zweifel gezogen werden, wie selbst der Vatikan anerkannt hat.

Bei der Synode von 1970 ließ Davidek seine Anhänger schwören, daß sie niemals enthüllen würden, daß die Priesterweihe für Frauen erwogen worden sei. Darüber hinaus hatte Davidek in der Untergrundkirche eine durch Paranoia geprägte Atmosphäre geschaffen. Er glaubte, daß der Vatikan von KGB-Agenten infiltriert und Kardinal Casaroli, der Roms Politik gegenüber den kommunistischen Regimes im Ostblock maßgeblich bestimmte, ein Spion der Sowjets sei. Solche Einstellungen mußten natürlich auf Ludmilla, seine engste Mitarbeiterin, abfärben und erschwerten es ihr heute vielleicht, zwischen tatsächlichen, eingebildeten und überwundenen Gefahren zu unterscheiden.

Aber heute, so fragte ich, gebe es doch keinen Grund mehr, Angst zu haben? »Ich kann den Menschen noch immer nicht vertrauen«, antwortete Ludmilla und wandte den Blick ab. »Ich kann auch Ihnen nicht vertrauen. Es gibt noch immer so viele schlechte Menschen da draußen.« Sie zog sich wieder in ihr Schneckenhaus zurück. Auch Männer, die sehr eng mit Javorova und Davidek zusammenarbeiteten, bemerkten bei ihr diese Angst. »Sie hatte es sehr schwer«, meinte einer. »Sie wurde weder als Priesterin noch als Frau akzeptiert.«[11]

In dem Interview mit *Kirche Intern*, über das sie sich so geärgert hatte, sagte sie über ihre früheren Kollegen: »Nach außen hin erkennen sie mich an, weil sie wissen, daß ich ordiniert bin, aber innerlich kommen sie damit nicht zurecht. Man kann die zweitausend Jahre alte Tradition männlicher Priester nicht einfach über Nacht verändern.«[12] Heute aber weigerte sie sich, etwas Derartiges von sich zu geben. »Wir alle stehen immer noch eng miteinander in Verbindung«, bekräftigte sie.

Doch das frühere Zitat paßte gut zu dem, was sie mir gesagt hatte. Daß sie die darin enthaltene Aussage nun bestritt, zeigte nur um so deutlicher ihre Verwirrung, während ihre Isolation fast schmerzlich zu beobachten war.

Ob ihr die Päpstin Johanna ein Begriff sei, fragte ich und

änderte meine Taktik. Sie schaute mich verwundert an. »Es kann keinen weiblichen Papst geben.« Ich war versucht, zu erwidern, daß es auch keine weiblichen Priester geben könne, doch in einer Unterhaltung, die mühsam über Dolmetscher abgewickelt wird, kann eine ironische Randbemerkung Probleme verursachen. Und Ludmilla schien noch immer recht unsicher zu sein. Ich schilderte in wenigen Worten die Begebenheiten um die Päpstin. »Das ist Teil einer Geschichte, die ich nicht kenne«, sagte sie und warf einen nervösen Blick auf den Kassettenrekorder. Ich kam mir vor wie jemand, der eine Vernehmung durchführt. Sicherlich fürchtete sie, daß ich ihr eine Falle stellen würde. Ich versprach, ihr weitere Informationen zu schicken, wenn ich wieder zu Hause in England war.

Die Parallelen zwischen den beiden Frauen lagen offen zutage: Beide hatten gegen die Regeln dieser von Männern beherrschten Organisation verstoßen; beide hatten im verborgenen als Frauen in den Reihen der Geistlichkeit gewirkt; beide waren vor den Augen der ganzen Welt herabgesetzt oder gedemütigt worden, nachdem ihre Täuschung bekannt geworden war; beide hatten absichtlich einen bestimmten Teil ihrer Persönlichkeit getarnt – Johanna ihr Geschlecht, Ludmilla ihre Priesterschaft; beide hatten auf einer niedrigen Stufe begonnen und zunehmend an Einfluß gewonnen, als ihr Geschick es ihnen ermöglichte, ihr wahres Potential zu zeigen; und beide werden eine zweifelhafte Position in der Kirchengeschichte einnehmen – bei Johanna ist dies bereits geschehen, Ludmilla steht es noch bevor.

Sie wurde unruhig. Sie müsse jetzt eine Freundin im Krankenhaus besuchen, sagte sie. Dann gab sie mir ein auf Tschechisch geschriebenes Buch über Bischof Davidek.[13] Daraus würde ich alles erfahren, was ich über ihn wissen müsse. »Und was erfahre ich über Sie?« fragte ich.

»Ich habe an diesem Buch mitgewirkt, aber es handelt von Bischof Davidek. Ich bin nicht wichtig.«

Als sie die Tür hinter uns zugemacht hatte, hörte ich das Rasseln von Ketten und Schlüsseln. Im Auto hörte ich mir zwanzig Minuten lang die Aufzeichnung des Gesprächs an und machte mir Notizen. In dieser Zeit kam sie nicht heraus.

Einige von jenen, die über ihren Fall Bescheid wissen, hoffen, mit Hilfe von Ludmilla könnte gezeigt werden, daß auch Frauen gute Priester sein können. Sie weisen darauf hin, daß durch das Beispiel einer anderen Frau, die ebenfalls von einem mutigen Bischof in einer schwierigen Zeit zur Priesterin geweiht wurde, die anglikanische Glaubensgemeinschaft schließlich für die Frauenordination gewonnen werden konnte: Florence Tim Oi Li wurde 1944 im vom Krieg zerrissenen Hongkong von Bischof Ronald Hall ordiniert, der nicht in der Lage war, die Zustimmung von Canterbury zu diesem bahnbrechenden Schritt einzuholen. Seine Entscheidung wurde jedoch sofort nach Kriegsende heftig kritisiert.

In den folgenden Jahrzehnten erwies sich Reverend Oi Li als eine überzeugende, liebenswürdige und stets bescheidene Fürsprecherin der Frauenordination. Sie legte die traditionelle Zurückhaltung der chinesischen Frau an den Tag und schrieb Bischof Hall eines Tages in einem Brief, im Vergleich zu ihm sei sie »nicht mehr als ein kleiner Wurm«. Doch sie verzichtete niemals auf ihren Auftrag und war der festen Überzeugung, daß sich ihr Anspruch auf das Priesteramt allein auf ihre Handlungen, nicht auf ihre Worte gründete. Ihr Mut – vor allem als christliche Missionarin im kommunistischen China – und die stille Würde, mit der sie auf ihrer Position beharrte, führten im Laufe der Zeit zu einem Sinneswandel.[14]

Schlußbetrachtung

> Es liegen Welten zwischen dem Verspotten einer Religion und dem Verspotten jener, die sie durch ihre überheblichen Ansichten entweihen.
>
> Pascal, *Lettres provinciales* (1656)

Hat sie es nun getan oder nicht? Konnte eine junge Deutsche mit englischen Eltern eines der größten Täuschungsmanöver aller Zeiten inszenieren und im 9. Jahrhundert bis an die Spitze der katholischen Kirche vordringen? Und wenn ja, gelang es der Kirche in der nachreformatorischen Zeit, einen bemerkenswerten Triumph zu erringen und diese für sie peinliche Gestalt wieder in der Versenkung verschwinden zu lassen? Oder ist die Päpstin Johanna eine substanzlose und in böswilliger Absicht in die Welt gesetzte Legende, die von Generationen antikatholischer und antiklerikaler Propagandisten am Leben erhalten wurde? Wahrscheinlich ist es in Wahrheit nicht ganz so einfach. War die Päpstin vielleicht ein bedeutender Mythos oder eine Allegorie für irgendein anderes historisches Ereignis? Oder etwas von beidem?

Es gibt drei große Probleme, die es erschweren, Johanna als eine historische Realität anzuerkennen. Das erste und eher weniger wichtige betrifft die seltsame Art ihres Verschwindens. So wie die Geschichte von den Chronisten überliefert wird, erschien sie mir von Anfang an als eine reine Erfindung, als ein aus dem 9. Jahrhundert stammendes Äquivalent mancher urbaner Mythen unserer Zeit.

Es kann kein Zweifel daran bestehen, daß selbst die integersten Geistlichen stets unter dem litten, was die Kirche bis heute als »Verstoß gegen das Zölibat« bezeichnet. Deshalb sollten wir uns durch die Vorstellung, daß ein Papst eine Geliebte hatte, nicht lange aufhalten lassen. Und wenn die Entbindung auf der Straße dieser Geschichte etwas Absonderliches verleiht, so ist darauf hinzuweisen, daß nicht selten auch intelligente Frauen, die kurz vor der Menopause stehen, eine Schwangerschaft falsch deuten und sich mit vermeintlichen Bauchschmerzen ins Krankenhaus begeben, wo sie dann einige Stunden später ein Baby zur Welt bringen.

Professor David Canter hatte eine solche Ablehnung durch das Schema von Johannas »Außenseiter«-Mentalität zu erklären vermocht, doch Rosalind Miles war für mich eine noch wichtigere Zeugin, weil sie mir half, dieses entscheidende Motiv in Johannas Geschichte richtig einzuordnen. »Johannas Geschichte – oder zumindest der Schluß – könnte sehr gut eine Erfindung von Männern sein und einen Beweis dafür liefern, daß es in jeder Kultur auch eine Gegenkultur gibt. Und so sehr die Kirche den Papst braucht und liebt, so sehr muß sie ihn auch hassen und sich über ihn ärgern, denn so läuft es nun einmal. Ein starkes Papsttum bringt immer eine starke Gegenbewegung hervor – in diesem Fall Johanna.«[1] Die Macht des Papsttums ermutigt Leute wie Johanna, dagegen aufzubegehren, doch die dauerhafte Stärke der Institution sorgt dafür, daß sich solche Rebellionen am Ende »normalisieren«. Johanna wird vom Standpunkt der Institution aus gebührend bestraft, während die Männer wieder die verlorene Kontrolle zurückerlangen.

Wenn jede Kultur eine gleich starke Gegenkultur hervorbringt, dann könnte Johannas Erfolg jene, die sich dadurch am meisten bedroht sahen, dazu veranlaßt haben, eine Legende von ihrem Sturz zu fabrizieren, um all das in Zweifel zu ziehen, was vorher geschehen war. Ein praktisches, reales Beispiel dafür, wie Frauen Selbstbewußtsein gewinnen und sich befreien konnten, ließ sich durch geschickte Manipulation in ein Modell umwandeln, in dem die Frauen unterworfen und zu Gefangenen ihres Körpers und ihrer biologischen Beschaffenheit gemacht wurden. Johannas Täuschung hätte aufgedeckt werden und man hätte sie in ein Kloster stecken können, doch indem man ihr ein Kind und eine Geburt auf der Straße andichtete, wurde sie so zurechtgestutzt, daß sie in das Schema der Erbauungsliteratur paßte, deren Ziel darin bestand, ihre überwiegend weiblichen Leser davon abzuhalten, sich in ihren Ambitionen und Ansprüchen zu übernehmen. Wenn es sich tatsächlich so verhielt, daß dieser antifeministische Schluß absichtlich an eine profeministische Lebensgeschichte angefügt wurde, dann war das ziemlich gut gemacht.

Trotz aller Traditionsgebundenheit und des Ausschlusses der Frauen von höheren Ämtern ist der Katholizismus eine weibliche Religion. Im 19. Jahrhundert schrieb der Historiker W.E.H. Lecky: »Es läßt sich wohl kaum bestreiten, so glaube ich, daß sich in den Umwälzungen des 16. Jahrhunderts der weibliche Typus dem Katholizismus zuwandte, während der männliche Typ mehr zum Protestantismus neigte.«[2] Indem sie Johannas Beispiel anführten, eröffneten die Autoren den Frauen in der Kirche die Chance, sich insgeheim über Johannas Erfolg zu freuen, vermittelten ihnen aber auch die Gewißheit, daß der Status quo wiederhergestellt und durch Johannas Sturz gerechtfertigt worden war.

Das zweite und gewichtigere Problem, das es erschwert, an die Existenz der Päpstin zu glauben, betrifft die Theorien von angesehenen Historikern wie Edward Gibbon, die von einer imaginären Päpstin Johanna ausgehen, die als Metapher dazu gedient habe, bestimmte verrufene, aber reale Päpste zu brandmarken. In diesem Zusammenhang werden häufig Theodora und Marozia Theophylakt erwähnt, Mutter und Tochter, die das Papsttum zu ihrem Familienbesitz zu machen versuchten. Doch die Berichte über ihre Untaten und ihren ausschweifenden Lebenswandel wurden nur selten unterdrückt, zweifellos nicht in jener Zeit, in der die Geschichte der Päpstin am weitesten verbreitet war. Diese Erklärung wie auch andere Versionen dieses Themas, in denen es um verweiblichte Päpste und Eunuchen als Patriarchen geht, ergeben keinen Sinn.

Der dritte und schwerwiegendste Einwand, der von jenen angeführt wird, die Johannas Existenz bestreiten, ist die Lücke von 400 Jahren, die zwischen ihrem Pontifikat und Martinus Polonus' wegweisendem Bericht liegen. Weniger findige Skeptiker erklären dieses Schweigen damit, daß von Johanna erst gesprochen wurde, nachdem die Protestanten nach der Reformation ihre Geschichte erfunden hätten, die später von geschickten Fälschern in vorreformatorische Texte eingefügt worden sei. Derartige Verschwörungstheorien sind jedoch Unsinn, wie auch mein Besuch in der Bodleian-Bibliothek in Oxford bestätigt hatte. Unbearbeitete Berichte über Johannas Existenz existieren auch schon aus der Zeit vor der Reformation.

Joan Morris, die feministische Katholikin, die ihre unvollendete Forschungsarbeit 1985 im Selbstverlag herausbrachte, warf mit ihrem Werk über die Pariser Ausgabe des Buches der Päpste etwas Licht auf den zeitlichen Abstand zwischen Johannas Pontifikat und Martinus Polonus' Bericht. Doch am Ende konnte sie lediglich die Vermutung äußern, daß die Zeit des Schweigens möglicherweise nur halb so lange dauerte. Definitive Beweise vermochte sie nicht zu bieten.

Obwohl ich viele Stunden in Bibliotheken verbrachte, die Kataloge durchforstete und alte Manuskripte wälzte und allen Hinweisen nachging, die Morris in ihren Arbeiten hinterlassen hatte, gelang es mir nicht, weitere Fortschritte beim Zurückdrehen der Uhr zu machen. Die zeitliche Lücke, so muß ich einräummen, ist wohl zu begreifen vor dem Hintergrund einer starken Tradition mündlicher Überlieferungen, reisender Prediger, weitverbreiteten Analphabetismus, eines Mangels an Büchern und des unheilvollen Wirkens des Bibliothekars Anastasius, der in der Lage war, alle Erwähnungen Johannas zu tilgen, sofern er dies als hilfreich für seine Zwecke erachtete. Der Verlust von Martinus Polonus' Quelle hinterläßt ein unergründliches Geheimnis, doch aufgrund seines guten Rufes kann man davon ausgehen, daß er nicht zu jener Art kirchlicher Autoren gehörte, die mit Erfindungen arbeiteten. Anscheinend stand ihm eine bestimmte Quelle zur Verfügung, doch wie sich auch anhand Friedrich Spanheims erschöpfender Auflistung aller Erwähnungen Johannas aus dem 17. Jahrhunderts zeigte, sind viel zu viele Originaldokumente verlorengegangen. Die Zerstörung der Bibliothek in Fulda, wo, wie ich bei meinem Besuch feststellen konnte, kein einziges altes Manuskript mehr vorhanden ist, unterstreicht diese Tatsache.

Trotz dieser bedenkenswerten, aber letztlich nicht schlüssigen Argumente vermag die Tatsache, daß sich die Kluft zwischen 855 und der Mitte des 13. Jahrhunderts nicht überbrücken läßt, die Position der Ankläger Johannas nicht zu stärken. Von vielen entscheidenden historischen Ereignissen erfahren wir erst aus Aufzeichnungen, die wesentlich später entstanden – die Evangelien sind das beste Beispiel dafür. Und die 400jährige Lücke ist nur ein Teil des Puzzles.

In diesem Zusammenhang ist es wichtig, sich vor Augen zu halten, daß es bestenfalls fragmentarische, gewiß aber keine zeitgenössischen Beweise für die Existenz vieler jener Päpste aus dem Mittelalter gibt, die im offiziellen Papstkatalog der Kirche aufgeführt sind. Im Falle von Papst Lando von Anfang des 10. Jahrhunderts zum Beispiel gibt es nur ein einziges Beweisstück für seine Existenz – einen Bericht über eine Schenkung an den Dom von Siena. Papst Johannes VI., der zu Beginn des 8. Jahrhunderts gelebt haben soll, ist eine vollkommen unbekannte Größe. In dieser Hinsicht müssen beide als ungesichert gelten. Aber sie sind Männer und konnten sich deshalb behaupten. Johanna dagegen verkörpert eine Herausforderung der amtlichen Versionen der Kirchengeschichte.

Den, wie sich im Verlauf meiner Untersuchung gezeigt hat, eher schwachen Argumenten der Zweifler stehen viele gute Gründe gegenüber, die dafür sprechen, daß die Päpstin mehr als eine erfundene Geschichte war. Schon allein die Tatsache, daß rund 500 Autoren aus dem Mittelalter über sie berichteten, ist höchst eindrucksvoll. Hohe päpstliche Bedienstete gingen in ihren Schriften einmütig davon aus, daß Johanna existiert hatte. Akademiker und Inquisitoren akzeptierten sie als eine Tatsache. Diese weitverbreitete Einstellung, die sogar in den höchsten Rängen der Kirche anzutreffen war, läßt sich nicht als das Ergebnis einer protestantischen Verschwörung abtun, als eine Fabel oder als eine Chiffre für irgendwelche anderen Verfehlungen des Papsttums. Warum zum Beispiel erlaubte jeder Papst, der aus Siena stammte, daß Johannas Statue im Dom von Siena stehenblieb? Die logische Antwort kann nur lauten, daß diese Päpste sie, wenn auch zähneknirschend, zu ihren Vorgängern zählten.

Diese substantiellen Zeugnisse über Johannas Leben sind natürlich nur Indizien. Sie beweisen nicht ihre Existenz, nur den Kult, der um sie entstand. Doch eine Geschichte kann auch deswegen existieren und sich verbreiten, weil die Menschen an sie glauben. Sie hält sich, weil die Menschen immer wieder etwas darüber hören wollen. Und dabei verändert sie sich entsprechend dem Geschmack und den Bedürfnissen der Zeit. Auch in dieser Hinsicht ist die Päpstin Johanna eine unbezweifelbare Wahrheit. Man glaubte an sie, die Menschen waren von ihr fasziniert und fühlten sich zu ihr hingezogen, insbesondere auch Regisseure, Künstler, Dramatiker und Romanciers. Ein anonymer Blumenspender in Rom glaubt noch heute sie. (Trotz aller Bemühungen gelang es mir nicht, herauszufinden, um wen es sich dabei handelte, doch im Verlaufe meiner Untersuchung lernte ich viele andere glühende und zweifellos ein wenig schrullige Johanna-Anhänger aus Europa, den USA und Kanada kennen.)

Ungeachtet der wiederholten Versuche, sie in Vergessenheit geraten zu lassen, kann sich Päpstin Johanna auch in unserer Zeit noch behaupten. Die Menschen glauben an sie und werden weiter an sie glauben, weil sie wollen, daß es sie gegeben hat. Ihnen gefällt an Johannas Geschichte das Motiv der Umkehrung scheinbar festgefügter Verhältnisse. Mit ihrer Popularität verhält es sich ähnlich wie mit dem Prinzip des Karnevals, wo die soziale Struktur der Gesellschaft für wenige Tage in ihr Gegenteil verkehrt wird und ein jeder in die Rolle schlüpfen kann, die ihm im Alltagsleben verwehrt ist.

Doch diese unverminderte Anziehungskraft darf nicht darüber hinwegtäuschen, daß Johanna mehr war als der Stoff einer wunderbaren Geschichte. Sie wurde als eine Tatsache betrachtet, nicht nur von Chronisten, sondern auch von unzähligen Generationen normaler Menschen vom 13. bis mindestens zum 17. Jahrhundert. Der Vicus Papissa, der »Weg der Päpstin«, wo Johanna ihr Kind gebar und den Tod fand, existiert wirklich, ebenso die kleine Gedenkstätte, die ihr gewidmet war, wenngleich ihre Statue inzwischen verschwunden ist. Die Straße wurde später von den Päpsten gemieden, weil Bischof Burchard, der päpstliche Zeremonienmeister, im 15. Jahrhundert von dem Geschehen, das sich hier abspielte, berichtet hatte. Auch der seltsame Sessel, anhand dessen die Männlichkeit der Päpste überprüft wurde, existiert und wurde, wie Berichte belegen, auch benutzt. Die Büste von Johanna in Siena gab es ebenfalls. Und eine verspielte Darstellung ihrer Wehen findet sich bis heute im Petersdom, am Fuße des *baldacchino* über dem Hauptaltar.

Und es gibt weitere gewichtige Gründe, die dafür sprechen, Johanna wieder ihren rechtmäßigen Platz in der Reihe der Päpste zuzuerkennen. Die Details, die von den Chronisten überliefert wurden, entsprechen sehr genau den Gegebenheiten Mitte des 9. Jahrhunderts. So gab es zum Beispiel tatsächlich eine berühmte Kolonie englischer Missionare in Deutschland – daher der Name »Johanna die Engländerin«, obwohl sie in Mainz geboren wurde. Und es ist erwiesen, daß Leute, die in Griechenland eine klassische Ausbildung genossen hatten und des Griechischen mächtig waren, was den Chronisten zufolge auch für Johanna galt, zur damaligen Zeit in Rom hoch geachtet waren. Einige von ihnen gelangten auch auf den Stuhl Petri, weil nach dem damals herrschenden Wahlverfahren die Diakone, die der verstorbene Papst um sich versammelt hatte, einen gewissen Vorteil besaßen – vor allem, wenn sie im Volk beliebt waren – und damit auch ein gelehrter Außenseiter gute Chancen hatte.

All diese wichtigen Informationen dürften miteinander vermischt und übertrieben worden sein, als sich die Geschichte Johannas im Laufe der Jahrhunderte durch die mittelalterlichen Speisesäle und über die Bibliothekspulte verbreitete und in den Kontext der jeweiligen Zeit eingepaßt wurde. Alles hatte seine Bedeutung.

Zudem hatte ich bei der Überprüfung der in den alten Chroniken ausgebreiteten Einzelheiten herausgefunden, daß im 9. Jahrhundert die Männerherrschaft in der Kirche noch nicht allzu lange bestand. Frauen wie Cuthburga von Wimborne und Hilda von Whitby hatten mit gewissermaßen episkopalen Befugnissen über gemischte Klöster mit Frauen und Männern geherrscht. Manche Wissenschaftler wie der amerikanische Historiker Vern Bullough sind der Auffassung, daß der Amtskirche sehr daran gelegen war, Geschichten von weiblichen Heiligen, die sich als Männer kleideten, als Vorbilder für junge Mädchen wie Johanna darzustellen. Selbst wenn ihr mit einem weiblichen Körper geschlagen seid, so lautete die unterschwellige Botschaft – und in den Augen der aus Männern bestehenden Hierarchie war dies tatsächlich ein Fluch –, könnt ihr dennoch Zugang zum Allerheiligsten erlangen, wenn ihr euch männliche Attribute zulegt und wie ein ehrbarer Mann aufzutreten versucht.

Als ich mich mit den praktischen Fragen von Johannas Tarnung befaßte, stellte ich fest, daß sie durchaus funktionieren konnte, wenn sie geschickt angepackt wurde. Im 9. Jahrhundert wurden die Priester angehalten, sich die Bärte abzurasieren. Mit ihrem glatten Kinn und der freien Oberlippe wäre Johanna in früheren Zeiten aufgefallen, im 9. Jahrhundert aber kam sie damit durch. Außerdem hat die Geschichte gezeigt, daß auch andere Frauen sich erfolgreich als Männer ausgeben und dadurch einflußreiche Positionen erlangen konnten. Johannas Körper konnte sich relativ leicht anpassen, vor allem in einer Zeit, in der die Menschen nicht im Überfluß lebten.

Der geistige Sprung, den sie vollzogen haben muß, um sich nicht nur als Mann zu betrachten, sondern auch als jemand, der Anspruch erheben durfte auf die Führung der Kirche, hatte mir eine Zeitlang Schwierigkeiten bereitet. Jan Morris zeigte mir, daß Johanna diese geschlechtliche Veränderung auch damals, im Mittelalter, mental hatte nachvollziehen können, doch erst Professor David Canter, der Wegbereiter der Erstellung psychologischer Profile in Großbritannien, lieferte mir eine überzeugende Erklärung ihrer geistigen Verfassung. Die Psychologie, diese moderne, im späten 20. Jahrhundert verwurzelte Disziplin, ermöglichte es mir, die Grenzen jener Forscher und Autoren zu überschreiten, die sich im Laufe der Jahrhunderte mit Johannas Verhalten beschäftigt hatten. Der Professor stellte seinen guten Namen in den Dienst der Verteidiger Johannas. Wenn man sie aller Ausschmückungen durch übereifrige Bewunderer entkleidete, so glaubte er, erscheine hinter der Gestalt der Päpstin Johanna eine reale Person mit erkennbaren und dauerhaften Eigenschaften, mehr noch, ein Charakter mit Vorläufern und Nachfahren, die bis in unsere Zeit reichen.

Nachdem ich all diese Beweise und Argumente gegeneinander abgewogen habe, bin ich überzeugt, daß die Päpstin Johanna eine historische Figur war, wenngleich wahrscheinlich nicht alle Einzelheiten, die uns im Laufe der Jahrhunderte über sie überliefert wurden, der Wahrheit entsprechen.

Ein Jahrhundert lang, seit dem Erscheinen des Werkes von Professor Döllinger, des entschiedenen deutschen Johanna-Gegners, haben die Historiker, Gelehrten und Gläubigen, die in alten Manuskripten oder in verstaubten Ecken der Vatikanischen Museen auf die Päpstin stießen, sie als eine schrille Legende abgetan. Sich mit ihr zu befassen galt als ein Angriff auf die Kirche. Autoren, die unter anderen Umständen keine Mühe scheuten, um alles mögliche genauestens zu untersuchen, vom Turiner Grabtuch bis zu blutenden Statuen, begnügten sich in dieser Frage damit, die offizielle Linie der Kirche nachzubeten. Doch die Beschäftigung mit dieser Phase der Kirchengeschichte, wie turbulent und wenig rühmlich sie auch gewesen sein mag, hat nicht per se eine antiklerikale Stoßrichtung. Für mich persönlich hat sich durch dieses Wissen keine Kluft zwischen mir, meiner Kirche und meinem Glauben aufgetan, ganz im Gegenteil. Wenn ich mich immer mit den offiziellen Erklärungen begnügt hätte, dann hätte ich wohl schon vor langer Zeit der Kirche frustriert den Rücken gekehrt.

Bei einem solch unbequemen historischen Phänomen wie Johanna – das zu gleichen Teilen aus Fakten, verzerrten Tatsachen und einem darauf beruhenden Beiwerk aus gut gemeinter, aber unbefriedigender Fiktion besteht – kann es nicht allein mit einer Chronologie getan sein. Johanna tanzte zu den Melodien unterschiedlicher Zeiten und paßte sich an die Stimmung vieler Epochen an, seien es antiklerikale, antikatholische, feministische, romantische oder erotische Strömungen gewesen. Sie wurde sogar, wie mir jemand erzählte, der es wissen mußte, gewissermaßen zu einer Ikone religiöser Transvestiten.

Ich akzeptiere natürlich, daß manche, die mir bis zu diesem Stadium meiner Untersuchung gefolgt sind, sich nicht in der Lage sehen, meiner Schlußfolgerung beizupflichten. Dennoch bitte ich sie, wenigstens Johannas Zählebigkeit die gebührende Anerkennung nicht zu verweigern. Ihre Geschichte hat allen Versuchen getrotzt, sie auszulöschen, weil sie sich als bedeutender und dauerhafter erwiesen hat als all die Wege, auf denen sie weitergetragen wurde, als all die Gründe, mit denen man sie in Zusammenhang brachte, oder als all die sozialen Gruppen, die sie sich zunutze machten. Darin lag ihre eigentliche Gefahr, die vor allem in einer Zeit wieder relevant wird, in der katholische Frauen wie Ludmilla Javorova entschlossen sind, für ihren Anspruch auf das Priesteramt Anerkennung zu finden.

Wenn man akzeptiert hat, daß die Päpstin Johanna wenigstens zum Teil auf Tatsachen und einer realen Person beruht, stellt sich zum Schluß die Frage, wo die Trennlinie zu ziehen ist zwischen dem kritiklosen Übernehmen aller Details und dem skeptischen Zerpflücken all dieser Informationen. Als Ausgangspunkt am unteren Ende der Skala eignet sich auf jeden Fall die Prophetin von Moguntia (Mainz), der es einer im 16. Jahrhundert erschienenen Ausgabe der Chronik von Sigebert zufolge gelang, ihren Erzbischof dazu zu bringen, sie zur Priesterin zu weihen. Diese Geschichte könnte später aufgeblasen und zur Fiktion von Johanna ausgebaut worden sein.

Nachdem ich ein halbes Jahr mit Johanna gelebt und geatmet habe, neige ich dazu, eine mittlere Position einzunehmen: Ich gehe davon aus, daß sie das Papsttum in einer Zeit erlangte, als dieses Amt hoffnungslos korrumpiert und heruntergekommen war, daß sie in dieser Position einigermaßen erfolgreich war, daß ihr Triumph aber nur kurz währte. Sie wurde schließlich enttarnt, nicht jedoch auf die geschilderte dramatische Art im Vicus Papissa, sondern als ihre »Außenseiter-Mentalität«, wie Professor Canter sie skizzierte, sie unvorsichtig werden ließ. Die Nachteile ihrer im verborgenen erbrachten Leistung überwogen vielleicht sogar ihren Nutzen, und sie verzichtete möglicherweise freiwillig auf das Amt, um sich in ein Kloster zurückzuziehen, ein Schweigegelübde abzulegen und sich damit abzufinden, daß ihr Name aus den Geschichtsbüchern getilgt wurde.

Dieses Szenario ist eine Spekulation, die auf den historisch belegten Tatsachen beruht, die ich hier ausgebreitet habe. Das Spekulieren freilich ist eine schöne Belohnung für jemanden, der eine lange Forschungsarbeit hinter sich gebracht hat, und macht zum Teil auch den Reiz aus, den die Päpstin nach wie vor auf uns ausübt.

Wenn diese Arbeit einen Zweck erfüllen soll, dann möge sie bewirken, daß Johannas Name wieder an Orten wie Fulda, Siena und Wimborne erwähnt wird, daß ihr Beispiel von den Historikern und allen Beteiligten der Geschlechterdebatte, die heute die Kirche spaltet, mit mehr Ernsthaftigkeit behandelt wird und daß die »offizielle« Kirche ein bißchen mehr Demut an den Tag legt, wenn sie von oben herab verfügt, welche Episoden ihrer Geschichte Respekt verdienen – in der Regel natürlich jene, in denen sie gut wegkommt – und welche unter einen schon arg verschlissenen Teppich gekehrt werden sollen.

Überblick über wichtige Daten

715 Bonifatius segelt von England nach Deutschland
750 Rom bricht die Verbindungen mit Konstantinopel ab
754 Bonifatius wird in Fulda begraben
800 Papst Leo III. krönt Karl den Großen zum Kaiser
846 Bei einem Sarazenen-Überfall auf Rom wird Sankt Peter verwüstet
853 Tod von Papst Leo. Wahl Johannas
855 Päpstin Johanna wird entlarvt und abgesetzt. Benedikt III. wird neuer Papst
858 Tod von Papst Benedikt. Nikolaus I. neuer Papst
1225 Eindeutige Hinweise auf Johanna in Jean de Maillys *Chronica universalis*
1265 Erste Veröffentlichung der Chronik von Martinus Polonus
1484 Päpstlicher Zeremonienmeister bestätigt, daß die Päpste den Vicus Papissa meiden
1565 Statue der Päpstin Johanna in Rom letztmalig beschrieben
1691 Veröffentlichung von Friedrich Spanheims Zusammenstellung von mehr als 500 Quellen mit Hinweisen auf Johanna im 17. Jahrhundert
Johannas Büste wird aus der Reihe der Papstbüsten im Dom von Siena entfernt

Auswahlbibliographie

Sachbücher:

Boureau, Alain: *La Papesse Jeanne*, Paris 1988.
Gössmann, Elisabeth: *Die Päpstin Johanna: Der Skandal eines weiblichen Papstes*, Berlin 1998.
Morris, Joan: *Pope John VIII, an English Woman, Alias Pope Joan*, London 1985.
D'Onofrio, Cesare: *La Papessa Giovanna*, Rom 1979.
Pardoe, Rosemary und Darroll: *The Female Pope*, Wellingborough 1988.
Thurston, Herbert: *Pope Joan*, London 1929.

Belletristik:

Borodin, George: *The Book of Joanna*, London 1947.
Cross, Donna Woolfolk: *Die Päpstin*, Berlin 1996.
Duncan, Renée: *Pope Joan*, London 1931.
Ince, Richard: *When Joan Was Pope*, London 1931.
Maitland, Sara: *Die Träume der Päpstin Johanna*, Frankfurt 1985.
Pasteur, Claude: *La Papesse*, Paris 1983.
Roidis, Emmanuil: *Päpstin Johanna*, Mindelheim 1985.
Wood, Clement: *The Woman Who Was Pope*, New York 1931.

Weitere Quellen:

Bullough, Vern: *Sex, Society and History*, New York 1976.
Duffy, Eamon: *Die Päpste. Die große illustrierte Geschichte*, München 1999.
Garber, Marjorie: *Verhüllte Interessen: Transvestismus und kulturelle Angst*, Frankfurt/M 1993.
Hibbert, Christopher: *Rom: Biographie einer Stadt*, München 1992.
Hughes-Hallett, Lucy: *Cleopatra*, London 1990.
Llewellyn, Peter: *Rome in the Dark Ages*, London 1971.
Miles, Rosalind: *Weltgeschichte der Frau*, Düsseldorf 1990.

Morris, Jan: *Conundrum: An Extraordinary Narrative of Transsexualism*, New York 1974.
Morris, Joan: *The Lady Was a Bishop*, New York 1973.
Torjesen, Karen Jo: *Als Frauen noch Priesterinnen waren*, Frankfurt/M. 1995.
Warner, Marina: *Joan of Arc: The Image of Female Heroism*, London 1981.

Anmerkungen

1. Kapitel

1 So überlieferte Zusammenfassung einer Aussage in den *Sermones* von Augustinus, Antwerpen 1702
2 Georgina Masson, *The Companion Guide to Rome*, London 1972
3 Papst Hadrian IV. (1154–1159)
4 J. N. D. Kelly, *Reclams Lexikon der Päpste*, Stuttgart 1988
5 Pater John Owens Artikel wurde am 8. Oktober 1989 im *Catholic Herald* veröffentlicht.
6 Leonard Boyle OP, *Saint Clement's, Rome*, Rom 1989
7 Umberto Eco, *Der Name der Rose*, München 1982

2. Kapitel

1 Diese Zahl wurde genannt von Friedrich Spanheim in *Histoire de la Papesse Jeanne*, Bde. 1 und 2, Paris 1720.
2 *Berlin Lat. qu. 70*, Folio 196r in der Staatsbibliothek. Siehe dazu auch *MGH Scriptorum*, herausgegeben von G. H. Pertz, Basel 1872
3 Siehe Joh. Jos. Ignaz Döllinger, *Die Papstfabeln des Mittelalters*, Stuttgart 2. Aufl. 1890
4 Siehe Leonardo Claudios *Anastasio Bibliotecario*, Studii Medievali, 1967
5 J. N. D. Kelly, *Reclams Lexikon der Päpste*, Stuttgart 1988
6 Siehe L. Wallach, »The Genuine and the Forged Oath of Leo III.« in *Traditio*, Bd. 11, 1955
7 Joan Morris befaßt sich ausführlich mit den Ansichten von Historikern über das Verhältnis zwischen Johanna und Anastasius in ihrem Werk *Pope John VIII., an English Woman, Alias Pope Joan*, London 1985
8 *Marianus Scotus Chronica*, Heroldt Edition, Basel 1559
9 *Dictionary of the Middle Ages*, herausgegeben von Joseph Strayer, New York 1985
10 Sigeberts *Chronicon* findet sich im *Germanicarum Rerum Quator Celebriores Vetusque*, herausgegeben von Lamberti, Frankfurt 1566

11 *Dictionary of the Middle Ages*, herausgegeben von Joseph Strayer, New York 1985
12 Otto von Freising, *Chronica*, herausgegeben von A. Hofmeister, Hannover 1912
13 Gottfried von Viterbos *Pantheon* im *Rerum Germanicarum Scriptores aliquot insignes*, herausgegeben von J. Pistorius, 1726
14 Gervasius von Tilburys *Otia imperialia* findet sich in Rolls Series Nr. 66, herausgegeben von W.H. Stevenson, London 1875
15 Jean de Maillys *Chronica universalis* wurde von A. Dondaine ins Französische übersetzt, Paris 1947
16 Cesare d'Onofrio, *La Papessa Giovanna*, Rom 1979
17 Jean de Maillys, *Chronica*, Paris 1947
18 Etienne de Bourbons *De diversis materiis praedicabilibus* findet sich in *Scriptores Ordinis Praedicatorium*, herausgegeben von J. Eccard, Lipsae 1723
19 Siehe Peter Stanford, *The Devil: A Biography*, London und New York 1996
20 Gefunden in der Sammlung *Monumenta Germaniae Historica: Scriptores*
21 Sammlung *Monumenta Germaniae Historica: Scriptores*
22 Manuskript 179 in der Bodleian Library, Oxford
23 Manuskript 452(A) in der Bodleian Library, Oxford
24 Bernardino Coreo, *Historia continente la storia di Milano*, Mailand 1503
25 *The Chronicle of Adam of Usk*, herausgegeben von Edward Maunde Thompson, London 1876
26 Lorenz Banck, *Roma triumphans seu actus inaugurationum*, Frankfurt 1645
27 Bartolomeo Platina, *Storia delle vite dei pontifici*, Venedig 1761

3. Kapitel

1 Zum Beispiel Döllinger, *Die Papstfabeln des Mittelalters*, Stuttgart 2. Aufl. 1890
2 Siehe *Making Saints* von Kenneth Woodward, New York 1990
3 N.C. Kist, *De Pausin Joanna*, Leyden 1844
4 John Cornwell, *Wie ein Dieb in der Nacht*, Wien/Darmstadt 1989
5 In Matthäus 8,14 wird Petrus' Schwiegermutter erwähnt.
6 Joan Morris, *The Lady was a Bishop*, New York 1973
7 Joan Morris *Pope John VIII., an English Woman, Alias Pope Joan*, London 1985
8 Interview des Autors
9 Siehe Joan Morris *Pope John VIII., an English Woman, Alias Pope Joan*, London 1985
10 Louis Duchesne, *Le Liber Pontificalis*, Paris 1886. Neu herausgegeben von C. Vogel 1955 und 1957

11 Siehe Lucy Hughes-Hallett, *Cleopatra*, London 1990
12 ebd.
13 Siehe Marina Warner, *Joan of Arc: The Image of Female Heroism*, London 1981

4. Kapitel

1 Louisa May Alcott, *Little Women*, New York 1868
2 Felix Hämerlein, *De Nobilitate et Rusticitate Dialogus*, 1447
3 Sammlung *Monumenta Germaniae Historica: Scriptores*
4 Paul Johnson, *A History of Christianity*, London 1976
5 Die *Benediktinerregel* (verschiedene Ausgaben)
6 Siehe G.W. Greenaway, *Saint Boniface*, London 1955
7 Siehe H.C. Talbot, *The Anglo-Saxon Missionaries in Germany*, London 1954
8 Rudolf von Fulda wurde von Spanheim erwähnt, siehe 2. Kapitel
9 Joan Morris, *The Lady Was a Bishop*, New York 1973
10 Lina Eckenstein, *Women Under Monasticism*, London 1896

5. Kapitel

1 Aus Sigmund Freuds *Neue Folge der Vorlesungen zur Einführung in die Psychoanalyse*, 1933
2 Aus ihrem Beitrag zu *The Hidden Tradition*, einem Film von Angela Tilby, der von BBC 1 1992 ausgestrahlt wurde.
3 Plinius der Ältere, *Naturalis historia*, 6 Bände, 1866–82
4 Siehe Lukas 8,1-3
5 Karen Jo Torjesen, *Als Frauen noch Priesterinnen waren*, Frankfurt/M. 1995. Dieses Werk liefert die jüngste Zusammenfassung der Arbeiten feministischer Historikerinnen zu diesem Thema.
6 *The Hidden Tradition*, Film von Angela Tilby
7 Joan Morris, *The Lady Was a Bishop*, New York 1973
8 *The Hidden Tradition*, Film von Angela Tilby
9 Eine intelligente Auseinandersetzung mit den Kinderevangelien findet sich in Marina Warner, *Alone of All Her Sex*, London 1976
10 Joan Morris, *The Lady Was a Bishop*, New York 1973
11 Thomas von Aquin, *Summa theologica*
12 Johannes Chrysostomos, »An den gefallenen Mönch Theodor«, zitiert von Marina Warner, *Alone of All Her Sex*, London 1976
13 Augustinus, *Confessiones*
14 Alban Butler, *Lives of the Saints*, überarbeitete Ausgabe, herausgegeben von Thurston und Attwater, London 1926–28
15 Eusebius, *Kirchengeschichte*, verfaßt Anfang des 4. Jahrhunderts
16 Hippolyte Delehaye, *The Legends of the Saints*, Brüssel 1905, übersetzt von Donald Attwater, London 1962

17 Siehe Julie Wheelwright, *Amazons and Military Maids*, London 1898
18 Interview des Autors
19 Siehe Michael de la Bedoyere, *Life of Catherine of Siena*, London 1947
20 Zitiert in Vern Bullough, *Sex, Society und History*, New York 1976
21 Zitiert in Marjorie Garber, *Verhüllte Interessen. Transvestismus und kulturelle Angst*, Frankfurt/M. 1993
22 ebd.
23 Vern Bullough, *Sex, Society und History*, New York 1976
24 J.N.D. Kelly, *Jerome: His Life and Writings*, London 1973
25 A. Paredi, *Ambrose: His Life and Times*, London 1964

6. Kapitel

1 Jan Morris, *Conundrum: An Extraordinary Narrative of Transsexualism*, New York 1974 [unsere Übersetzung, der Verlag]
2 Blessed Mary Ward (1585–1645)
3 Interview des Autors
4 Siehe Jacques de Vitry, *The Life of Maries d'Oignies*
5 Jo Ann Kay McNamara, *Sisters in Arms: Catholic Nuns Through Two Millenia*, Harvard 1996
6 ebd.
7 Zitiert in Lady Holland, *Memoir*, London 1855
8 Dies wurde dem Autor von einem der Anwesenden berichtet.
9 Zitiert in Marjorie Garber, *Verhüllte Interessen. Transvestismus und kulturelle Angst*, Frankfurt/M. 1993
10 Erstmals erwähnt von Bischof Baumgartner in der Zeitschrift *Christian Century*, später von Janet Mayo in *A History of Ecclesiastical Dress*, London 1984
11 Siehe Marjorie Garber, *Verhüllte Interessen. Transvestismus und kulturelle Angst*, Frankfurt/M. 1993
12 Janet Mayo, *A History of Ecclesiastical Dress*, London 1984
13 Laonici Chalcocondylas, *De origine rebus gestis turcorum*, herausgegeben von Conrad Clausero, Basel 1556
14 Interview des Autors mit Dr. Rosalind Miles, Autorin von *Weltgeschichte der Frau*, Düsseldorf 1990
15 Jan Morris, *Conundrum: An Extraordinary Narrative of Transsexualism*, New York 1974 [unsere Übersetzung, der Verlag]

7. Kapitel

1 Caesar Baronius, »Annales ecclesiastici« in *Monumenta Germaniae Historica*, Bd. III und XIV, herausgegeben von A. Theiner, Rom 1868
2 Ferdinand Gregorovius, *Geschichte der Stadt Rom im Mittelalter*, 8 Bde., 1859–72

3 Siehe Friedrich Spanheim, *Histoire de La Papesse Jeanne*, Paris 1720
4 Vor allem Claude Pasteur in seinem Roman *La Papesse*, Paris 1983
5 Emmanuil Roidis *Päpstin Johanna*, Mindelheim 1985
6 Christopher Hibbert, *Rom. Biographie einer Stadt*, München 1992
7 Siehe 1. Kapitel
8 Christopher Hibbert, *Rom. Biographie einer Stadt*, München 1992
9 Basilius gilt als Begründer und Förderer des Mönchtums in den Ostkirchen.
10 Peter Llewellyn, *Rome in the Dark Ages*, London 1971
11 Dietrich von Niem, *De Iuris Dictione Autoritatis*, herausgegeben von Thomas Guarini, Basel 1573
12 Siehe Walter Ullmann, *Kurze Geschichte des Papsttums im Mittelalter*, Berlin 1978
13 Nicolas Cheetham, *Keepers of the Keys: The Pope in History*, London 1982
14 Dietrich von Niem, *De Iuris Dictione Autoritatis*, herausgegeben von Thomas Guarini, Basel 1573
15 Eusebius, *Kirchengeschichte*
16 J.N.D. Kelly, *Reclams Lexikon der Päpste*, Stuttgart 1988
17 Interview des Autors
18 Caesar Baronius, »Annales ecclesiastici« in *Monumenta Germaniae Historica*, Bd. III und XIV, herausgegeben von A. Theiner, Rom 1868
19 Siehe 3. Kapitel
20 Eamon Duffy, *Die Päpste. Die große illustrierte Geschichte*, München 1999
21 Caesar Baronius, »Annales ecclesiastici« in *Monumenta Germaniae Historica*, Bd. III und XIV, herausgegeben von A. Theiner, Rom 1868
22 John Potter, *A History of Christianity*, London 1875
23 Caesar Baronius, »Annales ecclesiastici« in *Monumenta Germaniae Historica*, Bd. III und XIV, herausgegeben von A. Theiner, Rom 1868

8. Kapitel

1 Henri Perrodo-Le Moyne und C. Caillet, *Un Pape Nomme Jeanne*, Paris 1972
2 David Yallop, *Im Namen Gottes*, München 1984
3 John Cornwell, *Wie ein Dieb in der Nacht*, Wien/Darmstadt 1989
4 *Mirabilia Urbis Romae*, herausgegeben von E. Parthey, Berlin 1869
5 *Mirabilia Urbis Romae* von 1375, in einer Ausgabe von 1889
6 Bernard Montfaucon, *Diarium Italicum*, Paris 1702
7 Zitiert von Joan Morris, *Pope John VIII, an English Woman, Alias Pope Joan*, London 1985
8 Siehe Eugene Muntz, »La Legende de la Papesse Jeanne« in *La Bibliofila*, II, 1907
9 Johannes Burchard, *Liber Notarum*, herausgegeben von E. Celani, Città di Castello 1907

10 Dietrich von Niem, *De Iuris*, Basel 1573
11 J.C. von Orelli, *Inscriptionum Latinarum*, Rom 1828
12 G. Tomassetti, »La Statua Della Papessa Giovanna« in *Bulletino Della Commissione Archeologica Communale di Roma*, 1907
13 Robert Bellarmin, *De Romana Pontifici*, herausgegeben von I.T. Roccaberti, Rom 1698
14 Elias Hasenmüller, *Historica Iesuitici Ordinis*, Frankfurt 1593
15 Thomas Harding, *A Confutation of a Booke Intituled An Apologie of the Church of England*, London 1565

9. Kapitel

1 Interview im *Empire News and Chronicle*, 19. Februar 1956
2 Bischof Burnet, *Some Letters containing an account of what seemd remarkable in Switzerland and Italy*, Rotterdam 1686
3 Jean Launoy, *Epistolarum*, Paris 1665
4 Joh. Jos. Ignaz Döllinger, *Die Papstfabeln des Mittelalters*, Stuttgart 2. Aufl. 1890
5 Antoine Pagi, *Critico Historico-chronologico in universos annales ecclesiastici Cardinal Baronii*, 1727
6 Caesar Baronius, »Annales ecclesiastici« in *Monumenta Germaniae Historica*, Bd. III und XIV, herausgegeben von A. Theiner, Rom 1868
7 Alexander Cooke, *Pope Joan: A Dialogue between a Protestant and a Papist*, London 1625. Enthalten in *The Harleian Miscellany – a collection of pamphlets and tracts selected from the library of the Second Earl of Oxford*, Band 4, London 1809
8 Jean Mabillon, *Itinera Italia*, Paris 1687
9 In *Archeologia dell'Opera del Duomo memorie IV*, Folio 49
10 John Burchard, *Liber notarum*, Città di Castello 1907
11 Siehe 2. Kapitel
12 Cesare d'Onofrio, *La Papessa Giovanna*, Rom 1979
13 Christopher Hibbert, *Rom. Biographie einer Stadt*, München 1992
14 *Mirabilia Urbis Romae* von 1375 in einer Ausgabe aus dem Jahre 1889

10. Kapitel

1 Eugene Muntz, »La Legende de la Papesse Jeanne«, in: *La Bibliofilia*, II, 1907
2 Bartolomeo Platina, *Storia delle vite dei pontifici*, Venedig 1761
3 Friedrich Spanheim, *Histoire de la Papesse Jeanne*, Bde. 1 und 2, Paris 1720
4 Marina Warner, *Alone of All Her Sex*, London 1976
5 Petrarca, *Libro degli imperador et pontificii*, Florenz 1470
6 Joan Morris, *Pope John VIII, an English Woman, Alias Pope Joan*, London 1985

7 Boccaccio, *De claris mulieribus*, Augsburg 1545, mit Holzschnitten
8 Alain Boureau, »La Papesse Jeanne: formes et functions d'une légende au moyen age« in: *Des Inscriptions et Belles-Lettres*, Paris 1984
9 *Historia et Monumenta Joannis Hus*, Norimbergensem 1715
10 Thomas Harding, *A Confutation of a Booke Intituled An Apologie of the Church of England*, London 1565
11 Bischof John Jewel, »Defence of the Apology of the Church of England« in *The Works of John Jewel*, London 1850
12 Alexander Cooke, *Pope Joan. A Dialogue between a Protestant and a Papist*, London 1625
13 Eine zusammenfassende Darstellung dieser Phase der Katholikenverfolgung in England findet sich in *The Catholics and Their Houses* von Peter Stanford und Leanda de Lisle, London 1996
14 David Blondel, *De Ioanna Papissa*, Amsterdam 1657
15 Pierre Bayle, *Dictionnaire Historique*, Paris 1720
16 Alan Cope, *Dialogi Sex Contra Summi Pontificatos*, Antwerpen 1566
17 *The History of Pope Joan and the Whores of Rome*, London 1687
18 Sabine Baring-Gould, *Curious Myths of the Middle Ages*, London 1877
19 N.C. Kist, *De Pausin Joanna*, Leyden 1844
20 J.H. Wensing, *De verhandeling van N.C. Kist*, Den Haag 1845
21 Antonio Bianchi-Giovani, *Esame critico degli atti documenti relativi alla favola della papessa Giovanna*, Mailand 1844
22 Friedrich Spanheim, *Histoire de la Papesse Jeanne*, Bde. 1 und 2, Paris 1720
23 Caesar Baronius, »Annales ecclesiastici« in *Monumenta Germaniae Historica*, Bd. III und XIV, herausgegeben von A. Theiner, Rom 1868
24 Joh. Jos. Ignaz Döllinger, *Die Papstfabeln des Mittelalters*, Stuttgart, 2. Aufl. 1890
25 Herbert Thurston, *Pope Joan*, London 1929
26 Richard Ince, *When Joan Was Pope*, London 1931
27 Clement Wood, *The Woman Who Was Pope*, New York 1931
28 Anmerkung im Archiv von Joan Morris, das in der Fawcett Library in der Londoner Guildhall Universität aufbewahrt wird
29 Caesar Baronius, »Annales ecclesiastici« in *Monumenta Germaniae Historica*, Bd. III und XIV, herausgegeben von A. Theiner, Rom 1868
30 Ulla Westerbergh, *Chronicon Salernitanum. A Critical Study*, Stockholm 1950
31 Edward Gibbon, *Decline and Fall of the Roman Empire*, London 1776 und 1778
32 Die Geschichte des Hauses Theophylakt wird in E.R. Chamberlain, *The Bad Popes*, London 1969 dargestellt.
33 Caesar Baronius, »Annales ecclesiastici« in *Monumenta Germaniae Historica*, Bd. III und XIV, herausgegeben von A. Theiner, Rom 1868
34 *The Works of Luitprand of Cremona*, übersetzt von F.A. Wright, London 1930
35 E.R. Chamberlain, *The Bad Popes*, London 1969

36 Joh. Jos. Ignaz Döllinger, *Die Papstfabeln des Mittelalters*, Stuttgart 2. Aufl. 1890
37 Alain Boureau, »La Papesse Jeanne: formes et functions d'une légende au moyen age« in: *Des Inscriptions et Belles-Lettres*, Paris 1984
38 Joh. Jos. Ignaz Döllinger, *Die Papstfabeln des Mittelalters*, Stuttgart 2. Aufl. 1890

11. Kapitel

1 Virginia Woolf, *Orlando*, Frankfurt/M. 1992
2 Donna Woolfolk Cross, *Die Päpstin*, Berlin 1996
3 Sara Maitland, *Telling Tales*, London 1983
4 Lucy Hughes-Hallett, *Cleopatra*, London 1990
5 Philip Henslowe, *Diary*, herausgegeben von Walter Greg, London 1908
6 Elkanah Settle, *The Female Prelate*, London 1680
7 Alan Boureaus Bericht über diese revolutionäre Periode ist ein Standardwerk. Siehe auch sein Werk *La Papesse Jeanne*, eine erweiterte Fassung seiner früheren Schrift, Paris 1988
8 Julie Weelwright, *Amazons and Military Maids*, London 1989
9 Alain Boureau, *La Papesse Jeanne*
10 In Durrells Einleitung zur englischen Ausgabe von Emmanuil Roidis, *Pope Joan*, 1954
11 Stendhal, »Promenade dans Rome« in seinen *Oeuvres completes*, Genf 1974
12 G.W.M. Reynolds, *Pope Joan*, London 1888
13 Ausführlicher wird diese Zeit behandelt in Peter Stanford, *Cardinal Hume and the Changing Face of English Catholicism*, London 1993
14 Interview des Autors
15 Siehe dazu G.H.K. Chesterton, *Father Brown's Ungläubigkeit*, Bd. III, Zürich 1991
16 Richard Ince, *When Joan Was Pope*, London 1931
17 Snoo Wilson, *I Crowley*, Oxford 1997
18 Clement Wood, *The Woman Who Was Pope*, New York 1931
19 Renée Dunan, *Pope Joan*, London 1931
20 George Borodin, *The Book of Joanna*, London 1947
21 Claude Pasteur, *La Papesse*, Paris 1983
22 Donna Woolfolk Cross, *Die Päpstin*, Berlin 1996
23 Bertolt Brecht, *Werke XXVIII. Briefe 1. 1913–1936*, Berlin-Frankfurt, 1. Aufl. 1988, S. 147
24 Bertolt Brecht, *Werke XXVI. Journale*, 1. Eintrag 26. Oktober 1921, Berlin-Frankfurt, 1. Aufl. 1994, S. 255
25 Interview des Autors
26 John Shephard, *The Tarot Trumps*, Wellingborough 1985
27 *Catechism of the Catholic Church*, London 1994

28 Siehe dazu Henry Charles Lea, *A History of the Inquisition of the Middle Ages*, London 1888
29 Interview des Autors

12. Kapitel

1 Zitiert in Lavinia Byrne, *The Hidden Voice*, London 1995
2 Entnommen aus dem *Guardian*, 3. April 1997
3 Interview des Autors
4 *International Herald Tribune*, 28. Mai 1996
5 ebd.
6 *New York Times*, 20. September 1995
7 *Catholic Herald*, 14. Oktober 1997
8 *Kirche Intern*, November 1995
9 Interview des Autors
10 Zitiert im *Guardian*, 2. November 1996
11 ebd.
12 *Kirche Intern*, November 1995
13 Petr Fiala und Jiri Hanus, *Koinotes: Felix M. Davidek*, Prag 1994
14 Siehe dazu Jonathan Petre, *By Sex Divided*, London 1995

Schlußbetrachtung

1 Interview des Autors
2 W. E. H. Lecky, *History of European Morals*, London 1869